안녕하세요
한국의
노동자들!

안녕하세요, 한국의 노동자들

1판1쇄 펴냄 2025년 3월 5일

지은이 윤지영

펴낸이 김경태
편집 조현주 홍경화 강가연
디자인 박정영 김재현
마케팅 유진선 강주영 정보경

펴낸곳 (주)출판사 클
출판등록 2012년 1월 5일 제311-2012-02호
주소 03385 서울시 은평구 연서로26길 25-6
전화 070-4176-4680   팩스 02-354-4680
이메일 bookkl@bookkl.com

ISBN 979-11-94374-21-3 03330

출판사 클의 책을
만나보세요.

노동인권 변호사가 함께 한
노동자들의
법정투쟁 이야기

안녕하세요 한국의 노동자들!

윤지영 지음

후

프롤로그

    나는 노동 사건만 하는 노동 변호사다. 그것도 노동자 편에 서만 일을 한다. 그런 나도 처음부터 노동에 관심이 있던 것은 아니다. 2004년 '전국불안정노동철폐연대'라는 노동단체에 잠시 발을 담근 것이 계기였다. 어떤 단체인지 모른 채 그저 좋아 하는 선배의 꼬드김에 넘어가 반년 넘게 자원활동을 했다. 그해, 정부는 사유 제한 없이 비정규직을 사용할 수 있는 법안을 발의했고 단체는 그걸 막아내느라 거리에서 투쟁했다. 나는 암울한 노동 전망, 복잡한 노동법 체계, 생소한 용어들에 짓눌렸다. 노동 문제는 어렵고 무겁고 철 지난 것 같았고, 현장은 악다구니 세상처럼 보였다. 이듬해 비정규직법은 국회에서 통과되었고 단체의 예견대로 비정규직이 보편적 노동이 되어버렸다. 세상이 그렇게 바뀌어갔다. 나도 바뀌어갔다. 활동을 하며 처음에는 거부감이 들었던 노동 문제에 점점 빠져들었다. 그러다가 이 현실에서 벗어날 수 없음을 깨달았다. 나는 애초에 가난한 집안에서 태어난 노동자의 딸이고, 일을 안 하고 살 수 없는 보통의 존재였다. 노동은 사랑하는 내 가족, 동료, 그리고 나의 일상이자 삶이었다. 그들과 내가 노동을 하면서 몸과 마음을 다치지 않기를 바라는 소박한 마음에서 나는 노동 변호사가 되기로 결심했다.

그렇게 15년이 훌쩍 지났다. 어쩌다 나는 이 길을 택한 것인지 후회가 아주 없지는 않다. 노동자 편에 서서 싸워 이기기란 여간 어려운 일이 아니니까. 정부와 기업에 맞서는 게 계란으로 바위 치기 같을 때도 많다. 게다가 노동법은 너무 어렵다. 노동법의 종류만 서른 개가 넘는데 끊임없이 새 법이 생기고 기존 법도 내용이 바뀐다. 쏟아지는 노동 판결들을 따라가는 것도 벅차다. 그렇다고 돈이 되는 것도 아니다. 그럼에도 불구하고 나는 노동 변호사로 일을 하는 매 순간 심장이 뛰었다. 그리고 노동자들을 만나면서 더욱 확신하게 되었다. 노동은 사회를 발전시키는 원동력이며, 삶을 유지시키는 수단이자, 사회와 사람을 연결해주는 끈이라는 것을. 그런 노동을 하는 노동자들이 잘 살아보겠다고 일터에 나가서는 인간적인 대우를 받지 못하고 고통스러워할 때 나는 싸우고 싶었다.

이 책은 노동 변호사로서 내가 만난 사람들의 이야기다. 아파트 경비원, 방송국 PD, 골프장 캐디, 택시기사, 핸드폰 판매 노동자, 현장실습생 등의 사연을 통해 어려운 노동·법 문제를 쉽게 풀어서 이야기하고 싶었다. 독자들도 자연스럽게 노동 문제에 스며들기를 바라는 마음으로 옴니버스식 드라마처럼 글을 썼다. 나는 노동자들의 바로 옆에서 함께 싸우면서 그들의 안부를 늘 확인해왔는데, 이 책을 통해 우리 사회의 모든 노동자들에게 안부를 전하고, 그들이 정말로 안녕하길 바라는 마음에서 책 제목에 진심의 인사말을 넣었다.

아쉬운 점도 있다. 노동자들은 각자의 분야에서 남다른 지식과 지혜를 갖추고 있다는 일상의 전문가다. 그런데 내 부족한 글쓰기 실력 탓에 이 책에 등장하는 노동자들이 무력한 피해자로만 읽히진 않을까 걱정이 앞선다. 한편 지면과 시간의 한계로 요양보호사, 가사노동자, 장애인활동지원사, 편의점 아르바이트생, 대학 시간강사, 도시가스 검침원, 방송작가, 드라마 스태프, 세월호 민간잠수사와 기간제교사 등 내가 만난 더 많은 이들의 이야기를 담지 못했다.

이 책은 동시에 나의 이야기다. 사건의 당사자는 아니었지만 모든 사건이 내 사건이었다. 내가 변호하고 대리한 노동자들을 떠올리면 그 시절의 수많은 감정들이 되살아나는 듯하다. 그러나 머리를 너무 많이 써버린 탓일까. 평생 기억할 거라 믿었던 세세한 사실들을 너무 빠르게 잊어가고 있다. 내가 경험하고 고민하고 깨달았던 것들이 나만 간직하기에는 아깝다는 생각에 바쁜 와중에도 이 글을 놓지 못했다. 당시 소송기록, 사건기록, 관련 기사 등을 하나하나 되짚으면서 사라진 기억을 메웠다. 책을 쓰고 나니, 나의 이야기가 이 책을 읽는 분들의 이야기로 전해지고, 우리가 계속 노동 이야기를 해나가길 바라는 마음이 더 커졌다.

　　노동자를 위해 일한다면서 정작 내 노동에는 무관심했다. 집에 있는 시간보다 밖에서 일하는 시간이 압도적으로 많았다. 그 피해는 고스란히 내 짝의 몫이었다. 세상물정 모르는 나를 먹여 살리느라 고생하는, 사랑하고 고마운 내 짝에게 이 책이 조금은 보상이 되기를 바란다. 내 혈기는 아버지한테서 물려받은 것이고, 내 삶의 방향은 어머니가 정해주신 것이다. 두 분은 삶을 갈아넣어 자식을 키우셨다. 직업에 귀천이 없고 학업은 성품과 무관하다는 것을 몸소 보여주신 분들, 고된 노동 속에서도 현명함을 잃지 않은 부모님께 이 책을 바친다. 이 책은 글을 쓰겠다고 약속한 지 7년 만의 결과물이다. 게으른 나를 긴 시간 기다리고 목적지까지 인도해준 출판사 클 대표님과 구성원들에게도 고마움을 전한다.

　　끝으로 이 책의 주인공들, 주인공들을 위해 함께 발 벗고 나선 모든 이들에게 하고 싶은 말이 있다. 당신들이 있기에 세상은 그래도 살 만한 것이다. 고마운 내 동지들.

2025년 2월
윤지영

차례

일러두기

1. 이 책에는 '노동(자)'와 '근로(자)'가 혼용되어 있다. 일반적인 의미로는 '노동(자)'를,
   법률용어로는 '근로(자)'를 사용했다.
2. 법령 이름은 〈 〉로 표기하되, 일반적으로 널리 사용되는 헌법, 민법, 근로기준법은 예
   외로 했다.
3. 본문 중 법 조항이나 판결문 등은 고딕체로 표기했다.

1화

작고 일상적인 계급 사회

아파트 경비노동자의
입주민 갑질 사건

"변호사님, 지금 통화 가능하세요? 우리 노조 분회가 있는 아파트에서 경비노동자가 분신 자살을 시도했어요."

2014년 10월 7일 민주노총 서울본부에서 일하는 김선기 국장에게서 다급히 전화가 왔다. 그곳은 연예인과 운동선수가 많이 산다는 서울 압구정동 신현대아파트. 입주민의 괴롭힘 때문이라 했다. 평소에도 경비원을 들들 볶던 할머니가 새벽에 출근한 경비원에게 또 한소리를 했는데, 출근하자마자 욕지거리를 들어야 했던 경비원은 몸에 시너를 뿌리고 불을 붙였고, 급히 병원으로 이송되어 치료를 받고 있다고 했다. 어떻게 대응해야 하냐고 물어오는데 머릿속이 하얘졌다. 얼마나 사람을 괴롭혔길래 자살, 그것도 분신 자살을 시도하나. 그런데 무슨 죄가 성립하지? 공개적으로 모욕을 줬다니 모욕죄 정도는 가능하겠지만 생사를 오가는 상황에서 모욕죄로는 부족하지. 그러나 마땅한 방법은 떠오르지 않아서 나는 일단 고소를 하는 건 어떻겠냐고, 손해배상 청구든 뭐든 훗날 소송에 대비해서 목격자나 아파트 입주민, 동료 들의 증언을 확보하면 좋겠다고 몇 마디를 하고 끊었다. 당장 할머니한테 사과를 받고 책임을 추궁하는 게 맞을 텐데, 말을 하면 할수록 법적 대응은 문제 해결과 거리가 멀다는 생각을 지울 수 없었다.

시원찮은 내 대답과 달리 노조는 발 빠르게 대응했다. 해당 경비원은 조합원이 아니었지만 사고가 난 아파트에서 근무하는 경비원들 중 조합원이 있다는 이유로 자기들 문제처럼 나섰다. 노조는 모욕죄로 할머니를 고소하고 기자회견을 열었다. 언론의 반응은 폭발적이었다. 기자회견에 공중파 방송 3사의 카메라가 다 몰려들었다. 노동 이슈로 기자회견을 하면 기자들보다 주최측 사람이 더 많은 게 보통인데 이번에는 달랐다. 입주민의 괴롭힘, 고급 아파트 경비원, 분신 자살. 아마도 소재가 자극적이어서일 것이다. 그래도 그간 무심했던 아파트 경비원 문제에 이제라도 관심을 가지는 게 어딘가 싶기도 했다. 그러던 중 SBS 〈그것이 알고 싶다〉에서 취재에 나섰다. 제작팀이 여러 사람을 인터뷰했는데, 노조에서 아파트 경비원 문제 전문가로 나를 추천했다고 했다. 내가 전문가인지는 잘 모르겠지만 그 문제에 관심이 많은 건 틀림없었다.

계기가 있다. 2013년 12월, 술을 진탕 마시고 자정 넘어 택시를 타고 귀가한 날이었다. 당시 나는 서울 성북구의 허름한 아파트에 살았다. 도로변에서 내려 아파트 안쪽 인도로 걸어갔다. 너무 늦은 시각이었고 날은 추웠고 눈이 많이 내렸다. 이런 날 돌아다니는 사람은 나처럼 술 마신 사람밖에 없지. 그런데 취객이 아닌 사람이 있었다. 바로 내가 사는 아파트의 경비 아저씨. 집에 막걸리를 마시는 사람이 없어 선물로 들어온 옥수수 막걸리를 가져다드린 적이 있었다. 고맙다는 인사는 한 번이면 충분했지만, 아저씨는 그 후로 마주칠 때마다 막걸리 선물을 얘기하며 고마워했다. 그러니 더 좋은 걸 드리지 못한 게 죄송해지는 한편으로 경비원 입장에서 입주민을 대하는 것이 어려운 일이겠구나 싶었다.

경비 아저씨는 머리와 어깨에 눈을 뒤집어쓴 채 인도를 쓸고 있었다. 사람도 없는데, 쓸어내도 다시 쌓일 눈인데 왜 눈을 쓸고 계실까? 그나저나 눈 치우는 것도 경비원의 일인가? 이런 일까지 하는데 돈을 너무 적게 받는 것 아닌가? 잠시 동안 많은 생각이 스쳐갔다. 술에 취해서인지 의욕은 끓어올라서 '저 아저씨에게 도움을 드리면 좋겠다' 하고 생각했다.

다행히 술이 깨고 나서도 전날 밤 기억은 또렷했다. 출근하자마자 이제 막 변호사가 되어 공익인권법재단 공감에서 같이 일하게 된 김수영 변호사에게 아파트 경비원을 위해 우리가 나서야 하지 않겠냐고 꼬드겼다. 김수영 변호사는 당시에 아파트에 살지도 않았지만, 선배가 그렇게 말하는데 거절하기는 쉽지 않았을 것이다. 같이하겠다는 답을 듣고 나서 나는 일단 아파트 경비원 실태조사 자료를 찾기 위해 인터넷을 뒤졌다. 현실을 알아야 뭐든 할 수 있으니. 그런데 검색되는 것이 없었다. 아파트 경비원 문제에 세간의 관심이 없는 게 분명했다. 그러다 한참 만에 〈노원구 아파트 경비원 실태조사 보고서〉를 발견했다. 서울 노원구 지역의 아파트 경비원들의 임금, 근무시간, 근무기간 등을 조사한 자료였다. 주민의 78퍼센트가 아파트에 살 정도로 서울 노원구는 아파트가 밀집한 지역인데 마침 그곳에 있는 노원노동복지센터가 조사에 나선 것이었다.

자료를 읽은 뒤 무턱대고 노원노동복지센터에 연락을 했다. 저는 "사회적 약자, 소수자의 인권을 보장하고 차별을 철폐하기 위해 수임료를 받지 않고 일을 하는 변호사 윤지영입니다." 장황한 자기소개, 아니 자기 자랑 끝에 귀 단체에서 발간한 보고서를 보게 되었고 우리 사회의 약자인 아파트 경비원을 위해 무언가를 하고 싶어서 연락을 드린다는 메일을 보냈다. 다행히 안성식 센터장에게서 답장이 왔다. 마침 노원 지역의 아파트 경비원들을 모아서 실태조사 결과를 알리고 모임을 꾸리자는 설명회를 하려던 참인데 오라고 했다. 그게 시작이었다.

점심 시간 50명이 넘는 경비원들이 강당을 가득 채웠다. 대부분이 밤샘 근무를 하고 온 사람들이었다. 열기는 뜨거웠고 나는 그 열기에 고무되었다. 그렇게 노원노동복지센터와 손잡고 아파트 경비원을 위한 일을 시작했다. 일단 노원노동복지센터와 함께 도화지 크기의 두 장짜리 〈아파트 경비원 신문〉을 만들어 배포했다. 대문짝만 하게 지도를 출력해서 방문한 경비실에는 X자를 표시하며 한 곳도 빠뜨리지 않고 일대를 돌아다니면서 직접 만든 신문을 나눠드렸다. 나눠드릴 때는 일부러 내가 변호사임을 밝혔다. 믿음을 주기 위한 나름의 표현이었던 것인데, 한 경비원은 이렇게 말했다.

"변호사가 좋은 일 하네. 고마워. 그런데 우리 같은 사람에게 법이 무슨 도움이겠는가."

그렇게 반년 넘게 활동을 하던 중에 분신 사건이 발생했고, 반년밖에 안 되는 경험으로 아파트 경비원 전문가라는 타이틀을 얻어 〈그것이 알고 싶다〉 팀과 인터뷰를 하게 된 것이다. 나는 아파트 경비원의 현실, 법적 문제 등에 대해 많은 말을 쏟아냈다. 인터뷰는 흡족하게 끝났다. 그런데 카메라를 챙기고 뒷정리를 하던 PD가 대뜸 질문했다.

"피해자는 지금 상태가 어때요? 가족은 괜찮은가요?"

"……."

아, 쥐구멍에라도 숨고 싶었다. 세상 다 아는 양 아파트 경비원 문제에 대해 떠들어댔건만 정작 분신 사건의 당사자와 그 가족에 대해 아는 게 없었다. 사고가 발생한 지 4주가 다 되어가도록 병원을 가본 적도, 가족분들과 연락을 한 적도 없었다. 피해자 이름도 몰랐다. 그저 노조를 통해 이야기를 들은 게 전부였다.

곧바로 노조에 연락했다. 피해자의 이름은 이만수이고 일하던 아파트와 그리 멀지 않은 곳에 입원해 있었다. 퇴근하자마자 곧바로 병원으로 향했다. 이만수 씨는 눈과 입을 제외한 전신에 붕대를 감고 있었다. 온몸에 3도 화상을 입었다고 했다. 아주 가끔 정신이 돌아오기도 했지만 사실상 혼수상태였다. 생각했던 것보다 상태는 더 심각했다. 이만수 씨의 부인을 보자마자 눈물이 났다. 부끄럽고 죄송했다. 너무 늦게 와서 죄송하다고 연신 허리를 굽혔다. 원망을 예상했는데 부인은 도리어 한참 어린 내게 허리를 굽혔다.

"바쁘실 텐데 변호사님이 직접 와주셔서 너무 고마워요. 변호사님 이야기 들었어요. 저희 이제 어떡해요? 법에 대해서는 아무것도 모르는데 많이 도와주세요."

노조 활동가가 사고 직후부터 병원에 상주하며 살폈는데 그런 활동가들에게도 너무 고맙다는 말을 아끼지 않았다. 부인은 눈물을 보이다가도 웃고, 다시 눈물을 훔치기를 반복했다. 내 손을 잡아주던 따뜻한 손길이 아직도 기억난다. 이미 아이들은 장성해 한 명은 대학생이고 다른 한 명은 일을 하고 있다고 했다. 가족 채팅방을 내게 보여주었는데 따뜻하고 즐거운 대화가 끊이지 않았다. 매우 단란한 가정이었던 터라 충격이 더 커 보였다.

그로부터 며칠 후인 2014년 11월 7일, 병상에 누워 있던 이만수 씨는 눈을 감았다. 임종이 멀지 않았다는 소식을 들은 그날 밤, 노조 활동가들과 병원 옥상으로 올라가서는 어떻게 대응해야 할지 논의했다. 일단 가해자의 사과를 받아야 했고, 이 상황을 알면서도 방치한 관리업체에 책임을 물어야 했다. 압구정 신현대아파트는 아파트 관리 업무를 주택관리업체에 위탁했는데, 관리업체는 경비노동자들과 근로계약을 맺은 사용자였다. 한편으로는 또 다른 피해자가 발생하지 않도록 단속할 필요도 있었다. 그간에도 할머니는 경비원들을 괴롭혔고 앞으로도 그럴 가능성이 컸다.

이런 계획도 유족이 원하지 않으면 소용이 없다. 억울하고 분노할 상황에 놓이면 맞서 싸우는 것이 당연할 것 같지만 사실 그렇지 않다. 포기하고 잊는 것을 택하는 사람들이 더 많다. 힘든 일은 빨리 털고 잊어버리는 게 속 편하기 때문이다. 그래서 유족이 동의하지 않을 줄 알았다. 그러나 유족은 사랑하는 남편, 존경하는 아버지가 나약한 사람이어서 자살한 것이 아니라 괴롭힘으로 억울하게 죽은 것이란 사실을 밝히겠다고 했다.

유족의 동의로 일은 일사천리로 진행되었다. 이 사건은 개인의 문제이기도 했지만 아파트 경비원이라는 노동자들의 문제이기도 했으니 노조는 아파트에 분향소를 설치하고 매일 촛불집회를 열었다. 노조가 나서서 장례를 치르고 할머니와 사측을 압박했다. 처음에는 안타까워하고 협조하던 입주민도 있었는데 시끄럽다, 왜 이렇게 소란이냐, 항의하는 사람들이 점점 더 늘어났다. 그러나 그곳은 사고가 발생한 곳이고 고인의 일터이기도 했다. 한편 문제의 할머니와, 상황을 알면서도 방치한 사람들이 있는 곳이기도 했다.

사망 직후부터 사흘 밤낮으로 아파트 관리사무소에서 관리업체와 마라톤 협상을 벌였다. 살아 있을 때는 꿈쩍도 하지 않던 관리업체가 사람이 죽고 나니 그제야 협상 테이블에 나오겠다고 했다. 우리 쪽에서는 노조 활동가 두 명과 내가 참석했다. 상대측에서는 관리업체만 나왔다. 할머니는 끝내 나타나지 않았다. 아파트 입주민들로 구성된 입주자대표회의의 회장도 나오지 않았다. 그는 입주자들이 경비원을 고용한 것도 아닌데 왜 자기가 협상에 나서야 하냐는 입장이었다. '입장'이라고 표현한 것도 회장으로부터 직접 들은 게 아니기 때문이다. 관리업체는 회장과 수시로 소통했고, 그에게서 들은 말을 우리에게 전달했다. 그러나 입주민을 대표하는 사람 없이 의미 있는 협상을 할 수는 없었다.

　잠깐 설명을 하면, 모든 집이 그렇지만 아파트도 관리가 필요하다. 건물과 단지 청소를 하고 경비도 하고 재활용품 분리수거도 하고 전기나 배관에 문제가 생기면 수리도 해야 한다. 상식적으로 생각하면 집주인이나 거주자가 직접 처리해야 하는 일이다. 아파트가 아닌 집들을 생각해보라. 다들 각자 알아서 자기 집을 관리하고 수리해서 살아가고 있다. 그러나 〈공동주택관리법〉에 따르면 아파트는 각자 알아서 관리하는 대신 입주민들로 구성된 입주자대표회의가 관리하게 된다. 그리고 입주자대표회의의 회장이 그 역할을 진두지휘한다. 그런데 대부분의 입주자대표회의가 아파트를 직접 관리하는 대신 관리 업무를 외부의 관리업체에 맡기고 있다. 일단 그게 편해서다. 그리고 관리업체는 아파트 관리의 전문성을 가지고 있다. 그러나 아무리 전문가라 한들 돈 주는 사람이 왕이다. 입주자대표회의는 입주민으로부터 관리비를 걷어 관리업체에 지급하기 때문에 입주자대표회의와 관리업체의 관계는 철저한 '갑을' 관계다. 그리고 입주자대표회의의 수장인 회장은 관리업체에게는 사장만큼이나 힘센 존재다. 경비노동자의 사용자는 관리업체인데, 그 경비노동자의 임금은 입주자대표회의가 결정한다. 입주민이 경비원 마음에 안 드니 자르라고 요구하면 관리업체는 그대로 실행한다. 비단 압구정 신현대아파트뿐만 아니라 모든 아파트가 그런 식이다.

그리하여 사실상 중요한 결정권은 입주자대표회의가 가지고 있고 입주자대표회의를 진두지휘하는 사람은 회장이라는 이유로, 이만수 씨를 고용한 관리업체는 입주자대표회의 회장 없이 자신들이 결정할 수 없다며 협상 시간만 축냈다. 가까스로 협약서 초안까지 작성했지만 관리업체와 회장 간의 전화한 통으로 협상은 결렬되었다. 할머니는 끝내 장례식장에 나타나지 않았고 그와 위아래층에 산다는 딸의 사과를 듣고 장례를 마쳤다.

———

이만수 씨는 2013년 9월 압구정 신현대아파트에서 경비 일을 시작했다. 처음에는 문제가 없었다. 그러다가 2014년 6월 문제의 103동으로 인사 발령을 받았다. 103동은 다른 동보다 초소가 비좁은 데다 1층 출입구 바로 앞에 있어서 오가는 입주민들 눈치를 보느라 경비원들은 휴게시간에도 제대로 쉬기 어려웠다. 무엇보다 그 할머니 때문에 경비원들 모두 기피하는 곳이었다. 경비원들은 이만수 씨가 아니라 그 누구라도 103동에서 일하면 어떤 사고가 날지 모른다고 입을 모았다. 103동으로 옮기기 무섭게 이만수 씨는 괴롭힘을 당했다. 할머니는 이만수 씨를 하인처럼 부리면서 입에 담기 힘든 욕설을 수시로 퍼부었다. 경비원 업무에 참견하면서 사람들이 보는 데에서 야단을 치고 끊임없이 일을 시켰다. 그러다가 본인의 마음에 들지 않으면 관리사무소에 민원을 넣었다. 경비원들의 근로계약기간은 길어야 1년인데 입주민 민원이 들어오면 계약을 연장할 수 없었다. 할머니는 이 민원을 무기로 경비원들을 옴짝달싹 못하게 했다. 같은 동에 근무하는 동료 경비원은 이렇게 진술서에 썼다.

"수시로 초소 안에 들어와 귀에다 대고, 아파트 주변과 건물 청소를 하지 않아 지저분하다, 30분 내지 40분 잔소리를 하고, 쓰레기통에 막대기를 찔러보고 페트병, 컵이 나오면, 이거 나오면 안 된다고 고함을 치면서 나무라고, 쓰레기통 옆에 가구나 나무소파 등이 나와 있다고 이거 누가 내놓았느냐고 물으면서 빨리 치우라고 소리치고, 지하실에 내려와서 물이 샌다고 빨리 신고하라고 재촉하고, 복도에 타일이 깨져 있으니 빨리 신고해서 고치라고 잔소리하고……."

"유효기간이 지난, 냉동실에 보관하던 냉동 떡이나 과자 등을 5층에서 개한테 주듯이 화단으로 던져주면서 먹으라고 하는데 안 먹으면 또 잔소리를 할까봐 심한 모욕감을 느끼면서도 참고 받아먹기도 하였고 5층에서 옷가지 등을 털다가 양말짝이 떨어지면 그것도 주워 갖다달라고 하여 주워다준 일도 있습니다. 경비원이 마치 집 하인처럼 다루면서 사사건건 간섭을 하고 야단을 치니까 정말 견디기가 힘들었습니다."

괴롭힘에 시달리던 이만수 씨는 2014년 8월 18일 정신건강의학과에 내원하여 '중증도 우울삽화' 진단을 받고 약물 치료를 받기 시작했다. 약물 치료로도 극복되지 않자 이만수 씨는 9월 13일 관리업체에 근무지를 옮겨달라고 호소하면서 병가 이야기를 꺼냈다. 그러나 관리업체는 그렇게 힘들면 퇴사해라, 대신 연말에 자리가 생기면 받아주겠다고 했다. 이만수 씨는 계속 103동에서 근무할 수밖에 없었다.

2014년 10월 7일 이만수 씨는 "여보, 잠을 4시간 자서 2시에 깼어, 고난일세. 오늘 날새야 하는데. 고로 자네가 출근함서 약을 좀……"이라는 메모를 남기고 새벽에 출근했다. 아침 댓바람부터 할머니는 "야 이 새끼야, 청소 안 하냐? 일하냐?" "병신 새끼들" "병신같이 일들을 한다"라며 욕설을 했다. 그 직후 이만수 씨는 "여보 날 찾지 마요. 먼저 세상 떠나요. 아들들 미안." "(사직을 권고한) 조팀장 원망"이라는 유서를 작성했고 할머니의 집에서 가장 잘 보이는 곳에 주차한 입주민 차량 안에서 시너를 몸에 뿌리고 분신 자살을 했다. 이만수 씨가 어떻게 입주민 차량에 들어갔는지는 알 길이 없었다.

———

협상은 결렬되었고, 이제부터 지난한 소송의 시간이다. 그날 저녁 곧바로 김진 변호사에게 전화를 걸어 소송을 같이 하자고 제안했다. 자타공인 노동 변호사였고 좋아하는 선배이기도 했다. 수임료 없는 사건인데 김진 변호사는 흔쾌히 수락했다. 그렇게 김진, 김수영 변호사와 함께 소송을 진행하게 되었다.

그사이 근로복지공단은 이만수 씨에 대해 업무상 질병 판정을 하면서 자살의 업무 관련성을 인정했다. 근로복지공단이 자살을 산재로 인정한 최초의 사례였다. 세간의 관심이 크기도 했지만 권동희 노무사가 잘 대응한 덕분에 얻은 결과이기도 했다. 산재가 인정되었으므로 정신적 손해에 대해서만 위자료를 청구하기로 했다. 그런데 얼마를 청구할지부터 고민이 되었다. 자살을 산재로 인정받은 최초의 사례인 만큼, 이런 사건에서 손해배상 선례를 찾기 힘들었다. 유일하게 찾은 것이 하급심 판결인데 내용이 매우 안 좋았다. 입주민의 폭언 때문에 아파트 경비원이 자살한 사건인데, 법원은 자살이라는 결과를 예측할 수 없었다며 폭언에 대해서만 50만 원의 위자료를 인정했다. 자살은 본질적으로 자유로운 의사에 따른 것이므로 근로자가 업무를 수행하는 과정에서 받은 스트레스로 말미암아 우울증이 발생하였고 그 우울증이 자살의 동기 내지 원인과 무관하지 않다는 사정만으로 곧 업무와 자살 사이에 상당인과관계가 있다고 함부로 추단해서는 안 되며⋯⋯라는 대법원 판결만 보아도 사법부가 자살을 어떻게 바라보는지 잘 알 수 있었다. 훗날 이러한 입장이 변경되기는 했지만.

　누구를 피고로 할 것인지도 문제였다. 할머니는 코빼기도 안 비쳤지만, 재산이 없어 노령연금을 타고 있고 아파트도 딸 명의라는 말은 곧바로 들려왔다. 그 말이 사실인지 거짓인지를 떠나서 그 속내가 너무 뻔했다. 사과도 제대로 안 해놓고서는 배상할 돈이 없다는 말부터 하다니 기분이 나빴다. 소송에서 이긴다 한들 집행할 재산이 없으면 무용지물이라는 것을 할머니는 알고 있는 것 같았다. 그러니 할머니만 상대로 해서는 소송을 해도 큰 실익이 없어 보였다. 집행을 생각하면 관리업체를 끌어들이는 게 맞았다. 그러나 단지 돈 때문만은 아니었다. 관리업체는 이만수 씨가 힘들어하는 걸 이미 알고 있었다. 할머니가 얼마나 극성인지도 알고 있었다. 결정적으로 이만수 씨가 도움을 요청했지만 관리업체는 거절했다. 그러니 관리업체에 책임이 없다고 볼 수도 없다. 그래서 할머니와 관리업체 양쪽을 상대로 손해배상 청구의 소를 제기했다. 사실 입주자대표회의도 피고로 하고 싶었다.

　노동자와 사용자 간의 관계, 즉 근로관계를 규율하는 법률이 있다. 바로 근로기준법이다. 근로기준법은 근로계약을 근로자가 사용자에게 근로를 제공하고 사용자는 이에 대하여 임금을 지급하는 것을 목적으로 체결된 계약이라고 정의한다. 누군가를 위해 일을 하고 그에 대한 대가를 받는 사람이 노동자이고, 노동자로부터 노동을 제공받고 그에 대하여 임금을 지급하는 사람이 바로 사용자라는 것이다. 그렇다면 입주민은 아파트 경비원의 사용자가 아닐까? 실제로 입주민이 직접 경비원을 고용해 사용하는 경우도 존재한다. 입주민들이 모인 조직인 입주자대표회의와 경비원 간에 직접 근로계약을 맺는 것이다. 그러나 대부분은 입주자대표회의가 관리업체에 아파트 관리 업무를 맡기고 관리업체가 경비원을 고용하는 방식을 택한다. 경비원은 입주민을 위해 일을 하는데 경비원의 사용자는 중간에 낀 관리업체가 되는 셈이다. 관리업체가 끼어 있다고 해서 경비원이 하는 노동의 성질이 달라지는 것은 아니다. 경비원은 여전히 입주민을 위해 일을 하고, 돈을 주는 사람은 입주민이다. 그러다보니 중간에 관리업체가 끼든, 끼지 않든 근로계약을 맺지 않은 입주민, 입주민으로 구성된 입주자대표회의가 경비원들에게는 실세다. 이만수 씨의 문제를 해결하기 위한 협상 자리에서 관리업체가 '입주자대표회의 없이 우리가 결정할 수 있는 것은 없다'고 말한 이유가 여기에 있다. 그러나 실권을 가진 입주자대표회의와 경비원 간에는 아무런 계약도 없으니 입주자대표회의에 무언가를 요구하거나 책임을 묻기도 어렵다. 결국 손해배상 청구는 할머니와 관리업체만을 상대로 하기로 했다.

2014년의 마지막 날 그렇게 서울중앙지방법원에 소장을 제출했다. 그런데 예상치 못한 문제가 생겼다. 법원에 소장을 제출하면 법원이 소장 부본을 피고들에게 등기로 발송하는데, 소장 제출하고 4개월이 지나도록 '폐문부재'로 소장 부본이 할머니에게 전달되지 않았다는 것이다. '폐문부재'란 문이 잠겨 있고 집에 아무도 없어 소장 부본을 전달할 수 없었다는 뜻이다. 법원은 할머니의 주소가 제대로 된 것인지 확인하라고 명령을 내렸다. 혹시나 해서 동료 경비원에게 연락을 했다.

"할머니 이사 갔어요?"

"무슨 소리예요? 할머니 그대로 살아요. 지금도 아무렇지 않게 돌아다녀요."

그래서 원래 살던 곳에 그대로 살고 있으니 야간에 송달해 달라고 법원에 요청했다. 그런데 야간에도 송달은 불가능했다. 이렇게 되면 우리에게 너무 불리했다. 우리가 알고 있는 것은 경비원들을 통해 확인한 할머니의 이름과 주소밖에 없는데 피고가 소장 부본을 받지 않으면 소송을 할 수가 없기 때문이다. 5월 말 법원은 다시 우리에게 주소를 제대로 확인하고, 할머니의 주민등록초본 등도 첨부해서 제출하라고 명령했다. 그런데 이런 서류를 어떻게 우리가 구할 수 있나.

우리는 할머니와 그 딸에게 몇 번이고 연락을 시도했지만 그들은 아예 전화를 받지 않았다. 안 되겠기에 강남경찰서와 아파트 관리사무소에 할머니의 인적사항을 알려달라고 사실조회 신청을 했다. 그런데 아파트 관리사무소는 할머니가 아닌 세대주의 이름만 확인해주었다. 우리가 원한 것은 할머니의 인적사항인데 관리사무소는 동문서답을 한 셈이었다. 관리사무소는 그렇다 쳐도 강남경찰서는 할머니의 인적사항을 모를 리 없었다. 사건이 발생하자마자 할머니를 고소했으니, 강남경찰서는 조사 과정에서 할머니의 인적사항을 반드시 확인해야 하기 때문이다. 그러나 강남경찰서는 석 달이 지나서야 "인적사항을 그대로 공개하는 것은 대상자에 대한 심각한 사생활 침해가 될 수 있어 비공개"한다고 회신했다. 황당했다. 인적사항을 모르면 소송을 할 수가 없는데 알려줄 수 없다니. 더 황당한 것은 강남경찰서가 법원에 제출한 서류에 적힌 내용이었다. 강남경찰서는 이 사건의 방점을 차량 손괴에 두었던 것이다. 이만수 씨의 자살 이유, 할머니의 잘못에 대해 고소했는데 강남경찰서는 이만수 씨가 입주민의 차량에서 분신했다는 점에 착안해서 차량 손괴, 화재 사건으로 우선 수사를 착수했다는 것이다.

그렇게 8개월이 흘렀다. 그러던 중 기자한테 연락이 왔다.

"변호사님, 소송 어떻게 되고 있어요? 저 취재 때문에 압구정 신현대아파트 갔다가 할머니 만났어요. 벨 눌렀는데 할머니가 나왔어요. 그래서 소장 받았냐고 물었는데 이름이 달라서 안 받았대요."

그러니까 경비원들이 알고 있던 이름과 할머니의 이름이 달랐는데, 그래도 자신한테 날아온 소장인 줄 뻔히 알면서도 할머니는 소장을 받지 않았던 것이다. 심지어 자기 덕분에 이만수 씨가 산재도 인정받았다며 유족이 자기를 상대로 소를 제기한 것에 불쾌감을 드러냈다고 한다.

결국 소장을 접수한 지 9개월이 지나서야 소장 부본이 할머니에게 송달되었다. 그런데 법원은 곧바로 이 사건을 조정에 회부했다. 조정은 원고와 피고가 서로 양해해 합의하는 절차다. 조정이 성립하면 법원이 판결을 선고할 필요가 없다. 할머니는

"허리가 많이 아파서 걸음을 잘 못 걸어요. 진단서 보냅니다."라는 단 두 문장의 불출석 사유서를 법원에 제출하고 조정기일에 나타나지 않았다. 조정위원은 피고들은 공동하여 원고 ○○○(이만수 씨의 부인)에게 25,000,000원을 지급한다.라고 강제조정 결정을 내렸다. 강제조정이라고는 하지만 안 받아들이면 원래 진행되었던 소송 절차로 돌아가기 때문에 고민이 되었다. 애초에 청구한 금액의 4분 1도 안 되는 수준이었지만 그간 법원이 자살 사건을 어떻게 다루어왔는지 잘 알고 있었다. 누군가의 괴롭힘 때문에 자살한들, 너무나 힘들어 자살한들 그건 자살하는 사람 본인의 선택이고 본인이 감당할 몫이라는 판단에서 법원은 헤어나오지 못했다. 2500만 원이면 그래도 선방했다고 해야 할까. 법원 판결을 받으면 이보다 턱없이 낮게 나올 가능성이 매우 컸다. 아니나 다를까, 이번에는 관리업체가 조정을 받아들이지 않겠다고 했다. 결국 할머니와의 사이에서만 조정이 성립하고 관리업체와는 다시 소송전에 돌입했다. 관리업체는 이만수 씨에게 가족 문제가 있고, 평소 이만수 씨가 우울증을 앓고 있었다며 이만수 씨의 가정사, 지병 탓으로 몰고 갔다.

입증 책임은 손해를 주장하는 원고들에게 있기 때문에 한층 부담이 컸다. 할 수 있는 건 다 했다. 직접 아파트를 찾아가서 무턱대고 동료 경비원들에게 진술서를 써달라고, 증인이 되어달라고 도움을 요청했다. 경비원들 중에는 괜히 일을 시끄럽게 만든 탓에 이전보다 더 힘들어졌다며 원망하는 이도 있었고, 아예 대화조차 피하는 이도 있었다. 꼭 이런 상황이 아니더

라도 사실 회사를 상대로 한 소송에서 직원들이 회사 반대편에
서는 건 매우 부담스러운 일이다. 밉보이면 잘리기 십상이다.
그러나 몇몇 동료 경비원들은 흔쾌히 도움이 되는 증언을 해주
었고, 진술서를 써주었다. 〈그것이 알고 싶다〉 팀도 취재하며
확보한 자료들을 우리에게 전해주었다. 특히 그들은 전문 상담
사들을 만나 '심리적 부검'을 실시했는데 그 자료도 포함되어
있었다. 보통 사인을 찾기 위해 신체를 부검한다. 그러나 자살
임이 명확한 사건에서 중요한 것은 자살을 하게 된 원인, 즉 심
리 상태를 알아내는 것인데, 이를 심리적 부검이라 한다. 심리
적 부검 결과, 업무상 스트레스가 자살의 원인으로 판명되었다.
예상했던 결론이었으니 덤덤했다. 그보다는 심리적 부검에 관
한 서류에서 이런 문장들이 눈에 띄었다.

"아들이 워낙 아버지를 존경하고 좋아하는 상태라…… 보
통은 아버지들이 가족에게 어떻게 하는지를 자식을 보면 잘 알
수 있는데, 지금 아들을 보면 정말 가족을 사랑하셨던 분 같아
요."

"지금까지 버틸 수 있었던 건 오히려 가족이었어요. 가장
강력한 보호요인이 가족이에요."

화가 났다. 관리업체는 이만수 씨의 죽음을 두고 개인적인
문제, 가족의 문제로 몰아갔다. 관리업체는 책임을 지지 않기
위해 이만수 씨뿐만 아니라 유족까지 모욕한 것이다.

증거 제출뿐만 아니라 증인 신청, 검증 신청, 사실조회 신
청까지 할 수 있는 방법은 다 동원했다. 그러나 법원은 소를 제

기한 지 2년도 더 지나서야 관리업체는 할머니와 공동하여 원고들에게 25,000,000원을 지급하라.라는 내용의 화해권고결정을 내렸다. 강제조정결정과 같은 내용이었다. 화해권고는 말 그대로 법원이 화해를 권고하는 것, 서로 화해하고 끝내라는 것이다. 법원이 사건을 쉽게 마무리 지으려고 화해권고를 택한 것 같았다. 강제조정결정 때처럼 이번에도 관리업체가 화해권고를 받아들이지 않았다. 이만수 씨는 개인적 문제로 잘못된 선택을 한 것이고 관리업체는 아무런 책임도 질 필요가 없다는 취지였다.

화해권고가 받아들여지지 않자 법원은 2017년 3월 10일에 판결을 선고했다. 법원의 주문은 화해권고와 동일했다. 이걸 비극이라고 해야 할지, 희극이라고 해야 할지, 2500만 원은 법원이 자살 사건에서 인정한 최대 액수의 위자료였다. 다만 아쉬운 결과와 달리 판결 내용은 좋았다. 법원은 사용자는 근로계약에 수반되는 신의칙상의 부수적 의무로서 피용자가 노무를 제공하는 과정에서 생명, 신체, 건강을 해치는 일이 없도록 물적 환경을 정비하는 등 필요한 조치를 강구하여야 할 보호의무를 부담하고, 이러한 보호의무를 위반함으로써 피용자가 손해를 입은 경우 이를 배상할 책임이 있다.라고 전제한 뒤 피고 회사는 피용자인 망인에 대한 보호의무를 위반한 과실이 있고, 이로 인해 이 사건 사고가 발생하였다고 봄이 상당하므로 망인 및 원고들에게 이 사건 사고로 인한 손해를 배상할 책임이 있다.라고 판결했다. 사용자는 자기가 고용한 직원들이 안전하고 건강한 환경에서 일할 수 있도록 조치를 취해야 하는데 그러지 않았으니 조치 위반으로 인해 생긴 손해를 배상하라는 취지였다. 애초에 고통을 호소하며 다른 동으로 배치해달라는 이만수 씨의 요청을 관리업체가 무시한 탓에 이만수 씨가 자살했으니 관리업체는 사망 위자료를 지급해야 한다는 것이었다. 이렇게 업무로 인한 자살 사건에 사용자인 회사의 책임을 인정한 최초의 판결이 탄생했다. 관리업체는 항소하지 않았고 판결대로 유족에게 위자료를 지급했다.

———

소송이 끝난 지 6년이 더 지났다. 가끔 이만수 씨의 부인이 안부 문자를 보내온다.

"변호사님 안녕하세요? 오늘 남편한테 다녀왔어요. 변호사님 생각 나서 연락해요. 저랑 아이들은 잘 지내고 있어요. 남편 생각 많이 나는데 그래도 잘 버티고 있어요. 변호사님 고마워요."

고통이 사라질 리 만무하지만 그래도 남은 가족이 더 열심히, 화목하게 살고 있다고 소식을 전했다. 이만수 씨는 현재 남양주 마석 모란공원 민족민주열사·희생자묘역에 안치해 있다. 해마다 어김없이 유족과 노조 활동가들, 그의 동료들은 기일에 이만수 씨의 묘 앞에서 추모식을 열고 있다.

"입주민이 400명이면 우리는 그 400명을 주인으로 모셔야 한다." 사건을 담당하면서 만난 아파트 경비원은 이렇게 말했다. 이 말이 계속 마음에 남는다. 이후로도 아파트 경비원들을 지원하는 활동을 벌여왔지만 그들의 상황이 나아진 것인지 잘 모르겠다. 입주민의 갑질 때문에 자살했다는 경비원 소식은 끊이지 않는다. 아파트 경비원들의 고용 형태는 점점 더 나빠져서 관리업체가 경비 업무를 따로 떼어 경비업체에 맡기고 경비원은 경비업체에 속해 일하는 경우도 늘어났다. 고용구조가 다단계로 바뀌다보니 입주자대표회의, 관리업체, 경비업체까지 모셔야 할 '갑'은 더 많아졌고, 누가 사용자로서 책임을 질지는 더 모호해졌다. 경비업체가 가져가는 돈 때문에 경비원들에게 돌아가야 할 몫은 더 줄었다. 3개월짜리 근로계약도 부쩍 많아지고 있다. 그러나 하는 일은 더 많이 늘었다. 〈공동주택관리법〉은 아파트 경비원에게 경비 말고도 '청소, 재활용품 정리, 주차 관리와 택배물품 보관 업무'까지 강제하고 있다. 그러나 아파트 경비원의 임금은 으레 최저임금에 맞춰져 있다.

아파트라는 작고 일상적인 사회에서조차 계급이 존재한다. 입주민들이 쾌적하고 안락하게 살 수 있도록 현장에서 가장 많이 일하는 경비원은 아파트 내 계급의 가장 말단에 있다. 그들은 목소리를 내지 못하고 해고될 것을 두려워하며 아주 적은 돈을 받으며 살아가고 있다. 계급의 꼭대기에는 입주자대표회의의 회장을 정점으로 하는 입주민들이 있다. 그들은 관리비를 적게 내면서 더 많은 편의를 누리기를 바란다. 누군가 이익을 보면 다른 누군가는 손해를 보게 마련이다. 평범한 이웃인 우

리는 이 작은 계급 사회 안에서 어디쯤 서서 어디를 바라봐야
하는 걸까?

2화
·····

받은 돈은 없고 갚을 돈만
늘어나는 일자리

핸드폰 판매노동자의
족쇄 계약 사건

"안녕하세요, 윤지영 변호사님. 부탁드릴 일이 있어 연락드렸습니다. 저희 사무실에 찾아오신 분인데 사연이 너무 딱한 데다 민·형사 문제도 걸려 있어서 아무래도 변호사 상담과 법률 지원이 필요할 것 같아, 혹시 지원이 가능할지 여쭤보려고요.

스물네 살 여성이고요. 거의 사회초년생이신데 핸드폰 매장에서 2년 넘게 일하셨어요. 중간에 6개월만 직원으로 근로계약을 맺고 일했지만 그 전후로는 위탁계약 형식으로, 소위 판매사로 일했습니다. 최저임금 위반이나 퇴직금 못 받은 것은 차치하더라도 판매사로 일한 기간 동안 총 1천만 원 정도의 부당한 위약금 청구(임금에서 공제하는 방식으로 변제)와 퇴직 이후에도 본인 과실로 발생한 회사의 손해 400만 원을 지급하라는 요구를 받고 있는 상태입니다. 들어보니 다수의 직원들도 유사한 피해를 보고 있는 것 같고 회사가 거의 사기집단 수준인데 도와주실 수 있을까요?"

2019년 9월 20일, 민주노총 서울본부 노동법률센터에서 일하는 박성우 노무사에게서 메일이 왔다. 노동법률센터는 무료로 노동 상담을 하고 있는데, 이 내담자는 상담만으로 해결할 수 있는 일이 아니었던 모양이다. 우리가 할 수 있는 일이 아니라고 돌려보낼 법도 한데 사정이 워낙 딱하기도 했고, 박성우 노무사 역시 그러한 사정을 모른 체할 사람이 아니었기에 일부러 내게 도움을 요청한 것이었다.

알겠다고 하고 박성우 노무사가 알려준 번호로 전화했다. 피해자는 여성이라더니 웬 남성이 받았다. 피해자 정다솜(가명)의 아버지라 했다. 아버지가 딸과 함께 사무실로 찾아오겠다고 했다. 좀 의아했지만 그러시라고 안내했다. 며칠 후 부녀가 사무실을 방문했다. 인사를 나누는데 다솜 씨의 태도가 조금 이상했다. 면담 자리에서도 아버지 혼자 이야기했다. 본인 사정은 본인이 가장 잘 알 텐데도 다솜 씨는 초점 없는 눈빛으로 아버지 곁에 조용히 앉아 있기만 했다. 아버지 말로는, 딸이 일하는 동안 너무 힘들어했고 퇴사하면 회사로부터 해방될 줄 알았는데 회사가 계속해서 딸에게 연락해 괴롭힌단다. 그래서 딸이 현재 심각한 대인기피증과 공황장애, 우울증으로 병원 치료를 받고 있다고 했다. 그러나 아버지 말씀만 들어서는 한계가 있다. 아버지는 다솜 씨와 따로 살았고 최근에 문제가 터지고 나서야 딸에게서 자초지종을 들은 것 같았다. 아버지가 모든 사정을 알 수는 없었다. 제대로 상담하려면 상황을 직접 겪은 당사자가 말해야 한다. 그래야 무엇이 불리하고 무엇이 유리한지 정확히 파악할 수 있기 때문이다. 일단 아버지의 말을 듣고 파악한 사정은 다음과 같다.

2017년 2월 다솜 씨는 핸드폰 판매 대리점에서 일을 시작했다. 스물한 살이었다. 고등학교 졸업 후 대학에 가는 대신 취업을 선택했다. 친구가 일을 그만두면서 자신이 일하던 매장을 다솜 씨에게 소개해주었는데, 다솜 씨는 계약서도 쓰지 않고 면접일 바로 다음 날부터 일을 시작했다. 다솜 씨가 하는 일은 매장에서 핸드폰을 판매하고 개통시키는 일이었다. 매장 청소, 고객 응대, AS 등의 업무도 다솜 씨의 몫이었다. 핸드폰 매장에서 이루어지는 모든 일을 한다고 생각하면 이해하기 쉽다. 그렇게 다솜 씨는 주 6일, 오전 10시부터 밤 9시까지 일했다. 처음에는 다른 사람과 같이 일했는데 그 사람마저 그만두면서 혼자 일했다. 회사는 매장 안에 CCTV를 설치해서 다솜 씨가 제대로 일을 하는지를 감시했다. 한번은 매장에서 밥을 먹고 있는데 회사에서 연락이 왔다. 매장에서 밥을 먹으면 냄새가 나는데 그러다 손님이라도 오면 어떻게 하냐며 회사 직원은 다솜 씨를 혼냈다. 매장을 비울 수도, 밥을 안 먹을 수도 없는 노릇이었다. 혼자 매장을 지켜야 하니 화장실 가기도 쉽지 않았다.

이렇게 일해서 다솜 씨가 받기로 한 돈은 월 120만 원에 상여금인 '인센티브'. 인센티브는 판매 실적에 따라 달라졌다. 처음에는 괜찮았다. 회사가 정한 인센티브 기준이 나쁘지 않았다. 일한 지 세 달 만에 다솜 씨는 월 300만 원 넘게 받았다. 그런데 다섯 달째가 넘어가자 급여가 들어오지 않았다. 한 달 뒤 회사는 매장 내 핸드폰이 분실되었다는 등의 이유로 다솜 씨에게 800만 원가량의 손해배상을 요구했다. 회사가 분실을 주장하던 핸드폰들은 다른 매장에서 발견되었다. 모든 핸드폰에는 각각의 고유번호가 있어서 추적이 가능했다. 그럼에도 불구하고 회사는 손해배상 요구를 굽히지 않았다.

인센티브 기준도 엄격해졌다. 회사는, 기본급 120만 원은 그냥 주는 것이 아니라 일정 매출 이상을 올려야 주는 것이라며 다솜 씨가 기본 매출을 달성하지 못했기 때문에 120만 원도 줄 수 없다고 했다. 당연히 인센티브도 없었다. 일을 했지만 급여는 0이었다. 이제 막 사회생활을 시작한 다솜 씨에게 감당하기 힘든 현실이었다. 정신적으로 힘들어지니 다솜 씨는 이전처럼 열심히 상품을 팔기 어렵게 되었다. 매출을 못 올리니 임금도 못 받는 악순환이 이어졌다. 그렇게 다솜 씨는 2017년 7월부터 11월까지 4개월간 급여를 한 푼도 받지 못했다.

그러나 다솜 씨도 먹고살아야 했다. 집세도 내야 했고, 밥도 먹어야 했다. 결국 다솜 씨의 선택은 회사로부터 돈을 빌리는 것이었다. 2017년 8월에는 150만 원, 2017년 11월에는 50만 원, 2017년 12월에는 350만 원. 그렇게 통장에 들어온 돈은 월급이 아니라 대출금이었다. 2018년 1월 말 회사는 다솜 씨에게 지금까지 가불해간 돈의 상환을 요구했다. 2017년 8월 말부터 줄곧 주장해온 손해배상도 독촉했다. 결국 다솜 씨는 18,942,384원(연 8%의 이자)을 회사로부터 빌린 것처럼 차용증을 작성하고 회사 직원의 손에 끌려가다시피 해서 법무법인 공증까지 받았다. 상황이 이렇게 되니 일을 그만둘 수도 없었다. 다솜 씨는 계속 일을 하며 매달 50만 원에서 200만 원까지 급여에서 공제하는 방식으로 돈을 갚아나갔다. 2019년 7월 31일 드디어 다솜 씨는 모든 돈을 다 갚고 그 길로 회사를 그만두었다.

해방인 줄 알았다. 그러나 퇴사한 다솜 씨에게 회사는 또 다른 손해를 주장했다. 다솜 씨와 거래한 고객들의 '클레임(항의)'을 회사가 대신 처리했고 그 돈이 400만 원 정도 된다는 것이었다. 회사는 계속 다솜 씨에게 연락했다. 끝없는 독촉에 제정신인 게 이상할 상황이었다.

———

다솜 씨의 아버지는 딸을 근로자로 주장할 수 있는지, 공증받은 차용증을 무효로 만들 수는 없는지 물었다. 근로자라면 지금이라도 노동법 위반으로 회사를 신고하고 못 받은 돈을 받아내고 싶다고 했다. 공증받은 차용증이 무효라면 매달 갚아나갔던 돈을 돌려달라고 요구하겠다고 했다. 아버지 입장에서는 딸을 망가뜨린 회사를 가만둘 수 없는 노릇이었다. 그러나 법적으로는 만만치 않았다. 아버지 말씀처럼 다솜 씨가 근로자라면 지금이라도 2017년 7월부터 11월까지 못 받은 월급을 받아야 맞다. 사용자는 시간당 최저임금 이상의 급여를 지급해야 하고, 이를 위반하면 〈최저임금법〉 위반으로 처벌받게 된다. 2017년 최저임금이 시간당 6,470원이고 다솜 씨는 주 6일 매일 11시간씩* 일했으니 최소한 월 2,231,180원을 받았어야 한다. 여기에 연장근로수당까지 합치면 실제 받아야 하는 임금은 더 커질 수밖에 없다. 2년 6개월 일했으니 퇴직금도 받을 수 있다. 1년 이상 일한 근로자는 1년에 30일분의 임금을 퇴직금으로 받을 수 있기 때문이다. 그러나 이런 계산은 어디까지나 다솜 씨가 법상 근로자일 때나 가능하다.

　다솜 씨는 입사 당시 근로계약서를 쓰지 않았다. 회사는 산재보험, 고용보험 신고도 하지 않았다. 근로소득세 대신 사업소득세로 세금 신고를 했다. 형식적으로 보면 다솜 씨는 개인사업자였다. 물론 법상 근로자인지 여부는 형식이 아니라 실질을 가지고 따져야 한다는 것이 확립된 원칙이다. 사용자는 노동자보다 우월한 지위에 있고, 우월한 지위를 이용해 노동자에게 불리한 외관을 만들 수 있기 때문이다. 실질을 따져보았는데 만약 다솜 씨가 근로자라면 근로계약서를 쓰지 않은 책임을 회사가 지게 된다. 근로기준법은 근로계약서 미작성도 범죄로

---

* 밥 먹는 시간은 빼야 하는 것 아니냐고 볼 수도 있다. 보통 회사는 점심밥을 먹을 수 있게 휴게시간 한 시간을 주는데, 이 휴게시간은 근로시간이 아니다. 그러나 근로기준법은 대기시간도 근로시간으로 보도록 하고 있다. 자유롭게 쓰지 못하고, 일에 곧바로 투입될 수 있도록 대기하는 시간은 근로시간이라는 것이다. 다솜 씨의 경우 혼자 매장을 보는 입장에서 고객이 언제 올지 모르므로 내내 대기해야 했다.

보고 있다. 이러한 사실을 입증해야 못 받은 임금을 받을 수 있다. 그런데 문제는 이걸 입증해야 할 장본인이 다솜 씨라는 것이다.

다솜 씨는 회사가 정한 출근일과 근무 시간을 지켜야 했고, 회사가 제공한 공간에서 회사가 정한 기준과 지시에 따라 일을 했지만 이제 와서 이를 뒷받침할 증거를 끌어모아 입증하기가 쉽지 않았다. 안타깝게도 근무 도중 다솜 씨는 근로계약서 대신 '위탁판매계약서'에 서명했다. 그 계약서에서 다솜 씨는 철저하게 개인사업자였다. 인센티브 방식으로 임금을 받은 점도 다솜 씨에게 불리했다. 그 때문에 다솜 씨는 이윤의 창출과 손실의 초래 등 위험을 스스로 떠안은 처지가 되어버렸다.

이것저것 자료를 찾다가 한국노동사회연구소에서 2015년에 발간한 〈이동통신 판매직 노동과정과 실태〉라는 보고서를 발견했다. 이 자료에 따르면 협력업체의 판매사 신분인 다솜 씨는 회사에 종속되어 있지만 사회적으로는 개인사업자로 취급받는, 소위 특수고용 노동자였다. 비단 핸드폰 판매노동자뿐만 자동차 딜러, 아파트·오피스텔·상가 분양 상담사, 보험 설계사 등 판매가 주된 업무인 노동자들도 비슷한 양상을 띤다.

차용증 공증도 마찬가지다. 회사의 강요로 차용증을 썼다지만 다솜 씨가 직접 서명하고 작성한 이상, 강요하는 상황의 녹음 파일이 있다면 모를까, 법적으로 이를 뒤집기는 힘들었다. 법원 판결 없이도 이 서류 하나만으로 강제집행도 가능할 만큼 공증은 강력한 효과가 있다.

사실 지금 당장 해결해야 할 것은 퇴사 이후에도 계속되는 회사의 독촉을 막는 것이었다. 이걸 소송으로 막는 방법은 '채무 부존재 확인의 소'를 제기하고 접근 금지 가처분 신청을 하는 것인데 400만 원의 독촉을 막기 위해 쓰기에는 너무 복잡하고 어려운 방법이었다. 법적으로 대응한다고 해서 우리에게 유리한 상황이 아니라는 점을 냉정하게 말할 필요가 있었다. 그렇다고 해서 그냥 넘어갈 수도 없는 노릇이었다. 아버지에게 솔직히 말씀드렸다.

　　"노무사, 변호사 선임한다고 애먼 돈을 쓰느니 회사와 잘 협의해서 정리하시는 게 좋겠습니다."

　　아버지는 알겠다고 했다. 더는 연락이 없었고 한동안 잊고 지냈다.

———

　　거의 1년이 지난 2020년 7월, 다시 연락이 왔다. 이번에는 다솜 씨 본인이 직접 전화를 걸었다. '아, 이런 목소리를 가진 사람이구나.' 청량한 목소리가 전화기 너머로 들려왔다. 다솜 씨는, 상담 후 아버지가 직접 회사 사람을 만나 따졌고 이후로 회사로부터 시달림을 당하지 않았다고 했다. 그래서 더는 내게 연락할 일도 없었다고 했다. 그런데 최근 보증보험회사로부터 통지서를 받았단다. 회사가 다솜 씨의 채무불이행을 이유로 보증보험회사에 1천만 원의 보험금을 청구했는데 그 내용이 맞는지 확인해달라는 것이었다. 근무 당시 다솜 씨는 회사의 요구로 보증보험회사의 계약이행보증보험에 가입했다고 한다. 그 내용은 다솜 씨가 계약을 이행하지 않으면 보증보험회사가 대신 회사에 보험금을 지급하고, 그대로 다솜 씨에게 구상하는 것이었다. 보증보험회사는 회사가 청구한 1천만 원을 보험금으로 지급해도 되는지 다솜 씨에게 확인하고, 나중에 그 액수만큼 다솜 씨에게 청구할 요량이었다.

만감이 교차했다. 아버지 없이 혼자 전화할 수 있을 정도로 상태가 나아진 것 같아 다행이었다. 반면 회사가 주장하는 손해는 그사이 400만 원에서 1천만 원으로 불어나 있었다. 일이 해결된 게 아니었다. '아, 내 조언 때문에 오히려 상황이 안 좋아진 것인가.' 자책했다. 다시 만날 필요가 있었다. 가능한 모든 자료를 다 챙겨서 사무실로 한번 와달라고 요청했다. 며칠 후 다솜 씨가 사무실을 찾아왔다. 이번에는 혼자였다.

"오랜만이에요. 혼자서 괜찮겠어요?"

"작년에 제가 상태가 너무 안 좋았어요. 기억상실증에 걸린 것처럼 아무것도 기억이 안 났고 말을 잃어버렸어요. 지금은 많이 좋아졌어요."

다솜 씨는 각종 서류들을 챙겨왔고 하나씩 설명했다.

보험계약내용

보험계약자: 정다솜

피보험자: 회사

보험가입금액: 1,000만 원

보험 내용: 계약이행보증보험

왜 이런 보험에 가입했는지 물었다. 다솜 씨도 모른다고 했다. 최근 갑작스런 통보를 받고 보증보험회사에 문의하니 인터넷으로 가입되었다는 설명을 들었다고 한다. 보험 가입 시기 즈음에 회사 직원이 공인인증서와 비밀번호를 달라고 한 적이 있는데, 그때 보험 가입이 된 것 같다고 말했다.

이렇게 중요한 서류에, 이렇게 속이 뻔히 보이는 계약에 함부로 명의를 제공하다니. 안타까웠다. 본인은 억울할지 몰라도 계약이 무효라고 주장하기 어려운 상황이 되어버렸다. 동시에 어쩔 수 없는 상황이었을 수도 있겠다 싶었다. 회사는 다솜 씨에게 어떤 용도로 공인인증서와 비밀번호를 달라는 것인지 정확히 설명하지 않았다. 그저 일하는 데 필요한 서류라고 설명하니 다솜 씨는 거절하기 어려워 알려주었다고 한다. 비단 다솜 씨만 그런 것은 아니었다. 이 일이 있은 후로 다솜 씨는 같이 근무했던 회사 동료에게 연락을 했다. 그 동료 역시도 본인 명의로 보험에 가입된 사실을 몰랐다. 사실 회사가 필요해서 달라고 하면 직원 입장에서는 이를 일일이 확인하거나 거절하기 어렵다. 그간 회사가 보험료를 냈고 직원들은 따로 계약서를 받은 적도 없기 때문에 더더욱 보험 가입이라고는 생각하기 어려웠을 것이다.

야쿠자가 떠올랐다. 일본의 조직폭력단 야쿠자는 대부업

시장에서 큰돈을 벌어들였다. 야쿠자는 돈을 빌려줄 때 계약 내용에 생명보험 가입 조항을 넣는다고 한다. 돈을 빌리는 사람 명의로 생명보험에 가입하고 만약 그 사람이 죽으면 보험금은 야쿠자가 가져가는 것이다. 야쿠자도 다솜 씨가 다닌 회사도, 그들에게 제일 중요한 건 돈이었다. 찾아보니 회사는 전국에 대리점을 보유한, 연 매출 300억 원이 넘는 중소기업이었다.

회사가 보험금을 청구한 사유를 확인해보았다. "판매자 퇴사 후 고객들에게 들어왔던 클레임 비용 청구. 연락 두절." 이렇게 적힌 청구 사유 뒷면에 50개가 넘는 클레임 내역이 빼곡히 적혀 있었다. 적게는 1748원부터 많게는 118만 원까지, 너무 글자가 작아 보기 힘들 정도였다. 그러니까 다솜 씨 퇴사 이후에 다솜 씨와 거래했던 고객들이 회사에 클레임을 제기했고, 회사는 그들에게 보상해주었고, 그 보상금 내역을 끌어모아 보험금을 청구한 것이었다.

다솜 씨에게 회사의 청구 내용이 사실인지 물었다. 너무 많기도 하고 퇴사 이후의 일이라서 다솜 씨가 일일이 답하는 데에는 한계가 있었다. 다만 그중 몇 가지는 확실하게 답을 할 수 있었는데 이를테면 가장 큰 금액인 118만 원은 클레임 때문에 발생한 것이 아니라고 했다.

"아, 그건 회사가 제 친구에게 준 핸드폰 값이에요. 제가 친구한테 핸드폰을 팔았는데 회사가 제 친구한테 연락해서, 다솜이 상대로 소송을 할 건데 증언해달라고 부탁했대요. 그러면서 핸드폰 바꿀 때 말해라, 통신사가 어디든 상관없으니 원하는 기종으로 기계 값을 전액 지원해주겠다, 이랬대요. 친구가 회사로부터 부탁을 받았다고 직접 말해줬어요."

그러니까 118만 원은 회사가 친구에게 증인을 청탁하면서 대신 내준 핸드폰 구입 비용이었다. 클레임이라고 할 수 없는 것들까지 회사는 클레임으로 걸어서 보험금을 청구한 게 분명했다.

고민을 했다. 안타깝지만 보험계약의 효력이 분명한 마당에 싸우더라도 이기기 어려워 보였다. 들여야 할 품도 너무 커 보였다. 50개가 넘는 클레임 내역을 하나하나 따지며 대응하는 것은 복잡하고 어려운 일이었다. 법적으로 일거에 해결할 방법도 마땅치 않았다. 도울 엄두가 안 났다. 고민하고 있는데, 다솜 씨 면담에 같이 들어갔던 자원활동가 두 명이 내게 말을 건넸다.

"변호사님, 어떻게 하실 거예요?"

"아, 잘 모르겠어요. 그런데 법적으로 대응하기가 만만치 않네요. 사정은 딱하지만 지원은 어렵지 않을까 싶어요."

"저희는 법을 잘 모르니 판단은 변호사님께서 하셔야겠지만, 도와주시면 좋겠어요."

공교롭게도 자원활동가들은 다솜 씨와 나이가 같았다. 두 사람 모두 로스쿨을 준비하는 대학생인데, 같은 나이지만 처지가 다른 다솜 씨를 보며 마음이 아팠던 모양이다. 자원활동가들은 '법의 피해자인 이런 사람을 돕는 것이 변호사님의 일 아니냐. 핸드폰 판매를 하는 사람이라면 누구나 겪을 수 있는 일이다. 다솜 씨가 개인적으로 잘못해서 벌어진 문제가 아니라 회사가 나빠서 벌어진 일 아니냐.'라고 했다. 눈 딱 감고 넘어갈까 했는데 할 말이 없었다. 부당한 현실 앞에서 이길 가능성만 따진 것 같아 부끄럽기도 했고, 자원활동가들의 열정과 마음이 고맙기도 했다. 나는 사안을 법적인 관점에서만 바라보았고, 아직 법적 지식이 없는 자원활동가들은 상식의 눈으로 바라보았다. 자원활동가들의 말이 맞다. 법과 상식은 다르지만, 그렇기 때문에 상식에 부합되게 법이 운용될 수 있도록 하는 것이 법조인의 역할이다.

마음을 다잡았다. 일단 다솜 씨를 대리하여 보증보험회사에 회사의 보험금 청구는 법적으로 문제가 있다는 취지로 내용증명을 작성해서 보냈다. 그러나 보증보험회사는 일일이 확인하기 어렵다며 일단 회사에 보험금을 지급하고, 나중에 다솜 씨에게 구상하겠다고 했다. 보험회사가 보험금 청구 내역을 제대로 확인하지 않은 상태에서 보험금을 지급하는 것이니 구상 청구에 응할 수 없다고 하자, 보험회사는 구상 청구에 응하지 않으면 다솜 씨는 신용불량자가 될 것이라며 협박 아닌 협박을 했다. 보증보험 구상금을 3개월 이상 연체하면 금융회사는 그 사람을 신용불량자로 만들 수 있나보다. 이런 식으로 자기들이 가진 권한을 남용하는 건가 싶기도 했지만 신용불량자가 되면 다솜 씨는 금융거래를 못 하고 취업에도 영향이 생긴다. 그래도 수긍할 수는 없었다. 계속해서 따지자, 보험회사는 다솜 씨가 회사를 상대로 채무 부존재 확인 소송을 하면 판결 날 때까지는 기다려주겠다고 했다.

얼마 안 있어 이번에는 내가 회사로부터 통보서를 받았다. 보증보험회사에 내용증명을 보낸 것과 별개로, 회사에도 미지급 임금과 퇴직금의 소멸시효가 완성되는 것을 막기 위해 내용증명을 보냈는데 이에 대한 회신이었다.

"당사가 정다솜에게 미지급한 급여나 퇴직금은 1원도 없습니다. (…) 당사는 정다솜에 대하여 인증서(차용증)에 기한 채권 18,942,384원 중 4,794,778원을 아직 다 변제받지 못하였습니다. 이후 정다솜의 판매에 기인한 당사의 손해액이 2020년 5월 현재 13,039,904원입니다. 따라서 정다솜은 당사에 위 합계 피해 금액 17,834,682원을 즉시 변제하여야 할 것입니다."

기가 찼다. 400만 원은 1천만 원으로, 다시 1780만 원으로 늘어났다. 가급적 법적으로 대응하지 않고 해결하기를 바랐는데 도리가 없었다. 결국 2020년 11월 27일, 차용금은 이미 다 갚았고, 회사에 더 이상 변상할 돈은 없다는 취지로 회사를 상대로 채무 부존재 확인의 소를 제기했다.

소송에서 회사 답변은 예상외로 싱거웠다. 대단한 증거라도 있나 싶었는데, 회사가 제출한 것은 다솜 씨와 고객 간 계약서류들, 그리고 고객에 대한 회사의 입금 내역이 전부였다. 클레임을 확인할 수 있는 증거들은 거의 없었다. 이것만으로는 고객이 어떤 클레임을 제기한 것인지, 그 클레임이 정당한 것인지, 회사가 클레임 해결을 위해 입금한 것이 맞기는 한지, 하나도 확인할 길이 없었다. 회사는 차용금 상환에 대해서도 이렇다 할 입증을 하지 못했다. 그도 그럴 것이 다솜 씨가 재직하면서 매월 차용금을 상환한 내역이 매월 급여명세서에 기재되었고, 우리가 먼저 급여명세서를 증거로 제출했기 때문이다. 그러니까 회사는 증거 없이 주장만 하고 있었다. 주장도 변변치 못했다. "고객이 요금을 납부할 수 없다면서 항의를 하여 회사가 대신 납부하여 줌, 25,000원." 이런 식으로 고객의 클레임 91개를 엑셀로 정리해 제출한 게 전부였다. 회사도 변호사를 선임했는데 준비서면의 내용도 형식도 변호사가 쓴 것 같지 않았다.

그러나 첫 변론기일에서 판사는 "이 사건은 형식적으로는 하나의 사건이지만 실제로는 91개의 사건"이니 하나하나 다 따져야 한다고 했다. 틀린 말은 아니었다. 회사가 주장하는 91개의 채무가 존재하는지 여부를 따지지 않을 수 없었다. 동시에 판사가 이 사건을 제대로 검토할 것인지 걱정되었다. 기본적으로 이 사건은 소송가액이 2천만 원이 안 되는 작은 사건이었다. 금액이 크든 적든 당사자에게는 모두 중요한 사건이지만, 수십, 수백 건을 다루는 법원은 소송가액에 따라서 사건의 경중을 따지기 때문이다. 소송가액이 3천만 원 이하인 사건을 소액사건이라고 하는데, 소액사건의 경우 1심 법원은 판결 이유를 쓸 필요도 없다. 소액사건은 판사 한 명이 혼자 판단하고, 대법원에 상고해도 심리 없이 기각되는 게 원칙이다.

소송가액과 사건의 중요성이 비례하는 것은 아니다. 한 달치 임금 청구 사건이라도 들여다보면 근로자인지 여부를 따져야 하는 매우 어렵고 중요한 사건일 수 있다. 그러나 법원에선 사건이 워낙 많다보니 판사가 모든 사건을 꼼꼼히 들여다보기 어려운 것도 현실이라, 경험상 금액이 작은 사건의 경우 판사는 대충 처리하는 경향이 있다. 특히 이 사건은 다음의 업무위탁계약서 문구 때문에 판사가 깊게 들여다보지 않은 채 회사의 손을 들어줄 것 같았다.

"을(정다솜)이 체결한 계약 건으로 인해 발생한 모든 고객 민원은 을에게 책임이 있다."

다솜 씨가 잘못했든, 잘못하지 않았든 상관없이 모든 책임을 다솜 씨가 져야 한다는 것이다. 고객이 요금을 미납했다면 그 미납 요금은 다솜 씨가 책임져야 하고, 고객이 막무가내로 공짜 요금제를 주장한다면 그 요구대로 다솜 씨가 대신 요금을 납부해야 한다는 것이다. 사건이 복잡하면 판사가 일일이 살피는 대신 이 계약서 조항만 가지고 다솜 씨에게 모든 책임이 있는 것으로 단정할 가능성이 컸다.

결국 처음 예상했던 대로 어렵고 힘든 길을 갈 수밖에 없었다. 다솜 씨에게 하나도 빠짐없이 모든 자료를 달라고 했다. 회사의 프로모션 방침, 인센티브 지급 방침, 판매 확인서까지. 종이 자료부터 컴퓨터 파일까지 수백 장, 수 기가의 어마어마한 자료가 내 손에 들어왔다. 몇 날 며칠 동안 자료를 들여다보았다. 그러나 도무지 무슨 내용인지 이해하기 어려웠다. 수시로 다솜 씨에게 전화해서 이건 무엇이고, 저건 무엇인지 물었다. 그럴 때마다 다솜 씨는 내가 이해할 수 있도록 풀어서 자세히 설명해주었다. 그런데도 무슨 뜻인지를 몰라 고생했다. 그도 그럴 것이 제목은 똑같아도 내용은 다른 자료가 너무나 많았기 때문이다. 회사의 방침은 수시로 바뀌었는데, 변경 기준을 도무지 알 수 없었다. 어떤 주에는 아이폰을 40대 팔아야 하고, 어떤 주에는 8만5천 원 요금 상품을 팔아야 하고. 여기에 결합상품까지 수백 개의 판매상품과 판매원칙, 그에 따른 인센티브 지급 기준이 수시로 바뀌었다. 이 지경에 이르면 이해를 포기한 채 그냥 그러려니 하고 따를 수밖에 없다.

아무튼 다솜 씨의 기억력은 완전히 회복된 것 같았다. 대화하는 시간이 길어지면서 다솜 씨가 굉장히 명석한 사람인 것을 알게 되었다. 나도 최선을 다했지만 다솜 씨도 최선을 다했다. 소송을 위해 다솜 씨는 회사 동료들에게 연락을 시도했다. 한 번은 다솜 씨가 알려준 회사 동료의 연락처로 내가 직접 전화를 걸었다. 그 동료의 말이 인상적이었다. 다솜 씨는 정말 열심히 일했다고, 착하고 똑똑해서 다른 직원들이 어려움을 겪으면 먼저 나서서 도와주는 일이 많았다고, 그럼에도 불구하고 이런 상황에 놓인 게 매우 안타깝다고 했다. 이 업계에서는 회사가 악착같이 돈만 좇고 판매 직원들에게 책임을 전가하는 일이 흔하다며, 착한 사람이 손해를 보는 구조라고 했다.

속된 표현으로 '폰팔이'라고 불리는 핸드폰 판매노동자. 변변한 직장을 찾기 힘든 현실에서 비교적 쉽게 얻을 수 있는 직업. 그래서 주로 젊은 사람들이 '폰팔이'가 된다. 그런데 통신사–판매대행사(위탁판매사)–판매노동자의 다단계 구조에서 가장 밑바닥에 있는 판매노동자는 통신사와 판매대행사의 갑질에 피해를 입기 십상이다. 통신사의 가장 큰 목적은 가입자 수를 늘리고 유지하고 그래서 수익을 최대한으로 끌어올리는 것이다. 이 과정에서 고객을 응대하거나 판매를 책임지는 역할을 판매대행사와 판매노동자에게 떠맡긴다. 통신사는 판매대행사와 판매노동자가 지켜야 할 방대한 수칙을 정하고 이 수칙을 지키지 않으면 불완전판매라고 단정하면서 그 책임을 전가하는 것이다.

판매대행사는 통신사에 잘 보여야 하니 반기를 들 수 없다. 동시에 고객이 내는 통신요금의 일부를 판매대행사도 나눠 갖기 때문에 판매대행사 입장에서도 고객을 유치하고 유지하는 것이 중요하다. 판매대행사는 각종 프로모션을 만들고 판매노동자에게 판매를 일임해서 무리한 판매를 유도한 다음 그에 따른 각종 민원은 판매노동자가 책임지도록 해놓았다. 판매노동자에게 말도 안 되는 민원이라도 다 들어주라고 명령하고, 그 명령을 거부하지 못하게 하고, 만약 판매노동자가 따르지 않으면 회사가 민원을 들어주는 대신 그 비용을 판매노동자에게 청구할 수 있도록 미리 계약서를 만들어놓는 것이다. 억지로, 무리해서 핸드폰을 팔아야 하는 '폰팔이'의 신세를 이제야 이해할 수 있게 되었다.

비단 다솜 씨뿐만 아니었다. 직장갑질119에도 핸드폰 판매노동자의 사연이 몇 번 들어왔다. 수법은 똑같았다. 통신사와 판매대행사의 갑질에 젊은 판매노동자만 죽어나가는 상황이었다. 처음에는 다솜 씨가 어리석게 회사를 상대한 게 아닌가 싶어서 의심도 들었는데 사건을 파헤칠수록 이건 다솜 씨의 문제가 아니라 통신사, 그리고 다솜 씨가 다닌 회사의 문제라고 확신하게 되었다.

그사이 나는 다솜 씨와 자주 만났고, 준비서면 하나를 쓰기 위해 사흘 동안 아침부터 저녁까지 함께 논의하기도 했다. 그러던 어느 날 밤 11시에 다솜 씨에게 전화가 왔다.

"변호사님, 제가 못나서 이렇게 당하고 있지만 저는 열심히 살려고 한 것뿐이에요. 잘 살고 싶은데 왜 저를 가만두지 않는 거예요? 어떻게 살아야 할지 모르겠어요."

차분하게 또박또박 설명하던 목소리는 온데간데없었다. 다솜 씨는 말을 잇지 못했다. 목 놓아 우는 소리만 핸드폰 너머로 들려왔다. 겨우겨우 다독이고 전화를 끊었다. 느낌이 안 좋았다. 다솜 씨와 통화를 끝낸 후 곧바로 다솜 씨의 아버지에게 전화를 걸었다.

"늦은 시각에 죄송합니다. 방금 다솜 씨한테 전화가 왔는데 아무래도 지금 아버님께서 다솜 씨 좀 확인해주셔야 할 것 같아요. 다솜 씨가 많이 우는데 걱정이 되네요."

"…… 알겠습니다."

다음 날 다솜 씨 아버지한테서 전화가 왔다. 통화 직후 다솜 씨가 자살을 시도했던 모양이다. 늦지 않게 응급실로 이동해서 위험한 상황은 모면했다고 했다. 고통에서 탈출하기 위해 시작한 소송이었는데, 소송이 진행될수록 회사의 터무니없는 주장에 다솜 씨의 정신상태도 무너졌다. 그래도 이렇게 무너져서는 안 됐다.

회사가 주장하는 91건의 고객 클레임에 대해 하나하나 반박하고 증거들을 제출했다. 준비서면 분량만 50쪽이 넘었다. 고객 클레임 중에는 1789원짜리와 1748원짜리도 있었다. 금액에 상관없이 반박할 수 있는 내용은 모두 담았다. 회사가 주장하는 고객 클레임에는 다른 직원이 판매한 건도 포함되어 있었다. 상당수는 고객의 막무가내 요구에 회사가 응한 것이었다. 클레임이 정당한지 아닌지 묻지도 따지지도 않고 회사는 고객 요구에 응했고 그 책임을 다솜 씨에게 물었다. 퇴사한 후에 벌어진 일들까지 다솜 씨 탓이었다. 고객이 계약을 해지하지 않으면 회사는 고객이 내는 통신요금의 7퍼센트를 관리수수료로 받을 수 있기 때문에 고객의 터무니없는 주장까지 다 들어주고 계약을 유지하도록 했다. 고객이 통신요금을 미납한 것까지 회사는 다솜 씨에게 대납하라고 요구했다.

그런데 계약 문구를 떠나서 고객의 클레임에 응대하고 책임을 져야 할 사람이 과연 다솜 씨가 맞을까? 그러니까 회사는 아무런 책임도 없는 것일까? 통신사와 위탁계약을 체결하고 통신사로부터 관리수수료를 받는 자는 다솜 씨가 아니라 판매대행사인 회사다. 핸드폰 판매 계약서에도 계약 당사자가 회사로 되어 있다. 고객이 계약을 해지하지 않은 이상 회사는 고객이 매달 내는 통신요금의 7퍼센트를 받게 된다. 반면 다솜 씨는 제품을 판매할 때 받는 인센티브가 전부다. 그러니 고객 관리를 통해 이익을 얻는 쪽은 회사이고, 회사 입장에서는 고객 관리가 중요할 수밖에 없다. 본질적으로 핸드폰과 통신상품을 판매하는 자는 회사이고, 다솜 씨는 직원으로서 회사의 판매 업무를 맡아 처리한 것이다. 그렇다면 고객에 대해서 회사가 책임을 지는 게 맞지 않을까?

그럼에도 불구하고 왜 이런 비상식적인 일이 벌어지는 것일까? 그건 회사와 판매노동자의 관계가 대등하지 않기 때문이다. 회사는 판매노동자와 비교가 안 될 정도로 막강한 힘을 가지고 있다. 원하는 내용으로 계약서를 채울 수 있다. 일을 해야 먹고사는, 다른 직장을 구하기 힘든 노동자는 '더럽고 치사해도' 회사가 내미는 계약서에 서명하지 않을 수 없다. 회사가 마음대로 정하는 룰에 따라야 하고, 회사가 책임지라고 하면 져야 한다. 실제로 다솜 씨뿐만 아니라 다른 직원들도 마찬가지였다. 회사는 일정한 형식으로 미리 계약서를 마련해두었고, 그 내용을 알려주지도 않은 채 '일하는 데 필요한 계약서들이니 서명하라.' 했고, 직원들은 어떤 내용이 들어가 있는지 확인도 못 한 상태로 서명을 했더니, 회사는 직원들이 서명한 계약서들을 가져가버렸다. 회사에 종속되어 일을 하더라도 '당신은 개인사업자요. 개인사업자이니 책임을 져야 합니다.'라고 적힌 서류에 서명하는 순간 노동자는 개인사업자로 둔갑한다.

이런 상황을 막기 위해 노동법이 존재하지만, 현실에서 노동법은 취약하고 불안정한 노동자들을 제일 먼저 배제한다. 꼭 노동법이 아니더라도 이런 계약은 〈약관규제에 관한 법률〉〈하도급 거래 공정화에 관한 법률〉 그리고 민법에 반한다고 볼 수도 있다. 그러나 대한민국 법원과 공정거래위원회는 계약서의 효력을 무효로 인정하는 데 매우 인색하다. 서류를 중요하게 여기는 법원이 다솜 씨의 억울한 사정을 과연 눈여겨봐줄지 의문이었다.

어쨌든 할 수 있는 모든 것을 다 했다. 소송가액은 1800만 원에 불과했지만 1년 동안 법원에 제출한 서면만 여덟 개, 전체 200쪽 분량이었다. 2021년 12월 1일, 드디어 마지막 변론기일이 열렸다. 회사측 변호사는 당당했다. '다솜 씨가 무과실 책임 및 사후 관리 책임을 인정한 계약서에 사인하지 않았냐. 지금도 고객들에게 클레임이 들어오는데 어떻게 할 거냐.' 퇴사한 지 2년이 넘었는데 그때 상담했던 고객들의 클레임이 지금까지도 들어온다고? 그걸 다솜 씨가 책임져야 한다고? 다솜 씨의 삶을 망쳐놓고도 회사는 아무런 죄책감도 느끼지 않았다.

마지막으로 원고가 하고 싶은 말이 있으면 하라는 판사의 주문에, 다솜 씨는 자리에서 일어나서 말을 시작했다.

"제가 가난하고 못 배워서 이렇게 대하는 건가요? 살고 싶은데 왜 내버려두지 않는지……"

다솜 씨는 끝내 말을 잇지 못하고 통곡했다. 나 역시 울먹였다. 변호사가 법정에서 울다니, 16년 변호사 생활에 두번째 경험이었다. 스스로 바보 같다고 생각했지만 어찌할 도리가 없었다.

"판사님, 이제 막 고등학교를 졸업하고 취업전선에 뛰어든 원고에게, 책임 유무를 불문하고 평생 무한책임을 지우는 것은 너무나 부당합니다. 회사에 돈을 다 갚는 것을 끝으로 이제 족쇄에서 풀려났다고 생각한 원고가 회사의 또다시 시작된 변제 요구에 정신과 치료를 받고 몇 번이고 자살을 시도할 수밖에 없었던 사정을 헤아려주십시오."

마지막 말을 마치고 나와 우리는 부둥켜안고 울었다. 이제 판결을 기다리는 수밖에 없었다.

———

최선을 다했지만 마음이 무거웠다. 답답한 마음에 다솜 씨의 사연을 SNS에 올렸다. 그랬더니 많은 분들이 공감해주었다. 내 글을 본 한겨레 신민정 기자한테서 연락이 왔다. 신민정 기자는 〈가장 보통의 재판〉이라는 코너에 연재를 하고 있었는데 이 사연을 기사로 작성했다. 매일노동뉴스의 홍준표 기자도 기사를 쓰고 다솜 씨를 직접 만나 돕겠다고 나섰다. 기사는 반향을 불러일으켰다. 댓글을 보니 많은 사람들이 회사의 행태에 분노하고 있었다.

얼마 안 있어 회사로부터 연락이 왔다. 다 면죄해줄 테니 화해하고 끝내자는 것이었다. 그렇게 할 수 없다고 했다. 그러자 회사는 법원에 화해권고 요청서를 제출했다. 원고의 채무는 존재하지 아니함을 확인한다. 회사는 보험금 청구를 철회하고 원고에게 손해가 없도록 처리하기로 한다. 원고와 피고는 일체의 권리 주장을 포괄적으로 모두 포기하고 제소행위도 포기한다. 법원은 이 내용 그대로 화해권고결정을 했다. 법원이 이렇게 권고한 이유는, 다솜 씨의 사정은 딱하지만 다솜 씨에게 불리하게 판결할 생각이었거나 아니면 기록을 보고 판결문 쓰는 시간을 절약하기 위해서였거나 둘 중 하나였을 것이다. 어떤 것이든 좋은 징조는 아니었다. 그래도 화해권고대로라면 이 소송은 사실상 완승이나 다를 바 없었다. 판결을 받는다고 화해권고 수준 정도로 우리에게 유리한 판결이 나리라 보장할 수 없었다. 최종 선택은 의뢰인의 몫이지만 이번만큼은 다솜 씨의 앞날을 위해 화해권고를 받으면 좋겠다고 말했다. 다솜 씨가 회사의 족쇄로부터 벗어나 더 이상 고통받지 않기를 바랐다. 결국 다솜 씨도 화해권고결정을 받아들이기로 했다. 화해권고결정이 확정되는 순간 다솜 씨한테 소식을 알렸다.

"다솜 씨, 우리 사건 끝났어요. 이제 회사 때문에 고통받는 일은 없을 거예요. 너무나 고생 많았어요."

"긴 시간 동안 도와주셔서 너무 감사해요. 이제 좀 마음 편하게 살아갈 수 있을 것 같아요."

앞으로 다솜 씨가 그 회사 때문에 고통받은 일은 진짜로 없을 것이다. 하지만 나쁜 관행은 바뀌지 않았고, 지금도 이 괴상한 시스템 안에서 다솜 씨처럼 고통스러워하는 사람들이 많을 것이다. 다솜 씨한테 자신의 이야기를 다룬 기사와 댓글을 보내주었을 때, 장문의 답장이 왔다. 다솜 씨의 의도는 아니겠지만, 그의 문장들 안에서 나는 그럼에도 우리가 해야 할 어떤 일을 본 것 같다.

　"안녕하세요 변호사님! 기사가 포털사이트 메인에까지 올라 있어서 놀랐어요. 제가 미숙해서, 실수하고 잘못한 줄 알아서 자책하고 반성하며 살아야 하는 줄 알았는데 이렇게 기사가 나오고 많은 분들이 관심을 가지고 저를 대신하여 분노해주시는 것이 너무 감사했어요. 동시에 그동안 제가 숨어 살았던 게 속상했어요. 바보 같다고 비판하시는 분들보다 같이 욕해주시고 응원해주시는 분들이 많은 것 같아서 신기하기도 하고 너무 멍해요. 그동안 혼자 극복해보려 노력하다가 억울하다 말 못하고 힘들다 말 한 번 하지 않고 갚았는데…… 한 번도 보지 못한 돈을…… 범죄자처럼 집으로 도망 와서 밖에 나가는 일 없이 숨어만 지내왔는데 제가 숨지 않고 살아도 된다는 걸 많이 느끼고 있어요. 많은 분들이 공감하셔서 응원해주시고 분노해주시고 위로해주시는 걸 보니까 제 인생과 시간이 아까웠구나 생각도 들고 속상해요. 많은 분들이 응원해주신다는 것도 잊지 않고 이제는 저 자신 그만 힘들게 하고 하나씩 차근차근 다시 할 수 있게 노력해보려고요. 항상 울던 제가 변호사님과 웃으면서 커피 한잔 마실 수 있는 날이 오길 기다리면서 웃으며 뵙도록 더 열심히 살려고 노력하고 있을게요. 제가 혼자가 아니라는 사실을 깨닫게 해주셔서 진심으로 정말정말 감사드립니다."

3화
· · · · ·

같은 노동, 다른 신분, 지워진 삶

방송국 비정규직 PD의
부당해고 사건

또렷이 기억난다. 2020년 2월 5일 오후 4시경 민주노총 건물에 있는 엘리베이터 안이었다. 회의가 있어 엘리베이터를 타고 올라가는데 우연히 마주친 활동가가 말을 건넸다.

"변호사님 소식 들었어요? 회사 상대로 소송했던 청주방송 비정규직 PD가 어제 패소 판결문 받고 자살했대요. 이용우 변호사님이 대리한 분인데……."

어떤 사건인지 몰랐지만 충격이었다. 나는 2019년 가을까지 1년간 안식년 휴가를 떠났고, 쉬는 동안 일부러 일과 거리를 두었기 때문에 소송에 대해 들은 바가 없었다. 그럼에도 불구하고 충격을 받은 건 부끄럽게도 순전히 대리인 때문이었다. 비정규직 PD가 목숨을 끊은 건 그 자체로 슬퍼할 일이지만, 그 이유가 판결이라니, 사건을 대리한 변호사는 얼마나 죄책감에 시달릴까? 팔은 안으로 굽는다고, 나 또한 소송이 주업인 사람이다보니 사건을 대리한 변호사가 먼저 걱정되었다. 게다가 사건 대리인과는 이런저런 활동을 같이 하며 잘 알고 지내는 사이였다.

사건 직후 SNS와 각종 대화방에 관련 소식이 올라왔다. 고 이재학 PD. '아, 이분이 세상을 떠난 비정규직 PD구나.' 너무 젊은 사람이 영정 사진 속에 있었다. 표정이 포근하고 맑았다. 이런 사람이 얼마나 힘들었으면 "아무리 생각해도 잘못한 게 없다." "억울해 미치겠다." "눈 뜨는 게 힘들고 괴롭다."라고 유서를 남겼을까. 청주방송에서 14년 넘게 일한 이재학 씨는 방송작가, AD(조연출) 등 동료 스태프의 수당을 올려달라고 청주방송에 요구했다가 해고를 당했다. 그는 직장갑질119에 메일을 보내 자신이 겪은 일을 털어놓았고, 이용우 변호사가 그를 만나 상담을 한 뒤 근로자 지위 확인의 소를 제기했다. 그러나 청주지방법원은 이재학 씨가 청주방송의 근로자가 아니라는 이유로 패소 판결을 내렸다. 이재학 씨는 1심 판결문을 받아본 직후 자살했다.

그로부터 며칠 후 이용우 변호사한테서 전화가 왔다. 진상조사위원회를 꾸리려는데 참여해달라는 것이었다. 고민할 것도 없이 곧바로 수락했다. 갈 길이 험난할 게 예상되었지만 사건 대리인의 죄책감과 책임감이 느껴져서 거절할 수 없었다.

2020년 2월 4일 이재학 씨가 목숨을 끊은 직후 청주 지역의 시민사회단체들뿐만 아니라 전국의 57개 노동·언론·인권·시민 단체가 'CJB청주방송 고 이재학 PD 대책위원회'를 만들고 청주방송에 문제 해결을 요구했다. 이재학 씨의 가족도 함께했는데 그분들은 이재학 씨뿐만 아니라 청주방송 내 다른 비정규직의 실태 규명까지 요구했다. 이렇게 되면 문제 해결이 힘들어지는 데도 유가족은 그 길을 택했다. 이재학 씨가 동료 비정규직의 수당을 요구했던 것처럼, 유가족도 다른 비정규직의 문제까지 해결되기를 바란 것이다. 이재학 씨의 동생 이대로 씨는 이렇게 말했다.

"슬픈 건 잠시 접어두었습니다. 방송이 남들 치부를 보도하면서 정의다, 윤리다, 이야기하면 뭐 하나요. 정작 방송국 안에서 이런 일들이 일어나는데요. 점점 알아갈수록 형의 억울함을 풀어주는 것에서 끝내지 않고 말 못 하고 숨어 있는 동료들을 도와야겠다는 생각이 강해져요. 가해자들이 10을 움직이면 저는 100을 움직일 겁니다."

결국 2월 27일 청주방송은 유가족과 대책위원회의 요구대로 'CJB청주방송 고 이재학 PD 사망사건 진상조사위원회'를 구성하고, 진상조사위원회가 내놓는 해결방안과 개선방안을 즉시 이행하기로 합의했다. 이렇게 해서 시민사회 추천 1인, 유가족 추천 3인, 노동조합 추천 3인, 회사 추천 3인으로 구성된 진상조사위원회가 꾸려졌다. 나는 유가족 추천 위원으로 합류했다.

3월 3일 아침 동서울터미널에서 고속버스를 타고 청주로 향했다. 소송기록을 포함해 그때까지 받은 자료들을 모두 읽고 만반의 준비를 하고 가는데도 가슴이 떨렸다. 긴장한 채 첫 진상조사위원회 회의가 열리는 청주방송 대회의실에 들어갔다. 이대로 씨도 참석했다. "회의에 앞서 먼저 말하겠습니다. 사내 게시판에 게시한 형의 판결문을 내려주십시오." 회사는 이재학 씨가 패소한 판결문을 직원들이 볼 수 있도록 게시했다. 회사는 이재학 씨를 죽게 만든 그 판결문을 게시함으로써 이재학 씨를 모욕하고 있었다.

그렇게 6월 1일까지 3개월 동안 아홉 차례 회의가 열렸다. 진상조사를 위해 청주방송을 찾아가서 10명의 회사 관계자를 직접 만나 조사했다. 서면 조사, 전화 조사까지 합쳐 22명을 조사했다. 1소위원회 조사로만 그랬다. 1소위원회는 이재학 씨의 근무 실태, 노동자성, 해고 경위, 사망 경위와 원인, 소송 과정을 조사했고, 2소위원회는 청주방송 내 비정규직에 대한 갑질과 괴롭힘, 비정규직의 실태(현황, 근무 실태, 노동 조건 등)를 살폈다. 2소위원회는 청주방송의 비정규직 노동자 34명에 대한 설문조사와 25명에 대한 면접조사, 정규직 및 임원 14명에 대한 조사를 실시했다. 이대로 씨는 진상조사위원이 아닌데도 회사에 연차를 내고 수시로 청주를 찾아 형의 동료들이었던 비정규직 직원들을 만나서 이야기를 들었다.

나는 이재학 씨가 청주방송의 근로자였는지, 아니면 프리랜서였는지, 어떤 이유로 해고되었는지, 소송 과정에서 무슨 일이 있었던 것인지를 집중적으로 조사했다. 보통 한 명을 인터뷰하는 데 최소 두 시간이 걸렸는데 십수 명을 인터뷰하다보니 진이 다 빠졌다. 주로는 청주방송 건물 안에서 인터뷰가 진

68

행되었기 때문에 수시로 청주를 방문했다. 청주 외곽의 카페에서 인터뷰를 할 때에는 버스만 다섯 번을 갈아타기도 했다. 인터뷰만 한 것도 아니었다. 이재학 씨가 근무했던 공간들을 하나하나 점검했다. 고인의 고정 책상도 확인했고, 고인의 이름이 담긴 주소록도 우연히 발견했다, 방송사 안에서 참고할 만한 자료들을 찾아내느라 진을 치고 앉아 캐비닛을 뒤져 나오는 자료들을 샅샅이 살피기도 했다. 확보한 자료가 방대했기 때문에 읽고 분석하는 데도 한참 걸렸다. 그간의 방송 비정규직 관련 판결, 노동위원회 결정, 논문 등도 조사했다. 인터뷰를 하고, 자료를 검토하고, 빠진 자료를 요청하고, 부족한 부분은 다시 확인하고, 그러고 나서 진상조사보고서를 쓰고, 직장갑질119 오진호 활동가가 보고서를 근사하게 책자로 편집하고…… 그렇게 해서 200쪽이 훌쩍 넘는 〈CJB청주방송 고 이재학 PD 사망 사건 진상조사보고서〉가 2020년 6월에 완성됐다. 진상조사위원들은 물론 오진호 활동가까지 다들 아무런 대가 없이 보고서를 만드는 데 심혈을 기울였다.

———

이재학 씨는 2004년 6월 〈전국 TOP10 가요쇼〉의 조연출을 맡게 된 것을 계기로 〈CJB 쇼! 뮤직파워〉〈제85회 전국체전대회 기념행사〉〈제8회 박달가요제〉의 조연출을 맡으며 청주방송에서 일을 시작했다. 2018년 4월 그만둘 때까지 청주방송에서 일한 기간만 14년이었다. 이재학 씨는 정규 방송은 물론 청주방송이 진행하는 각종 행사와 특집 방송에도 연출, 조연출로 참여했다. 정말 쉴 틈도 없이 많은 일을 했는데 2015년 이재학 씨가 담당한 정규방송은 6편, 특집방송 및 행사는 8편이었다. 2016년에는 정규방송 6편, 특집방송 및 행사 6편을, 2017년에는 정규방송 7편, 특집방송 및 행사 4편을 담당했다. 다른 PD들의 업무가 많으면 대신 맡아서 진행하기도 했다.

이재학 씨는 담당 프로그램의 아이템, 방송 구성안, 촬영장소 등을 수시로 CP(책임PD), 국장 등에게 보고하고 이들의 결재와 지시에 따라 일했다. 조연출을 맡은 때에는 주로 연출의 지시에 따라 현장 진행, 편집, 준비 등의 부수 업무를 했다. 특집방송을 맡을 때면 청주방송의 다른 정규직 PD들과 협업했고, 중계방송 때는 직접 중계차 안에서 기술감독, 카메라팀, 조연출에게 일을 지시했다. 지시에 따라야 할 사람에는 청주방송 정규직 직원들도 포함되었다. 이재학 씨는 방송 촬영, 편집 외에도 사업 관련 계약서를 작성하고 촬영장소 섭외나 지원 요청을 위해 지자체 담당자나 외부업체와 소통하며 공문을 주고받는 일도 했다. 각종 계산서를 첨부해서 정산서를 만드는 등의 행정 업무도 했다. 〈아름다운 충북〉〈박달가요제〉의 예산은 직접 짰다. 갑자기 편성시간이 바뀌면 부랴부랴 방송 시간에 맞게 재편집 업무를 하기도 했다. 본인이 참여하지 않은 프로그램이라도 요청이 들어오면 직접 편집을 했다.

얼마나 많은 일을 한 것인지 확인하기 위해 이재학 씨의 일주일 시간표를 짜보았다. 월화수목금토일, 그는 하루도 쉬지 않았다. 야외 촬영을 하는 날에는 촬영 현장에서 숙박하고 바로 다음 날 곧바로 사무실로 복귀했다. 그러고는 다른 프로그램의 편집 업무를 이어갔다. 야외 촬영, 편집, 녹화, 편집, 준비회의, 섭외, 가편집, 녹화, 회의, 촬영, 편집, 야외 세팅 및 촬영, 편집, 그사이 각종 행정 업무, 부수 업무까지, 대체 밥은 언제 먹고 잠은 언제 잔 거지? 그는 무엇을 바라고 이렇게 열심히 일한 것일까?

사실 이재학 씨뿐만 아니라 방송 일을 하는 사람들 기본적으로 엄청나게 일을 많이 한다. 2018년 근로기준법이 개정되기 전 방송 일을 하는 사람에게는 근로시간 제한 규정(주 40시간 원칙, 최대 주 52시간)이 없었다. 법적인 제한이 없으니 방송사는 정규직, 비정규직, 프리랜서 가리지 않고 밤샘 작업과 과로를 관행으로 여겼다. 그러나 이것만이 이재학 씨가 쉬지 않고 일한 이유는 아니었다. 그는 '프리랜서' 신분이었다. 다른 정규직원들은 기본급과 수당으로 구성된 월급을 받았지만 이재학 씨는 프로그램 회당, 건당으로 결정된 월급을 받았다. 방송이 줄어들면 그만큼 임금도 줄어드는 구조였다. 방송을 많이 한다고 해서 월급이 많은 것도 아니었다. 회당, 건당 급여는 청주방송이 정했는데 기본 액수가 낮았다. 정규직 PD는 출장비가 있었지만 프리랜서에게는 없었다.

그러나 그가 그렇게 몸을 바쳐가며 일한 데는 더 큰 이유가 있었다. 이재학 씨는 방송 일을 너무나 좋아했다. 방송 일에 자부심, 열정, 책임감도 대단했다. 같이 근무했던 사람들은 한 목소리로 그가 정말 방송을 좋아했고, 일을 굉장히 잘했으며, 꼼꼼하고 성실했다고 말했다.

그러나 이재학 씨는 한순간에 쫓겨났다. 2018년 4월 어느 날, 그는 담당 국장을 찾아가 〈아름다운 충북〉 프로그램의 AD, 작가들의 인건비를 올려달라고 요청했다. 그러나 국장은 거부했다. 둘 사이에 실랑이가 벌어졌고, 흥분한 국장은 그에게 프로그램을 그만두라고 했다. 그러고는 편성제작국 팀장을 불러서 이재학 씨 대신에 〈아름다운 충북〉을 만들 외주업체를 알아보라고 지시했다. 언쟁이 있고 나서 며칠 후 국장은 이재학 씨에게 〈쇼 뮤직파워〉 프로그램에서도 손을 떼라고 통보했다. 더이상 이재학 씨가 맡을 프로그램이 없었다. 일을 하고 싶어도 일이 없었다. 회당, 건당 수수료를 받는 입장에서 일이 없으니 당연히 소득도 없었다. 프로그램 하차는 해고와 다름없었다.

———

2018년 9월 11일 이재학 씨는 이용우 변호사를 대리인으로 선임해 청주방송을 상대로 근로자 지위 확인의 소를 제기했다. 형식만 프리랜서일 뿐 실제로는 청주방송의 근로자였고, 청주방송은 프로그램을 하차시키는 방식으로 이재학 씨를 부당하게 해고했으므로 여전히 청주방송의 근로자라는 것을 확인하는 소송이었다. 이용우 변호사는 이재학 씨가 청주방송의 PD

72

였음을 확인할 수 있는 각종 공문, 지자체와 주고받은 자료들, 프로그램 기획안, 명함 등을 증거로 제출했다. 그러나 이것만으로는 부족했다. 이용우 변호사는 노무법인 컨설팅 결과 보고서에 대한 문서제출명령을 신청했다. 당시 청주방송은 청주방송 내 비정규직들에 대한 노동법상 지위에 관해 노무법인 컨설팅을 받았고, 듣기로는 여기에 그에게 유리한 내용이 포함되었다고 한다. 그러나 이 자료는 노무법인과 극히 일부의 청주방송 임원만 알고 있었다. 그러나 청주방송은 자료가 없다며 문서 제출을 거부했다. 이용우 변호사가 요청한 다른 자료들에 대해서도 문서의 일부 또는 관련 없는 문서만 제출했다. 상황이 이렇다보니 동료들의 진술이 중요했다.

이재학 씨는 동료 A, B, C로부터 진술서를 받았고 이용우 변호사는 이 진술서들을 증거로 제출했다. 동료들의 진술서에는 이재학 씨의 근무 현황과 해고 경위가 상세히 담겼다. 그러자 청주방송은 이미 퇴사한 C는 빼놓고 A와 B를 불러 진술서 작성 경위를 캐물으며 질책하고 회유했다.

'진술서를 취소하는 게 좋겠다.'

'연봉계약직인데 잘 생각해라. 누구 편인지 잘 생각해라.'

'진술서 작성한 사람들만 피해를 볼 것이다.'

결국 A와 B는 '이재학 씨에게 진술서를 써준 것으로 인해 청주방송에 누를 끼쳐 죄송하다.'라는 내용의 경위서를 작성했다. 그러고는 이재학 씨에게 진술서는 없던 것으로 해달라고 요청했다. A, B로부터 경위서를 받은 청주방송 담당 국장은 내용이 성에 안 찼던지 경위서 내용에 직접 빨간 펜으로 수정까지 하면서 다시 작성하라고 했다. 이것이 끝이 아니었다. 청주방송은 다시 A를 불러 사실관계확인서도 요구했다. A가 간략한 내용으로 사실관계확인서를 작성하자 '이런 식으로 작성하면 아무 소용이 없다'며 내용을 추가하게 했다. 결국 A는 "2019년 7월 1일 이재학으로부터 연락을 받아 CJB청주방송과 진행 중인 소송과 관련된 사실관계확인서를 요청받았습니다. 2019년 7월 2일 이재학을 만나 서명을 해주었으나 사실관계에 대한 내용을 자세히 확인하지 못하였고 인간적인 관계를 생각하여 서명을 해주었습니다. 진술서에 서명한 이후 이재학에게 진술서를 취소해달라고 요청하였습니다. 이와 같은 내용은 사실이 틀림없습니다."라는 내용의 사실관계확인서를 작성했다. 청주방송은 A로부터 받은 두번째 사실관계확인서를 법원에 증거로 제출했다.

청주방송은 세 명의 팀장들에게도 사실관계확인서를 받아 법원에 증거로 제출했다. 정확히는 팀장별로 사실관계확인서에 들어갈 내용을 미리 보여주고 그 내용대로 쓰게 했다. 청주방송이 제시한 내용은 팀장마다 달랐지만, 이재학 씨는 청주방송 직원이 아니고 이재학 씨와는 협업하지 않았다는 결론은 동일했다. 그리고 청주방송은 이재학 씨와 언쟁을 벌이고 나서 그를 프로그램에서 하차시킨 담당 국장을 증인으로 신청했다. 원고와 대척점에 있는 사건의 당사자가 제대로 증언할 것이라 기대하기는 어렵다. 그러나 법원은 그를 증인으로 채택했다. 증인으로 출석한 담당 국장은 시종일관 이재학 씨가 청주방송의 직원이 아니라는 취지로 증언을 했다. 국장은 이재학 씨를 외주업체인 것처럼 언급하면서 이재학 씨가 연출했던 〈아름다운 충북〉〈CJB 쇼! 뮤직파워〉도 외주업체에 맡겨 제작했다고 증언했다.

"〈아름다운 충북〉과 〈CJB 쇼! 뮤직파워〉는 외주의 형태였습니까?"

"그렇다고 봐야죠."

"원고(이재학 씨)가 프로그램을 독자적으로 독립해서 자체 제작해서 피고 회사(청주방송)에게 납품하는 시스템이라는 것입니까?"

"지금 형태는 그렇다고 봐야죠."

국장은 외주제작임을 뒷받침하기 위해 이들 프로그램에는 청주방송 정규직원이 참여한 적이 없다고 반복해 증언했다.

"〈아름다운 충북〉 할 때 피고 회사 소속 정규직 카메라팀 직원들 결합 안 해요?"

"안 합니다."

그러나 모두 거짓이었다. 청주방송의 정규직원인 카메라 감독이 〈아름다운 충북〉 제작에 참여했다는 사실이 진상조사위원회에서 밝혀졌다. 훗날 국장은 위증 혐의로 기소되어 징역 8개월 집행유예 2년을 선고받았다. 판사는 그의 위증이 당시 재판 결과에 큰 영향을 끼쳤고 그로 인해 이재학 PD가 죽음에 이르렀다고 판결했다.

노동자에게 유리한 자료는 '그런 자료 없다.' '폐기했다.' '자료명을 정확히 말해라.' 하면서 제출 거부하고, 직원들을 동원해서 허위 진술서를 쓰게 한 뒤 증거로 제출하고, 회사 직원을 증인으로 불러 위증시키고…… 노동자가 회사 상대로 소송을 하면 열 건 중 일곱 건은 이런 식이다. 청주방송은 이 수법을 노골적으로, 악랄하게 활용했다. 사실 이런 소송은 다윗과 골리앗 싸움이다. 입증 책임은 노동자에게 있는데 중요한 자료들은 회사가 더 많이 가지고 있다. 회사는 자료를 제출하지 않아도 소송에서 불리할 게 없다.

이전에 내가 진행했던 사건 중 하나는 회사가 150여 명의 직원들로부터 '원고의 말이 틀렸다. 원고는 나쁜 사람이고 회사가 억울하다.'라는 내용의 진술서를 받아 제출하기도 했다. 심지어 원고와 같은 일을 했던 동료들에게서 '우리는 프리랜서이지 근로자가 아닙니다.'라는 내용의 진술서를 받아 제출한 적도 있었다. 원고가 근로자로 인정받는 것이 진술서를 쓴 사람에게도 유리한데도 직원들은 회사를 위해 제 목에 칼을 겨누는 진술서를 써준 것이다. 어쩔 수 없었을 것이다. 진술서를 안 쓰면 찍히고 쫓겨나는 마당에 어떻게 버틸 수 있겠는가.

증인도 그렇다. 청주방송이 신청한 증인은 이재학 씨를 해고한 장본인이었다. 사실상 '청주방송 그 자체'라고 해도 다름없는 사람이었다. 증인이 아니라 사건의 당사자였다. MBC의 방송작가들을 대리해서 MBC를 상대로 부당해고 소송을 한 적이 있는데 MBC는 방송작가들을 지휘해왔던 국장을 증인으로 신청했다. 인터넷 게시물 모니터링 일을 하던 사람들을 대리해서 대기업을 상대로 소송을 했을 때도 회사는 그들의 직속 상사를 증인으로 신청했다. 백이면 백, 회사는 회사를 대변할, 노동자들의 상사를 증인으로 신청하고, 그렇게 법정에 출석한 증인은 회사에 유리한 말만 늘어놓는다.

이럴 때 아쉬운 건 법원이다. 소송을 지휘하고 실체 판단을 하는 주체는 법원이기 때문이다. 법원은 가급적 많은 객관적인 자료를 증거로 제출하게 해야 하고, 회사가 제출한 직원 명의의 진술서는 증거로 쉽게 인정해서는 안 된다. 회사가 자기 직원을 증인으로 신청하면 그가 회사와 이해관계가 있는 사람인지 확인해야 한다. 방법이 없는 것은 아니지만, 대부분의 판사들은 소극적으로 재판을 한다. 법원의 소극적인 행태가 실체를 덮고 엉뚱한 결론을 이끄는 것인데도 말이다. 이 사건이 그랬다. 결국 청주지방법원은 청주방송이 제출한 각 사실관계확인서와 담당 국장의 증언 등을 토대로 이재학 씨는 청주방송의 근로자가 아니라고 판결했다. 법원은 청주방송의 뻔한 행태를 묵인했고, 증거도 편향적으로 취사선택했다. 방송 현장을 제대로 이해하지 못했고, 이해하려는 노력도 하지 않았다.

해고된 그날부터 이재학 씨에게는 억울함의 연속이었다. 일 잘한다고, 우리 PD라고 치켜세우던 청주방송은 갑자기 그에게 PD라는 호칭을 금지했다. 소송 내내 무관한 사람인 것처럼 대했다. 이재학 씨가 청주방송 기획제작국 PD라고 찍힌 명함을 증거로 제출했더니, 그건 그가 자비를 들여 만든 것이지 청주방송이 만들어준 게 아니라고 하는가 하면, 같이 회의를 하고 협업했던 사람들이 그런 적 없다고 발뺌했다. 믿었던 동료들로부터의 배신은 너무나 서글픈 일이었다. 1년 4개월의 소송 기간 내내 이재학 씨는 청주방송의 허위 주장, 악의적인 소송 지연, 자신에게 진술서를 써준 동료 직원들을 회사가 견제하는 상황에 시달렸다.

경제적으로도 어려워졌다. 해고된 후 이재학 씨는 생계 유지를 위해 퀵서비스 일을 했고 소송 비용을 마련하기도 힘들어졌다. 시간이 길어질수록 상황은 더욱 악화되었다. 그럼에도 불구하고 당연히 승소할 것이라 생각했다. 그 누가 뭐라 해도 청주방송의 직원인 것은 분명한 사실이니까. 손바닥으로 하늘을 가릴 수 없을 것이라고 믿었다. 그런데 패소 판결을 받았다. 그는 자신의 존재를 송두리째 부정당했다. 그 끝은 죽음이었다.

———

우리는 청주방송에 공식 사과와 책임자들에 대한 조치를 요구했다. 이재학 씨의 명예 복직도 요구했다. 그렇다고 소송을 포기한 것은 아니었다. 이재학 씨는 죽기 직전 항소했다. 패소가 그를 죽음으로 내몰았으므로 항소심에서 뒤집을 필요가 있었다. 그리하여 우리는 항소심에서만큼은 회사가 부당하게 대응하지 않기를, 자료 제출에 적극 협조할 것을 요구했다. 또한 이재학 씨와 유족의 뜻에 따라 우리는 청주방송의 다른 비정규직들 실태도 샅샅이 조사했다. 확인해보니 AD 직군도 이재학 씨와 다를 바 없이 청주방송의 정규직원처럼 일했지만 프리랜서 신분이었다. 그래서 AD들도 청주방송의 직원으로 인정할 것을 요구했다. 회사가 직접 일을 시키고 활용했으면서도 마치 다른 회사 직원인 것처럼 대우한 사람들에 대해서도 정규직으로 전환할 것을 요구했다. 방송작가들 역시 청주방송에 전속되어 청주방송이 상시적으로 하는 업무에 투입되고 있으므로 이들의 고용 안정을 보장하고 직접 고용계획을 마련할 것을 요구했다. 그 외에도 상시·지속 업무를 하는 사람들을 직접 고용할 것을, 복잡하고 차별적인 임금체계를 평등하게 바꿀 것을, 비정규직의 임금을 인상하고 복지를 개선할 것을 요구했다. 정규직이 비정규직에게 '갑질'하는 관행도 없애고 노사협의회나 상생협의회에 비정규직도 참여시킬 것 등도 빠뜨리지 않았다. 이행 기한까지 꼼꼼히 정해서 개선안을 내놓았다.

진상조사 결과 발표 직후 청주방송은 이재학 씨의 사망에 대해 책임을 인정하고 유족에게 사과했다. 이대로 씨는 이렇게 말했다. "형만 빼고 모든 것이 제자리로 돌아오는 것 같습니다. 청주방송에서 형과 함께 일했던 동료들은 형을 위해 목소리를 내주지 않았지만, 저는 형의 일과 상관없이 방송사 비정규직 문제에 계속 목소리를 내겠습니다."

———

공교롭게도 나는 진상조사위원회 활동을 개시하기 직전, 대전MBC의 유지은 아나운서 사건에도 관여했다. 유지은 아나운서는 대전MBC의 뉴스데스크를 책임지던 간판 아나운서였는데 이재학 씨처럼 프리랜서 신분이었다. 남성 아나운서는 모두 정규직, 여성 아나운서는 모두 프리랜서인 상황에서 유지은 아나운서는 국가인권위원회에 차별 진정을 제기했다. 그러자 대전MBC는 유지은 아나운서를 뉴스데스크에서 하차시켰다. 라디오 방송 하나만 맡게 되니 건당, 회당 수수료로 임금을 받는 입장에서 당장 생계가 어려울 정도로 급여가 쪼그라들었다. 회사의 보복이었다. 청주방송이 이재학 씨에게 했던 것처럼. 이용우 변호사한테 연락을 받기 직전 당시 유지은 아나운서를 대리했던 김승현 노무사한테도 같이 대응하자는 연락을 받았다. 거절할 이유가 없었다. 힘을 보태고 싶었다. 젊고 아름다운 여성 아나운서를 프리랜서로 뽑아서 방송의 '꽃'으로 활용하고 버리려는 방송사의 행태, 이러한 행태가 여성에 대한 간접차별, 고용상 차별을 야기한다는 취지로 국가인권위원회에 의견서를 제출했다. 'CJB청주방송 고 이재학 PD 사망사건 진상조사위원회'가 진상조사보고서를 내기 직전 국가인권위원회는 유지은 아나운서에 대한 대전MBC의 차별을 인정했다.

　그러나 대전MBC는 국가인권위원회 결정에 소송으로 대응할 것을 예고하며 결정을 이행하지 않았다. 소송을 할 경우 유지은 아나운서는 내가 대리하겠다고 약속했지만, 이재학 씨가 생각나서 소송으로 가는 것만큼은 어떤 식으로든 막고 싶었다.

소송을 하는 동안 대전MBC는 시간을 버는 셈이다. 반면 유지은 아나운서는 경제적 어려움, 불안함, 회사의 차별과 괴롭힘 속에서 긴 시간을 보내야 한다. 그 기간이 5년이 될지, 10년이 될지 알 수 없었다.

국가인권위원회 결정을 이행하지 않고 버티는 대전MBC와 이를 수수방관하는 MBC, 진상조사위원회 요구안에 뭉그적거리는 청주방송을 상대로 집회를 열고 언론 등을 통해 압박했다. 어느 날은 점심에 MBC 본사 앞에서 1인시위를 하고 끝나자마자 청주로 가서 청주방송 앞에서 열리는 집회에 참석하기도 했다. 그러나 내가 한 일은 겨우 한 줌이었다. 유지은 아나운서는 자신을 내몬 대전MBC 앞에서 꾸준히 1인시위를 벌였다.

"제가 던진 질문은 '동일한 일을 하는데 왜 동일한 대우를 받지 못하는가'였습니다. 방송이라는 동일한 업무를 수행하는 아나운서지만 남성 아나운서는 정규직, 여성은 비정규직이라는 정해져 있던 공식, 성별이 다르다는 이유로 들어가는 문부터 달라야 했습니다. 대전MBC에서 1990년대 후반 이후 여성 정규직 아나운서는 단 한 명도 없었고, 모두 계약직 아니면 프리랜서로 이곳을 거쳐갔습니다."

"저는 가장 합리적이고 이성적인 방법으로 회사에 문제제기를 했습니다. 하지만 돌아온 것은 하차 통보, 분장실 사용 제한, 자리 정리 통보, 홈페이지 소개 삭제 등 괴롭힘이었습니다."

국가인권위 결정을 받아들이지 않는 회사를 향해 유지은 아나운서는 기자회견에서 이렇게 말했다. 여성·노동단체들이 이 일에 발 벗고 나섰다. 결국 대전MBC는 유지은 아나운서를 정규직으로 전환시켰다.

현재 유지은 아나운서는 대전MBC 주말 뉴스데스크의 앵커로도 활동하고 있다. 이재학 씨의 동생 이대로 씨는 직장을 다니면서 '엔딩크레딧'이라는, 방송 비정규직을 위한 단체를 설립해 활동하고 있다.

그러나 몇 년이 지난 지금, 방송 비정규직의 상황은 나아지고 있는 걸까? 여성 아나운서와 남성 아나운서의 차별 문제를 지적했더니 방송사들이 이제는 성별 가리지 않고 죄다 프리랜서로 아나운서를 뽑고 있다. 방송사에 근무하는 PD는 방송사의 직원이라고 했더니, 외주 제작 방식으로 책임을 모면하고 있다. PD가 죄다 비정규직인 방송사도 생겼다. 현재 방송 노동자의 절반 이상이 비정규직이다. 이 비율은 계속 늘어나고 있다. 비정규직 백화점인 방송사들. 바깥의 노동 문제는 파헤치면서도 자기들의 노동 문제는 절대 다루지 않는다.

이재학 씨는 생전에 직장갑질119에 도움을 요청하며 이런 메일을 보낸 적이 있다.

"14년의 세월, 어느덧 30대 후반이 되었는데 언젠가 고생한 거 알아주겠지란 생각으로 달려온 시간이 너무 억울하네요. 저에게는 힘을 주지 못하셔도 제 다음 후배들은 정규직, 비정규직 설움을 못 느꼈으면 하는 바람입니다."

그의 바람이 꼭 이루어지길 바란다.

4화
· · · · ·

그 여성들이
먼저 퇴사해야 하는 이유

국가정보원 정년 차별 사건

소장

원고: 김선희(가명), 이영진(가명)

피고: 대한민국

청구취지: 1. 원고들은 각 국가정보원 소속 국가공무원의 지위에 있음을 확인한다. 2. 소송비용은 피고가 부담한다.

……라는 판결을 구합니다.

비장한 마음으로 소장을 읽어나갔다. 오탈자는 없는지, 빠뜨린 증거는 없는지 마지막으로 확인한 뒤 정성스레 준비한 소장과 증거들을 서류 봉투에 담아 빠른등기로 서울행정법원에 접수했다. 2012년 5월 24일, 이렇게 또다시 국가정보원을 상대로 싸움을 시작했다.

국가정보원 상대로 싸운 것만 이번이 세번째다. 처음은 사법연수원을 수료하고 입사한 로펌에서였다. 전 서울시장이자 당시 희망제작소 소장이었던 박원순 씨가 국가정보원의 개입으로 희망제작소 위탁 사업이 무산되었다는 언론 인터뷰를 했는데, 국가정보원은 허위의 인터뷰 내용으로 명예를 훼손당했다며 박원순 씨에게 손해배상을 청구했다. 나는 박원순 씨를 대리해서 싸웠고 1, 2, 3심 모두 승소했다. 법원은 국가는 국민의 감시와 비판을 받는 위치에 있기 때문에 일반인과 동등하게 명예훼손을 따져서는 안 된다고 판결했다. 의미 있는 판결 내용과 승소 결과에 나는 의기양양했다.

그러나 이도 잠시였다. 로펌을 그만두고 공익인권법재단 공감에 들어가서 맡은 사건에서는 무참히 깨졌다. 북한이탈주민은 대한민국에 처음 오면 국가정보원이 운영하는 대성공사(현 자유누리센터)에서 진짜 북한이탈주민이 맞는지 확인받아야 한다. 그 조사를 받던 한 명이 복막염에 걸리는 일이 있었다. 그를 대리해서, 제대로 조치하지 않은 국가정보원을 상대로 국가배상 청구 소송을 했지만 1심부터 내리 졌다. 손해배상 청구 소송의 경우 원고가 불법행위와 손해를 입증해야 하는데 은밀한 공간에서 이루어진 행위에 대해 우리가 가진 것은 원고의 진술밖에 없었다. 국가정보원이 내부에서 일어난 모든 것들에 대해 중요한 정보를 쥐고 있었고, 국가기밀이란 이유로 정보 제공을 거부했다. 국가정보원이 내부 지침을 어겼는지 확인하고 싶었다. 그래서 문서제출명령 신청을 했다. 법원은 우리의 신청을 받아줬는데 국가정보원이 거부했다. 내부 문서를 외부로 유출

할 수 없다고 했다. 그러면 직접 국가정보원에 가서 문서들을 보겠다고 현장검증을 신청했다. 법원은 현장검증을 결정했다. 뱉은 말이 있으니 국가정보원도 이번에는 거부할 수 없었다.

드디어 '현장'을 검증하러 가야 하는데, 그 현장이 어디에 있는지 도무지 찾을 수가 없었다. 인터넷 포털 사이트에 국가정보원을 입력하면 '서울 서초구 내곡동'까지만 검색되었다. 겨우겨우 알아낸 정보는 지하철 3호선 양재역에서 내려서 택시를 타라는 것이었다. 불안한 마음으로 양재역에 내려서 택시를 탔다. "기사님, 국가정보원으로 가주세요." 기사는 한 치의 망설임도 없이 목적지로 안내했다. 나중에 인터넷 지도를 확인해보았다. 지도에도 표시되지 않은 곳이었다. 택시기사들은 다 안다는 국가정보원의 위치는 감쪽같이 지워져 있었다. 유령 같은 조직, 국가정보원의 위세를 실감한 순간이었다. 그렇게 판사와 함께 국가정보원까지 가서 내부 지침을 보았지만, 중요한 부분은 가려져 있었다.

어쨌거나 두 사건 모두 내가 수임하지는 않았다. 앞 사건은 파트너 변호사가 수임해서 내게 같이하자고 제안했고, 뒤 사건 역시 동료 변호사가 수임해서 진행하다가 외국에 1년 머물게 되면서 내가 이어받아 진행했다. 하지만 이번에는 달랐다.

———

2011년 11월 22일 공익인권법재단 공감 홈페이지로 공익소송 신청 메일이 하나 들어왔다.

"소속단체 국가정보원"

"저희보다 더 어려우신 분들을 위해 일하셔야 하는 것은 아닐까 하여 신청을 망설였으나 공감에서는 여성인권에도 참여하고 계시는 것 같아 신청해봅니다."

일단 '국가정보원'이라는 단어에 솔깃해서 신청인에게 연락을 했다. 그리고 흥미로운 이야기를 들었다. 신청인인 김선희, 이영진 씨는 나보다 열두 살 많은 띠동갑 언니들이다. 두 사람 모두 1986년에 국가정보원에 임용된 기능직 국가공무원이었다. 국가정보원은 상당히 많은 책, 자료집 등의 출판물을 발행했는데 김선희, 이영진 씨는 이 출판물의 편집과 디자인 업무를 담당했다. 국가정보원은 이들을 '전산사식원'이라 불렀다.

그런데 김선희, 이영진 씨뿐만 아니라 국가정보원의 전산사식원들은 모두 여성이었다. 왜냐하면 애초에 전산사식 직렬에는 여성만 채용했기 때문이다. 국가정보원의 전산사식원 전형계획을 보면 응시자격 중 하나가 '만 22세 이하의 미혼 여자'다. 계획만 그렇게 세운 게 아니었다. 채용공고문의 응시자격에도 '○○년 이후 출생하고 고졸 이상의 학력을 소지한 여자'라고 버젓이 적혀 있었다. 특별히 여성만, 그것도 미혼 여성만 전산사식 업무를 할 수 있는 것도 아닌데 말이다. 지금 이런 공고문이 뜬다면 언론에 대서특필될 것이다. 성차별적인 채용 기준은 〈남녀고용평등과 일·가정 양립 지원에 관한 법률〉(이하 〈남녀고용평등법〉) 〈채용절차의 공정화에 관한 법률〉 〈국가인권위원회

법〉에 위반된다.

　한편 출판 관련 업무 중에 인쇄도 있는데 이 업무를 담당한 사람은 모두 남성이었다. 출판 업무 중 전산사식은 여성, 인쇄는 남성, 이렇게 성별 분업이 이루어졌다. 출판 외에도 입력 작업, 전화 교환, 안내 직렬에 속한 사람은 모두 여성이었고 원예, 영선(수리) 직렬에 종사한 사람은 모두 남성이었다. 기능직 국가공무원을 성별로 나눠 뽑은 이유를 알 수는 없다. 실내에서 하는 일은 여성, 실외에서 하는 일은 남성, 아니면 사무직은 여성, 물리적 활동이 필요한 업무는 남성의 몫으로 나눈 것 같기도 하지만, 어떤 경우든 합리적인 이유는 찾을 수 없다.

　성별 분업도 문제였지만 이것 때문에 소송을 한 것은 아니었다. 소송 이유는 정년 차별이었다. 전산사식을 포함해서 여성들만 하는 입력 작업, 전화 교환, 안내 직렬의 경우 정년이 만 43세, 남성들만 하는 인쇄, 영선, 원예의 경우 정년이 만 57세였다. 일반적인 기업에서는 정년이 60세다. 그런데 요즘은 60세도 이르다. 수명이 길어지고 건강 상태가 좋아진 요즘, 정년은 63세, 65세까지 늘어나는 추세다. 정년 폐지를 공약으로 내건 정치인도 있다. 〈고용상 연령차별금지 및 고령자고용촉진에 관한 법률〉이라는 게 있는데, 이 법률에서도 사업주는 근로자의 정년을 60세 이상으로 정하여야 한다. 사업주가 근로자의 정년을 60세 미만으로 정한 경우에는 정년을 60세로 정한 것으로 본다.라고 정하고 있다. 한국인 평균 수명이 83세라는데 그 절반밖에 되지 않는 43세에 정년으로 일을 그만두도록 하는 것은 가혹하다. 더군다나 여성은 남성보다 정년이 14년이나 짧다. 이런 부당한 규정 때문에 김선희, 이영진 씨는 이른 나이에 정년퇴직을 했고, 성차별을 다투고 싶어 소송 지원 신청을 한 것이다.

사실 일터에서 남녀차별은 흔한 일이지만 1998년 〈남녀고용평등법〉이 시행된 후 지금까지 고용상 성차별을 소송으로 다툰 사례는 채 30건이 되지 않는다. 드라마 〈이상한 변호사 우영우〉의 '미르생명 구조조정' 에피소드는 1999년에 벌어진 농협 구조조정 사건을 모티브로 하는데, 이 사건에서 여성 노동자들을 대리했던 김진 변호사는 고용상 성차별 소송이 적은 이유를 이렇게 설명했다. "차별은 구조화되어 있어 드러나지 않고, 드러난다고 해도 입증이 쉽지 않으며(비가시성), 법원을 통한 승리의 경험이 많지 않아 사법을 통한 해결을 기대하지 않게 되기 때문이다(불투명한 전망). 또한 어렵게 이긴다고 하더라도 그로 인한 이득도 크지 않아 장시간·고비용의 사법절차를 감당할 엄두가 나지 않고(사법의 비용), 성차별의 주된 피해자가 되는 '여성'들이 사법적 절차를 활용하여 권리 주장을 하는 문화에 친하지 않고 상대적으로 덜 조직화되어 있다는 점(문제제기 주체의 특성) 때문"*이라는 것이다. 실제 소송을 해도 이길 가능성이 적다는 말인데, 이마저도 여성과 남성을 직접적으로 차별하는 것

---

* 김진, 〈지정토론문〉《저스티스》, 통권 제134-2호, 한국법학원, 2013년 2월, 602쪽.

이 아니라 여성과 남성의 직군·직렬 등을 달리 정하고 직군·직렬에 따라 차별하는 간접차별 사례는 다섯 손가락 안에 꼽는다. 현실에서는 직접차별보다 간접차별이 훨씬 많이 발생하지만, 간접차별은 겉으로는 남녀차별로 보이지 않으니 그 실체를 밝히기가 매우 어렵기 때문이다.

소송의 기회가 극히 적은 상황에서 소송을 하겠다고 나서는 사람들이 있고, 특히 모범을 보여야 할 공적 영역, 그중에서도 권력의 정점에 있는 국가정보원의 성차별을 다루겠다는 것이니 안 할 도리가 있겠는가. 남녀 간 정년 차별은 무효이므로 김선희, 이영진 씨는 여전히 국가공무원이라는 것을 확인받고 싶었다.

그러나 넘어야 할 산이 많았다. 일단 국가정보원이 대놓고 여성 만 43세, 남성 만 57세, 이렇게 정년 차별을 한 것은 아니었다. 엄밀하게 따지면 직렬에 따른 정년 차별이었다. 다만 직렬별로 성별이 나뉘는 것인데 이를 성별에 따른 차별로 볼 수 있는가, 다시 말해 간접차별을 차별로 볼 수 있는가 하는 쟁점이 있다. 둘째, 설사 남녀차별이라고 하더라도 곧바로 정년이 무효라고 단정할 수 있느냐는 것이다. 위법하거나 부당한 행위라고 해서 곧바로 무효가 되는 것은 아니다. 무효가 되기 위해서는 법적으로 또 다른 요건을 갖추어야 한다. 심지어 이들의 정년은 행정규칙과 대통령령에 명시되어 있었다. 정년 차별이라는 행위와 달리 행정규칙과 대통령령을 무효로 할 수 있을지는 별개 문제였다. 셋째, 이게 가장 큰 산인데, 김선희, 이영진 씨는 계약직이라는 것이다.

　김선희, 이영진 씨가 처음부터 계약직인 것은 아니었다. 두 사람은 정규직 국가공무원으로 시작해 1989년에 기능 9급으로 승진하고, 1995년에는 기능 8급으로 승진했다. 그런데 1999년 3월 〈국가정보원직원법 시행령〉이 개정되면서 기능직 전산사식 직렬이 폐지되었다. 동시에 이 직렬에 속한 사람들 모두가 계약직으로 전환되었다. 그 결과 김선희, 이영진 씨는 1999년부터 2010년까지 매년 계약을 갱신해온 셈이었다.

　국가정보원의 답변은 예상대로였다. 계약직의 경우 '정년'이라는 개념이 성립할 수 없고, 다만 '근무상한연령'이 있을 뿐이며, 김선희, 이영진 씨는 계약기간이 만료됨에 따라 일을 그만두었다는 것이었다. 그리고 직렬 간 근무상한연령이 다른 것은 업무의 특성, 자격 등을 고려한 것이고 성별 때문에 달리 정한 게 아니라는 것이었다. 그러나 말은 이렇게 하면서도 전산사식 분야에는 여성들만, 원예·영선 분야에는 남성들만 근무한다는 사실은 부인하지 못했다. 성별 간 직군이 분리된 사실만큼은 인정한 셈이었다.

　어쨌거나 형식적으로는 계약직이라는 사실을 부정할 수 없었다. 그런데 진짜 계약직이 맞는지는 의문이었다. 김선희, 이영진 씨는 애초에 정규직 국가공무원이었고, 선택의 여지가 전혀 없는 상황에서 계약직으로 전환되었기 때문이다. 계약직 전환 후에도 기존의 근속이나 업무는 그대로 유지되었고 정년까지 10년 넘게 더 일했다. 입사한 때로부터 25년, 계약직 전환 후에도 10년 넘는 기간 근무했는데 이게 어디 계약직인가. 〈기간제 및 단시간근로자 보호 등에 관한 법률〉은 2년 넘게 근무한 기간제 근로자를 기간의 정함이 없는 근로자로 간주하고 있다. 더군다나 국가정보원이 김선희, 이영진 씨가 속한 기능직 전산사식 직렬을 계약직으로 전환한 것 자체가 성차별이었다. 여성이 속한 직렬만 계약직으로 전환했기 때문이다. 이런 이유로 김선희, 이영진 씨는 2010년 다른 법무법인을 통해 성차별적인 계약직 전환에 대해 소송을 했다. 그러나 법원은 계약직 전환에 문제가 없다고 판결했다. 법원은 직렬을 조정하는 것은 정책 결정의 문제이고 국가정보원장이 재량으로 정할 수 있는 것이므로 그 판단은 최대한 존중되어야 한다고 했다. 양성평등 원칙이나 여성 근로의 보호를 침해한 것이 아니라고도 했다. 판결은 김선희, 이영진 씨의 패소로 확정되었다. 그리하여 우리는 패소 확정된 판결의 부담을 안고 싸우는 것이었고, 국가정보원은 승소 판결을 등에 업고 싸우는 것이니 그들이 득의양양할 수밖에 없었다.

김선희 씨가 갑작스레 전화를 했다.

"변호사님, 방금 검사실에서 연락이 왔어요. 국가정보원이 우리를 고발했대요. 와서 조사 받으라고 하는데 어떡해요? 아니 무슨 내용으로 소송할지 원장님께 알려서 허가받고 소송한 건데 왜 이러는지 모르겠어요."

"예? 허가를 받아야 소송을 할 수 있다고요?"

"예. 국정원 직원은 국정원 상대로 소송하려면 미리 원장님 허가를 받아야 해요. 그래서 혹시 몰라서 저희도 2년 전에 소송할 때 허가받았거든요. 허가신청서에 어떤 소송인지 내용을 적고 소장도 첨부해서 제출했었어요. 그런데 원장님 허가받지 않고 소송에서 직무상 비밀을 누설했다고 고발했대요. 정말 해도 해도 너무하네요."

나는 이게 무슨 상황인지 못 알아듣고 한참을 물어봐야 했다. 김선희 씨의 말을 정리하면, 2010년 계약직 전환을 다투는 소송을 하면서 국가정보원 문서 일부를 법원에 증거로 제출했는데, 국가정보원이 원장의 허가를 받지 않고 직무상의 비밀을 진술했다며 김선희, 이영진 씨를 〈국가정보원직원법〉 위반으로 고발했다는 것이었다. 〈국가정보원직원법〉이라는 게 있는 줄도 몰랐는데 실재하는 법이었고, 찾아보니 세상에나, 김선희 씨의 말처럼 기재되어 있는 게 아닌가. 〈국가정보원직원법〉에 따르면 국가정보원 직원은 소송을 하면서 직무상 비밀을 누설할 경우 미리 국가정보원장의 허가를 받아야 한다. 만약 허가를 받지 못하면 10년 이하의 징역 또는 1천만 원 이하의 벌금에 처해진다. 그런데 직무상 비밀 누설이라고 표현되어 있지만, 사실상 국가정보원 직원이 국가정보원 상대로 소송을 하면서 진술하는 모든 것은 직무 관련된 것이 아닌가. 결국 국가정보원장이 허가하지 않으면 국가정보원 직원은 소송도 마음대로 못하는 것이다. 내 상식으로는 이해가 가지 않았다. 우리 소송 때문에 국가정보원이 김선희, 이영진 씨를 고발한 걸까? 소송에만 집중해도 될까 말까 할 판인데 졸지에 피의자 신분이 되어버린 김선희, 이영진 씨를 변호하며 검찰까지 상대해야 했다.

　김선희 씨와 통화를 하고 변호인 의견서를 써서 검찰 조사를 앞둔 김선희 씨에게 보냈다. 다행히 이 사건은 무혐의로 종결되었지만 국가정보원에 찍히면 어떻게 되는지를 실감했다. 이 일이 있은 후 나는 국가정보원이 어딘가에 숨어서 나를 감시하는 것 아닌가 아주 가끔 의심하게 되었다. 감시를 의식하다보니 본의 아니게 법을 잘 지키는 '모범 (소)시민'이 되었다.

———

　1심은 싱겁게 끝났다. 소를 제기한 지 반년 만에 1심 판결이 났고 우리는 패소했다. 요즘은 1심 소송 기간만 기본 1년인데 반년 만에 판결을 내린 것을 보면 판사가 더 판단할 게 없다고 본 모양이었다. 어려운 소송인 것을 알고 시작했지만 마음이 무거웠다. 1심 판사는 '근무상한연령'을 달리 정한 것은 성차별이 아니라고 했다. 그리고 김선희, 이영진 씨는 계약기간 만료로 일을 그만둔 것뿐이라고 했다. 계약직 공무원은 기간제법의 적용을 받지 않기 때문에 설령 채용기간인 5년, 10년 넘게 재차 계약직으로 근무했더라도 계약직 신분을 벗어날 수 없다고 했다. 결국 어느 모로 보나 원고들의 주장은 이유 없다.라는 문장으로 판결문은 끝났다. 뭐 하나 받아들여진 게 없었다. 완벽한 패소였다.

　상식적으로 생각하면 여성차별인데 법적으로 문제없다는

것을 납득할 수 없었다. 만약 사기업에서 벌어진 일이라도 이렇게 판결이 났을까. 국가기관은 선도적이고 모범적으로 법을 지킬 의무가 있다. 그러나 소송을 하다보면 오히려 사기업보다 국가기관에 너그러운 판결을 보게 된다. 대놓고 표현하지는 않았지만 '국가정보원 사정상 그럴 수 있는 것 아니냐. 국가정보원장이 어련히 알아서 그랬겠지.'라는 인식이 판결문 저변에 깔려 있었다. 눈 가리고 아웅 하는 형국인데 소송으로 풀 수 없어 막막했다. 이대로라면 항소심 결과도 달라질 게 없어 보였다.

"괜찮아요. 이기기 어려운 거 알고 시작한 소송이잖아요. 저희는 각오했어요. 지는 건 두렵지 않아요. 저희는 그렇다 치더라도 후배 여직원들까지 저희처럼 당하면 안 되니까요. 끝까지 가요, 변호사님."

김선희, 이영진 씨는 항소하겠다고 했다. 나로서도 이렇게 끝낼 수는 없었다. 지더라도 의미 있는 문장 하나를 건지고 싶었다. 그렇게 우리는 항소했다.

항소심에는 같이 근무하는 차혜령 변호사도 힘을 모았다. 덕분에 논리를 더 탄탄하게 세웠고 항소이유서와 준비서면을 꼼꼼하게 작성했다. 그러나 이번에도 패소였다. 아니, 판결문 내용은 1심보다 더 나빴다. 법원은 아예 여성차별인지 판단도 하지 않았다. 그냥 김선희, 이영진 씨가 계약기간이 다 되어서 그만둔 것이므로 근무상한연령이 여성차별인지 판단할 필요조차 없다고 했다. 여성차별이 분명하기 때문에 일부러 판단을 회피한 것인지도 모르겠다. 어쨌거나 이미 대법원까지 가로 결의했으니 항소심 결과에 연연하지 말자고 했다. 그렇게 2013년 9월 10일 상고장을 제출했다. 그러나 의욕만으로 결과를 뒤집을 수는 없는 터. 강력한 한방이 필요했다.

한양대 법대의 박수근 교수에게 무턱대고 연락을 했다. 박수근 교수는 노동법의 대가이고 훗날 중앙노동위원회 위원장을 역임한 대선배였다. 두어 번 세미나 자리에서 인사를 드린 게 전부였는데, 자료를 검색하던 중 박수근 교수가 쓴 계약직 공무원에 관한 논문을 발견했고 그걸 구실로 자문을 구했다. 어떻게 보면 무례한 부탁인데도 박수근 교수는 상세하게 안내해주었다. 노동법연구소 해밀에도 도움을 요청했다. 사건을 들은 김지형 전 대법관, 당시에는 변호사였던 김선수 전 대법관, 여연심, 고윤덕 변호사까지 내로라하는 노동법의 전문가들이 아무런 대가도 받지 않고 상고심에 함께해주겠다고 나섰다. 그만큼 이 사건은 중요한 의미가 있었고 모두가 의미 있는 판결을 바랐다.

이 소식을 김선희, 이영진 씨한테 알렸는데 이렇게 김선희 씨에게 답장이 왔다.

"저희 사건에 많은 관심을 가지고 소송에 임해주셔서 항상 감사하게 생각하고 있는데, 상고심에서는 더욱더 많은 분들에게 도움을 받게 되니 기쁘기도 하면서 제가 평소 얼마나 베푸는 사람이었나 하는 반성도 해봅니다."

어깨가 무거웠다. 상고심은 특히 상고이유서가 큰 역할을 한다. 심혈을 기울여 상고이유서를 쓰느라 10월 초에는 매일 밤을 샜다. 첫째 주 일주일 동안 전체 수면시간이 열 시간도 되지 않았다. 해가 뜰 때까지 서면을 쓰고 집에서 잠깐 눈을 붙인 뒤 씻고 바로 출근하는 날이 계속되었다. 그렇게 80여 장의 상고이유서를 써서 대법원에 제출했다.

　내가 임신했다는 사실을 안 건 그로부터 며칠 뒤였다. 그런 줄도 모르고 나는 매일 밤을 샜다. 그러나 기뻐할 새도 없이 곧 유산을 했다. 임신 초기에 너무 무리한 게 화근이었지만, 유산을 한 당일에도 나는 아픈 몸을 이끌고 사무실에 들러 준비서면을 마무리하고 법원에 제출한 뒤에야 병원으로 향했다. 만약 임신 사실을 미리 알았더라면 상황이 달라졌을까? 몸을 아껴가며 상고심 준비를 했을까? 그러지는 않았을 것이다. 기한 내에 제출하기 위해 밤새 상고이유서를 썼을 테고, 다만 죄책감과 불안감에 시달렸겠지.

　상고심은 초반 4개월이 중요하다. 상고심에는 '심리 불속행 기각'이라는 특별한 제도가 있다. 대법원이 심리하지 않고 상고를 기각하는 것인데, 대법원에 사건이 폭주하다보니 열 건 중 일곱 건이 심리 불속행 기각으로 끝난다. 그런데 심리 불속행 기각은 대법원에 사건이 넘어간 지 4개월 내에만 가능하다. 그러니까 대법원은 초반 4개월 동안 사건을 훑어서 대부분의 사건을 심리 불속행으로 처리하고 열 건 중 세 건의 사건만 계속해서 심리를 하는 것이다. 일종의 예선전인 셈이다. 우리 사건은 이미 1, 2심에서 모두 패소했고 계약직 전환을 다투는 사건에서도 패소가 확정되었기 때문에 심리 불속행될 가능성이 매우 높았다. 그래서 몸을 망가뜨려가며 상고이유서에 매달렸는데 다행히 대법원에서 어떠한 통지도 없었다. 그 말은 이 사건이 계속 심리할 가치가 있다는 뜻이었다. 다행이었다.

그런데 그 다행한 기간이 길어도 너무 길었다.

"변호사님 아직 소식이 없지요?"

"예. 아직까지는 없네요."

그렇게 6년이 지났다. 2013년 9월 10일 상고한 이후로 아무런 소식이 없었다. 소식을 궁금해하던 김선희, 이영진 씨의 문의도 점점 뜸해졌다. 상고심은 변론을 열지 않는 것이 원칙이기 때문에 기다리는 수밖에 없었다. 재촉하지 않고 기다려주는 김선희, 이영진 씨가 고맙기도 했지만 마음은 급했다. 이러다가 김선희, 이영진 씨가 남성 직군의 정년인 57세가 되는 건 아닐까 싶었다. 그러면 소의 이익이 없다고 각하될 판이었다. 그렇게 무심한 듯 무심하지 않게 기다리던 어느 날 대법원에서 판결 선고 통지서가 날아왔다. 그러고는 2019년 10월 31일 선고가 났다.

원심판결을 파기하고, 사건을 서울고등법원에 환송한다.

너무 간절한 나머지 그 결과를 믿기 어려웠다. 대법원은 국가나 국가기관 또는 국가조직의 일부는 기본권의 수범자로서 국민의 기본권을 보호하고 실현해야 할 책임과 의무를 지니고 있는 점, 공무원도 임금을 목적으로 근로를 제공하는 근로기준법상의 근로자인 점 등을 고려하면, 공무원 관련 법률에 특별한 규정이 없는 한, 고용관계에서 양성평등을 규정한 남녀고용평등법 제11조 제1항과 근로기준법 제6조는 국가기관과 공무원 간의 공법상 근무관계에도 적용된다고 보아야 한다.라고 운을 뗀 뒤 사업주의 증명책임을 규정한 남녀고용평등법 제30조에 따라, 사실상 여성 전용 직렬로 운영되어온 전산사식 분야의 근무상한연령을 사실상 남성 전용 직렬로 운영되어온 다른 분야의 근무상한연령보다 낮게 정한 데에 합리적인 이유가 있는지는 국가정보원장이 증명하여야 하고, 이를 증명하지 못한 경우에는 이 사건 연령 규정은 강행규정인 남녀고용평등법 제11조 제1항과 근로기준법 제6조에 위반되어 당연무효라고 보아야 한다.라고 했다. 그러면서 대법원은 원심으로서는 사실상 여성 전용 직렬로 운영되어온 전산사식 분야의 근무상한연령을 사실상 남성 전용 직렬로 운영되어온 다른 분야의 근무상한연령보다 낮게 정한 데에 합리적인 이유가 있는지를 구체적으로 심리·판단하였어야 한다. 그런데도 원심은, 이 사건 연령 규정이 남녀고용평등법 제11조 제1항에 위반되는지 여부를 전혀 심리·판단하지 않은 채, 이 사건 연령 규정을 행정내부준칙으로 삼아 재계약 당시 계약기간 또는 계약기간 만료 이후 갱신 여부를 결정할 수 있다고 전제한 다음 그에 따라 이루어진 국가정보원장의 퇴직조치가 적법하다고 판단하는 위법을 저질렀다고 했다.

　　판결 내용도 아주 좋았다. 근로기준법 제6조는 남녀의 성性을 이유로 한 차별적 대우를 금지하고 있다. 〈남녀고용평등법〉

제2조 제1호도 사업주가 근로자에게 성별을 이유로 합리적인 이유 없이 근로의 조건을 다르게 하는 경우를 차별로 정의한 후 제11조 제1항에서는 사업주는 근로자의 정년·퇴직 및 해고에서 남녀를 차별하여서는 아니 된다.라고, 제37조 제1항에서는 사업주가 제11조를 위반하여 근로자의 정년·퇴직 및 해고에서 남녀를 차별하거나 여성 근로자의 혼인, 임신 또는 출산을 퇴직사유로 예정하는 근로계약을 체결하는 경우에는 5년 이하의 징역 또는 3천만원 이하의 벌금에 처한다.라고 정하고 있다. 대법원은 이러한 법률 규정이 국가기관과 공무원 간에도 적용된다고 했다. 이러한 법률 규정에 반하는 시행령이나 내부 규정은 효력이 없다고 했다. 국가기관에서의 남녀차별을 처음 인정한 것이었다. 대법원은 여성과 남성의 직렬을 분리하여 사실상 정년을 달리하는 간접차별도 남녀차별이라고 했다. 국가기관에서의 간접차별을 인정한 최초의 판결이었다.

사건은 다시 서울고등법원으로 되돌아갔다. 파기환송이 되면 2심으로 되돌아가게 된다. 그렇게 다시 국가정보원과 싸웠고 2020년 8월 19일 서울고등법원에서의 승소 판결로 사건은 끝났다. 소를 제기한 지 8년 5개월 만이었다. 너무나 오랜 기간 소송하며 버텼다. 그러나 소송이 끝나자 국가정보원은 부리나케 연락을 해왔다.

"변호사님, 국정원에서 당장 내일 출근하라고 하는데요. 이래도 되는 거예요?"

다시 국가정보원으로 돌아갈 수 있을지 알 수 없는 상황에서 김선희, 이영진 씨는 불안한 마음으로 하루하루를 버텼는데 국가정보원은 두 사람에게 기뻐할 틈도 주지 않았다. 언제는 돌아오면 안 된다고 완강히 거부하더니 이제는 당장 내일부터 나오라고 출근 명령을 내렸다. 그래도 김선희, 이영진 씨는 기꺼이 출근했다.

———

2023년 가을 우리는 다시 만났다. 그러니까 우리가 처음 마주한 지 11년 만이었다. 전화 통화나 이메일은 종종 주고받았지만 얼굴을 본 건 정말 오랜만이었다. 사정이 있어 이영진 씨는 못 나왔고 김선희 씨가 선물 보따리를 챙겨 나타났다. 그새 나도 늙었고 김선희 씨도 흰머리가 늘었다. 조금은 변한 얼굴을 보자 눈물이 났다. 서로 얼싸안고 울었다. 기쁨의 눈물이기도 하고 속상함의 눈물이기도 했다. 그간의 세월이 주마등처럼 흘러갔다. 밥을 같이 먹으며 많은 이야기를 나눴다. 사실 궁금한 게 있었다. 어떻게 국가정보원에 근무하면서 국가정보원을 상대로 소송을 할 수 있었냐고. 나라면 절대 감히 싸우지 못했을 것 같아서. 김선희 씨는 덤덤하게 말했다. 잘못된 것이니까 바꾸고 싶었다고. 덕분에 정년은 연장되었고, 우리 사건 판결을 토대로 다른 전산사식원들도 소송에서 이기고 얼마 전 복직했다고 했다.

2024년 4월에는 김선희, 이영진 씨, 그리고 소송에서 이기고 다시 국정원에 근무하게 된 다른 전산사식원 세 명과 함께 만나 식사를 하며 웃고 떠들었다.

우리 판결이 이렇게 파급 효과를 낳는구나 싶어 감개무량했다. 복직 생활은 어떤지 이영진 씨에게 물었다.

"일을 놓은 지 오래돼서 하나하나 새롭게 익혀야 하는데 그게 재밌어요."

그런데 이 일도 이제 진짜 정년이 얼마 남지 않았다며 김선희 씨가 말했다.

"저는 퇴직하면 시민단체에서 자원봉사를 하고 싶어요."

자신들만을 생각했다면 절대 감내하기 어려운 일이었다. 같은 처지의 동료들을 생각하고, 부당하다고 생각했기 때문에 용기를 낼 수 있었던 것이다. 오래 기다리고, 끝내 이겨서, 널리 파문을 일으킨 '언니들'이 새삼 존경스러웠다.

5화
· · · · ·

종이 뭉치에 빼곡히 적힌 숫자들

택시기사의 사납금
거부 사건

2011년 3월 어느 날, 나이 지긋한 남성이 사무실에 불쑥 들어왔다. 예정 없이 찾아온 손님인 모양이다. 실장님이 손님에게 다가갔다.

　　"안녕하세요. 혹시 약속을 잡고 오신 건가요?"

　　"아니요. 변호사님께 상담 받고 소송을 의뢰하려고요."

　　실장님은 매뉴얼대로 손님에게 안내했다.

　　"사무실에 변호사님들이 없는 경우가 많아서 곧바로 변호사 상담은 어렵습니다. 죄송하지만 먼저 인터넷으로 소송 지원 신청을 해주시겠어요?"

　　"제가 컴퓨터를 쓸 줄 모릅니다. 택시기산데 사납금제 때문에 못 받은 임금이 있어서……"

　　그 말을 멀리서 듣고 있던 나는 벌떡 일어섰다. 일부러 들으려 한 것은 아니었다. 사무실 공간이 크지 않은 데다 회의실

빼고는 모두 개방되어 있어서 입구에서 멀지 않은 곳에 책상을 두고 일하던 나에게까지 대화가 들린 것이다. 평소라면 계속 자리에 앉아서 일했을 것이다. 할 일은 언제나 차고 넘치고, 대개 내 담당 영역과 무관한 사안으로 찾아온 손님이며, 갑작스런 상담으로 업무 흐름을 깨고 싶지도 않기 때문이다. 그러나 그날은 아니었다. '택시기사' '못 받은 임금' 이 두 마디가 귀에 꽂혔다. 손님이 있는 쪽으로 걸어갔다. 검은 머리보다 흰머리가 훨씬 많은 핼쑥한 얼굴의 남성이 허름한 옷차림으로 사무실 입구에 서 있었다. 한 손에는 황토색 서류 봉투를 들고.

"안녕하세요. 변호산데요, 어떤 일 때문에 오셨어요? 이리로 앉으세요."

파주에서 왔다는 이기택(가명) 씨는 택시 일을 하면서 본인이 겪은 일을 말해주었다. 나는 '못 받은 임금'이란 말 때문에 맞이한 것인데 이기택 씨는 '전액관리제' '자율근무' '배차시간' '고정차량' 등등 알 수 없는 용어를 써가며 장황하고 세세하게, 그러다가 옆길로 샜다가 다시 돌아오기를 반복하며 본인이 하고 싶은 이야기를 쏟아냈다. 말하지 못해 한이라도 맺힌 것처럼. 그러나 지금 이 자리에서 그 이야기를 다 들어줄 시간의 여유도, 마음의 여유도 없었다. 나보다 한참 어른이기에 에둘러 용건만, 핵심만 간단히 말씀해달라고 요청했지만 소용없었다. 이기택 씨는 "아이고, 죄송합니다."를 연발하면서도 이내 하고 싶은 말을 이어갔다. 그러면서 서류 봉투에 담긴 뭉텅이를 꺼내놓았다. 거기에는 얼마나 오래되었는지 대부분 빛바래 글자도 잘 보이지 않는 온갖 영수증과 가로 10센티미터, 세로 5센티미터 크기의 용지에 빽빽하게 금액을 적어넣은 일지 수십 장이 들어 있었다. 그리고 급여명세서 같은, 숫자만 가득한 각종 서류들.

'아, 이게 아닌데⋯⋯.'

호기롭게 손님을 맞이했건만 면담이 한 시간을 넘고 두 시간 가까이 되어가니 후회스러웠다. 경험상 이런 분의 사건을 맡는 건 여간 고역이 아니었다. 그 장황하고 세세한 이야기를 정리하는 것은 변호사의 몫이고, 그 일을 하지 않으면 소송이 제대로 진행되지 않을 게 뻔한데도 본인이 한 말, 본인이 준 자료를 그대로 빠짐없이 소송에 써주기를 원하는 경우가 많았다.

그렇다고 그 자리에서 거절할 수는 없었다. 일단 오늘 면담은 여기서 끝내고 궁금한 것이 있으면 따로 여쭙고 소송을 할 만한지 검토해서 알려드리겠다고 했다. 그렇게 억지로 헤어진 뒤 건네받은 종이 뭉치 서류 봉투와 이기택 씨의 말을 받아적은 노트를 책상 한쪽에 밀어놓고 차차 고민해야겠다고 생각했다.

그런데 하루가 멀다 하고 이기택 씨한테서 확인 전화가 왔다. 검토했냐, 궁금한 것 없냐. 하필 핸드폰 번호를 알려드리는 바람에 질리도록 오는 전화를 피할 수도 없었다. 결국 한쪽에 밀어놓은 자료를 억지로 펼쳐놓고 검토하는데 도무지 감을 잡을 수 없었다. 그렇다고 전화 왔을 때 물어보면 이기택 씨는 이때다 싶어서 한참을 설명했고, 그 설명 역시 장황하기는 마찬가지여서 정신은 안드로메다로 향했다. 이래서는 안 되었다. 이기택 씨 말로는 자기 말고도 똑같은 처지의 동료가 세 명 더 있다고 했다. 이번에는 내가 먼저 만나자고 했다. 네 분을 함께. 아무래도 다른 사람의 설명을 듣는 게 나을 것 같았다. 약속을 좀 멀찌감치 잡고 싶었으나 이기택 씨는 어차피 다들 놀고 있으니 시간 내는 게 어렵지 않다고 했다. 만나자는 말을 꺼내기 무섭게 다다음 날 사무실에 나이 지긋한 남성 네 명이 들이닥쳤다.

복장이 허름하고 핼쑥한 건 다들 마찬가지였으나 이번에는 찌든 담배 냄새가 확 풍겼다. 이기택 씨와 달리 다른 세 분은 얼굴에 표정이 없었다. 인사도 건성이었다. 순간 택시의 풍경이 떠올랐다. 사실 나는 택시 타는 게 싫었다. 원래도 낯선 사람과 만나는 걸 어색해하는데 좁고 폐쇄된 공간에 택시기사와 나 단둘이 있는 게 힘들었다. 대개 택시기사는 나보다 나이가 한참 많은 남성이었다. 오래전 일이지만 큰언니가 새벽에 출근하느라 택시를 잡았는데 아침부터 재수 없게 '안경잡이' 여자를 만났다며 택시기사가 승차를 거부하더란다. 그런 이야기를 들어서인지, 아니면 자격지심인지 젊은 여성이라 약간 무시받는 기분이 들 때도 있었다. 멀미에 취약한 나는 이 차선, 저 차선 넘나들다가 갑자기 급정차를 하고는 또다시 급출발하는 택시 안에서 창문 위에 붙은 손잡이와 울렁거리는 속을 붙잡고 얼른 무사히 내리기만을 바란 적이 많았다. 그러다보니 오늘 처음 만난 무뚝뚝한 세 분의 택시기사도 젊은 여성 변호사라 무시하는 건가 싶어 기분이 좋지는 않았다.

회의실로 네 분을 안내하고 본격적으로 사건의 내용을 들으려 하는데 이번에도 이기택 씨가 먼저 말을 꺼냈다. 다른 세 분은 멀뚱히 있었다. 이러면 이전과 똑같을 게 뻔했다. 선생님 이야기는 이미 들었으니 다른 분께 설명을 해주십사 요청드렸 다. 그제야 가장 무뚝뚝해 보였던 최중균(가명) 씨가 말을 꺼냈 다. 자신들은 'A운수'에서 같이 일했는데 사납금제를 거부했다 는 이유로 불이익을 당했고, 이기택 씨와 본인은 해고를 당했 다고 한다. 그러면서 사건의 자초지종을 털어놓는데 웬걸 무뚝 뚝하기는 해도 본인들이 겪은 일을 깔끔하고 명확하게 설명해 주었다.

———

2009년 문제의 대표이사가 취임하기 전 택시기사들은 모두 월급제를 적용받았다. 택시기사들이 벌어들인 요금 전액을 회 사에 납부하면 회사는 기본급 + 성과급(수입이 일정 기준을 넘는 경 우 수입에 따라 차등 지급) 형식으로 기사들에게 월급을 지급했다. 월급제는 법에 따른 것이었다. 택시에 적용되는 〈여객자동차 운수사업법〉은 택시회사는 기사가 이용자에게서 받은 운임이나 요금의 전액을 택시기사에게서 받아야 한다.라고 정했다. 소위 '전액관리제'라는 것인데 택시기사는 요금 전액을 회사에 납부 하고 회사는 이를 기반으로 임금을 지급하는 시스템인 것이다. 이와 반대되는 것으로 '사납금제'가 있다. 택시기사가 손님한테 받은 요금 중 일부를 회사에 납부하고 나머지는 본인이 가져가는 시스템이다. 그런데 이 사납금제가 불법이란다. 나는 변호사인데도 사납금제가 불법인 줄 몰랐다. 변호사라고 모든 법을 다 꿰뚫고 있을 수는 없지만 〈여객자동차 운수사업법〉이라는 게 있다는 것도 이번에 처음 알았다. 택시 사납금이라는 말은 언론 등을 통해서 종종 들었고, 그 구체적인 내용은 몰라도 택시업계의 당연한 제도라고 생각했다.

사납금제는 택시회사 입장에서 세금을 탈루하기 좋다. 운송수입 중 사납금으로 회사에 납부되는 것만 소득으로 잡히기 때문이다. 〈여객자동차 운수사업법〉에서 요금 전액을 회사에 납부하도록 정한 이유 중 하나다. 그러나 더 큰 문제는 사납금제가 기사들을 착취하는 제도라는 것이다. 이걸 확인할 수 있는 예능 프로그램도 있다. 〈무한도전〉 '멋진 하루' 편에서 멤버들은 택시기사가 되어 직접 택시를 몰며 시민들을 만난다. 그런데 "지금 두 시간 했는데 2만 원도 못 벌었어요."라고 말하는 한 출연자에게 택시기사들은 한 시간에 3천 원 벌이가 평균이라고 대답한다. 멤버들은 "사람이 너무 없네." "아, 외롭다." "연 룟값도 안 나오겠다." 하는 푸념을 늘어놓는다. 결국, 멤버들 모두 사납금 10만 원을 채우지 못하고 자기 돈으로 사납금을 채워넣는 상황에 이른다. 방영된 때가 2013년이니 그사이 사납금은 또 얼마나 올랐을지 모르겠다. 지역이나 회사에 따라 다르기는 하지만 하루 20만 원을 사납금으로 내는 경우도 있다고 들었다.

기사들은 자기 돈을 넣어서라도 사납금을 맞춰야 한다. 사납금을 공제한 나머지 액수가 본인들의 것이다. 그러니 기사들은 기를 쓰고 택시를 몰게 된다. 과속을 하고 손님을 골라 태우고 합승을 강요하기도 한다. 그러고 보면 사납금제는 기사들만 몰아세우는 것이 아니라 승객도 불편하고 화나게 만든다. 더 많은 손님을 태우고 더 많이 돈을 버는 것, 사납금제의 굴레 때문에 기사들은 도로의 무법자가 된다.

반면 회사 입장에서는 손해 볼 게 없다. 사납금제를 적용하면 꼬박꼬박 안정적인 소득이 보장되니 말이다. 사납금을 내는 기사는 많을수록 좋다. 한마디로 사납금을 올리거나 기사를 늘리면 회사의 수입은 늘어난다. 법인택시에 "기사님 모집 급구, 기사님 대환영"이라는 배너가 달리는 데에는 다 이유가 있다. 기사가 많을수록 회사에 들어오는 돈도 많아진다. 가만 보면 정부에 택시요금을 올려달라고 아우성치는 쪽도 회사와 개인택시 기사들이다. 정작 법인 소속 기사들은 택시요금 인상을 환영하지 않는다. 택시요금이 오르면 사납금도 오르고 고객은 줄어드니 법인택시 기사들 입장에서는 좋을 게 없다. 법인이 부담해야 할 경영상 위험을 기사들에게 전가하는 것. 그게 바로 사납금제다. 이렇게 장황하게 설명한 건 사납금제가 바로 이 사건의 핵심이기 때문이다. 그러고 보면 이기택 씨가 장황하게 설명한 데는 다 이유가 있었다.

다시 돌아가서, 2009년 문제의 대표이사가 취임하기 전 A운수 택시기사들이 모두 월급제를 적용받은 것은 법 덕분이기도 하지만 노동조합이 싸운 성과이기도 했다. 노조는 단체협약, 임금협정서, 노사합의서에 택시기사가 수입금 전액을 회사에 납부하고, 회사는 성과급을 포함한 월급을 지급해야 한다고 새겨넣었다. 그런데 새 대표이사가 취임하면서 상황이 바뀌었다. 회사는 단체협약, 임금협정서, 노사합의서는 모두 적용 기간이 지나 효력이 없다고 주장했다. 그러면서 기사 개개인에게 사납금제를 내용으로 하는 근로계약서에 사인할 것을 요구했다. 기사들이 사납금제를 환영할 리 없었다. 그러자 대표이사는 2009년 10월 사납금제를 거부하는 기사들에게만 자율근무를 없앴다. 자율근무는 월 22일 만근한 기사에게 4일의 추가 근무를 인정하고 추가 근무기간에 발생한 요금은 회사와 기사가 절반씩 가져가는 제도다. 기사들에게 일종의 보너스인 셈이다.

자율근무 금지에도 버티는 기사들이 생기자 회사는 다시 이들의 배차시간을 단축했다. 노조와 회사의 임금협정에 따라 회사는 1일 2교대, 주·야간 12시간 배차제를 시행해왔지만 사납금제를 거부한 기사들에 대해서만 2009년 12월 9시간 배차제를 적용한 것이다. 하루 근무시간이 4분의 3으로 줄어드니 당연히 소득도 줄어들 수밖에 없었다. 그런데도 여전히 버티는 기사들이 있었다. 그러자 회사는 또다시 이들에게 일부러 노후차량을 배차했다. 노후차량은 신차에 비해서 사고 발생의 위험이 높고 연료 소비량도 많다. 승객들은 노후차량보다 신차를 선호하기 때문에 그만큼 승객이 탑승할 가능성도 낮다. 기사 입장에서도 노후차량은 승차감이 떨어진다. 특히 노후차량에는 대부분 수동(스틱) 변속기가 장착되어 있기 때문에 자동 변속기 차량에 비해 운행하기도 쉽지 않다. 그러니 노후차량 배정은 기사들에게는 큰 타격이다. 그런데 이번에도 버티는 기사들이 있었다. 그러자 회사는 아예 이들이 타던 고정차량을 폐차하고 대기기사로 발령을 냈다. 대기기사가 되면 일단 출근은 해야 하고 빈 차가 날 때까지 무한 대기해야 한다. 상황이 이러하니 100여 명의 기사 대부분이 어쩔 수 없이 사납금제 계약을 맺었다. 끝까지 버틴 사람은 네 명뿐이었는데 그 네 명이 바로 내 앞에 앉아 있는 것이었다.

그들은 애초의 사납금제를 월급제로 바꿔낸 노동조합의 간부들이기도 했다. 그중 가장 무뚝뚝하면서도 명료하게 사건을 설명한 최중균 씨가 당시 노조위원장이라고 했다. 회사는 마지막까지 남은 네 명의 기사들에 대해 해고를 시도했다. 결국 지금 내 앞에 있는 분들 중 둘은 끝내 자발적으로 퇴사했고, 퇴사하지 않고 버틴 이기택, 최중균 씨는 징계해고를 당했다.

뜨끔했다. 허름한 행색, 나이 많은 남성과 택시기사에 대한 편견으로 네 분을 미심쩍게 대했는데 이 네 분은 현장에서 온갖 불이익을 감수하면서도 기사들의 처우 개선을 위해 버틴 민주노조 간부들이었던 것이다. 물론 이분들이라고 운전을 살살한다는 보장은 없다. 오히려 낡은 차 때문에 이 네 분이 모는 택시를 타면 승차감이 확 떨어질지도 모른다. 사실 이 역시도 추측에 불과하다. 다만 분명한 것은 내가 착각했다는 점이다. 모든 택시기사는 불친절하고 난폭하다고 단정해버리고 사정도 모른 채 기사들을 탓해온 것이다.

그러고 보면 이 사건도 네 분의 택시기사만을 위한 사건이 아니었다. 찾아보니 다른 회사도 이런 수법으로 사납금제를 강요하고 있었다. 새로 취임한 대표이사는 그전 택시회사에서도 똑같은 수법으로 월급제를 무너뜨렸다. 이야기를 듣고 보니 소송을 안 할 수 없었다.

———

회사의 사납금제 강요 때문에 택시기사 네 분이 입은 손해에 대한 배상을 청구하면서 사납금제의 위법성을 주장하는 것으로 소송 계획을 짰다. 그런데 문제는 손해 입증이었다. 자율근무제 폐지로 인한 손해를 입증하려면 이 기사들이 22일 만근을 했다는 것을, 그럼에도 불구하고 4일의 자율근무를 하지 못했다는 것을 먼저 밝혀야 한다. 그것도 매월 그렇게 했다는 것을 일일이 입증해야 한다. 결국 네 분의 최근 3년 치 근무일지를 하나하나 다 확인하고 정리해서 증거로 제출하고 설명해야 하는 상황이었다. 그러나 더 큰 문제는 그래서 손해액이 얼마냐는 것이다. 이에 대해 자율근무를 했더라면 추가로 얻었을 수입을 입증해야 하는데 운행수입은 매일 다른 것이라서 매일의 운행수입을 입증할 수 있는 증거들을 찾고, 그걸 다 합해서 평균을 내야 했다. 배차시간 단축은 더 큰 문제였다. 이 역시도 매일 배차시간을 확인하고, 배차시간 단축으로 인해 줄어든 수입을 일일이 계산해야 했다. 노후차량 배정으로 인한 손해는 입증이 거의 불가능했다. 노후차량 배정 사실은 알아낼 수 있다 하더라도, 신차 배정과 노후차량 배정 간의 소득 차이를 어떻게 입증할 수 있겠는가. 대기기사 발령도 그렇고. 회사의 불법 행위를 입증하더라도 그로 인한 손해를 입증하는 것은 다른 차원의 문제였다. 심지어 네 분 각각의 손해를 입증해야 하니 엄밀하게 따지면 네 개의 사건을 다뤄야 하는 셈이었다.

그제서야 이기택 씨가 왜 그렇게 많은 영수증과 숫자가 빽빽한 종이 뭉치를 준 것인지 이해했다. 택시기사들은 운행 종료 후 회사 근처 지정된 주유소에서 LPG 가스를 주입하는데 이때 받은 영수증을 통해 택시의 반납시간, 그러니까 배차시간을 확인할 수 있었다. 근무일지도 마찬가지였다. 가로 10센티미터, 세로 5센티미터 크기의 용지 하나에 31개의 칸이 있어 기사들은 매일 벌어들인 소득을 칸칸마다 기재했다. 예컨대 3월 5일 근무하고 163,280원을 벌었다면 5번 칸에 '163,280'원이라고 적어넣는 것이다. 이 근무일지로 만근과 자율근무 여부 및 매일 소득을 확인할 수 있는 셈이다. 이기택 씨는 치밀함과 세심함으로 영수증을 꼬박꼬박 모았고, 급여일지를 꼼꼼히 기록했다. 그리고 그걸 들고 사무실에 찾아온 것이었다. 이기택 씨가 내게 준 건 낡은 종이 뭉치가 아니라 너무나 귀한 증거였던 것이다. 그러나 무수히 많은 영수증과 서류들에 적힌 많은 숫자들을 확인하고 평균을 내고 계산을 하는 것은 변호사의 몫. 엄두가 나지 않았다. 배보다 배꼽이 더 큰 상황이었다.

이럴 때는 작은 단위의 금액은 포기하는 것도 하나의 방법이다. 순전히 계산의 편의, 소송 편의를 위해서 말이다. 그러나 이기택 씨는 1원까지도 다 받고 싶은 모양이었다. 당장 나부터도 계산할 엄두가 안 나는데 이러다 판사가 숫자에 짓눌려 한 푼도 인정하지 않을까봐 걱정되었다. 그러나 한편으로는 단 1원이라도 아까운, 아니 포기하고 싶지 않은 이기택 씨의 마음도 이해는 되었다. 회사의 불이익 때문에 이기택 씨는 월 40만 원도 안 되는 임금을 받아왔다. 다른 세 분도 마찬가지였다. 당연히 생계는 위태로워졌고, 내가 푼돈이라 생각한 것이 기사님들에게는 푼돈이 아닌 상황이었다.

그런데 하늘이 무너져도 솟아날 구멍이 있다고, 내게 단비 같은 존재가 나타났다. 바로 실무수습을 나온 사법연수생 서창효 씨였다. 현재는 왕성하게 활동하는 변호사이지만 당시만 해도 두 달 동안 나와 일하면서 내게서 변호사 실무를 배우는 사법연수생 신분이었다. 서창효 씨는 패기 넘치게 본인이 숫자 입력과 계산 작업을 하겠다고 했다. 한 살이라도 덜 먹은 본인이 엑셀도 더 잘 다루지 않겠냐는 것이었다. 아니, 내가 하기 싫은 일을 서창효 씨에게 억지로 떠맡기고 훈훈하게 기억하는 것인지도 모르겠다. 어쨌거나 서창효 씨는 기사별로 수년 치의 근무기록과 매일 벌어들인 수입을 일일이 엑셀에 입력하고 평균을 내는 작업을 했다. 불가능하다고 생각한 그 일을 서창효 씨가 해냈다. 덕분에 2011년 5월 회사를 상대로 손해배상 청구의 소를 제기할 수 있었다.

소장에 대한 회사의 답변은 구구절절했다. LPG 요금이 올라서 회사가 경영 위기를 맞았는데 월급제로 하니까 기사들이 일은 안 하고 월급만 축내길래 사납금제를 택한 것이다. 사납금제는 기사들도 원한다. 일하기 싫어하는 사람들이나 월급제를 좋아한다. 그래서 월급제 고집하는 원고들에 대해서는 자율근무를 폐지하고 배차시간을 단축한 것이다. 그리고 사납금제는 법에 위반되는 것도 아니다. 법은 택시기사가 받는 운송수입금 전액을 회사에 납부하라고만 했지 임금을 어떻게 정할지는 문제 삼지 않았다. 비록 사납금이라는 허들이 있기는 하지만 회사는 기사들한테 요금 전부를 받았고 사납금을 공제한 후 다시 임금을 지급했기 때문에 법 위반도 아니다.

　이걸 어떻게 받아들여야 하나. 한편으로는 솔직했고 한편으로는 뻔뻔했다. 이렇게 솔직하고 뻔뻔할 수 있는 것은 자신의 행동이 떳떳하다고 생각하기 때문일 것이다. 회사 눈에 기사들은 '월급 도둑'인 게 분명했다. 소송을 하는 나로서는 차라리 이런 입장이 낫다. 월급제를 고집하는 사람들에 대해서만 자율근무 폐지하고 배차시간 단축한 것을 자인했으니 말이다. 그런 적 없다고 발뺌하는 것보다는 인정하고, 그래서 뭐 어쩔래? 내가 뭘 잘못했는데? 이렇게 나오는 게 대응하기 수월하다. 회사의 주장은 그 자체로 모순되기도 했다. 기사들이 사납금제를 원한다면 이걸 억지로 시행하기 위해 자율근무 폐지, 배차시간 단축, 노후차량 배정 등의 수법을 쓸 필요가 없다. LPG 요금 인상 때문에 회사가 힘들다고 했지만, 실은 회사가 기사들에게 LPG 요금을 부담하게 했다. 그러니까 LPG 요금 인상으로 힘든 사람은 자비로 요금을 내는 기사들인 것이지 회사가 아니다. 그러면서 회사가 부담해야 할 경영상 위험을 기사들에게 넘기는 것에 아무런 거리낌이 없었다. 참고로 법인택시 기사들은 무조건 회사와 근로계약을 맺어야 한다. 법이 그렇게 강제하고 있다. 그러니 경영상 위험도 회사가 부담하는 게 맞다.

다만 한 가지 걸리는 게 있었는데 법에서 금지하는 것이 어디까지냐는 것이다. 법문을 곧이곧대로 해석하면 운송수입의 전액이 회사에 납부되기만 하면 임금체계를 어떻게 해도 문제가 없다. 회사 주장처럼 말이다. 그러나 전액관리제의 취지를 생각하면 사납금제는 법에 반한다. 헌법재판소 결정을 보면 이것을 알 수 있다. 전액관리제 규정이 생기자 택시회사들은 자신들의 직업의 자유, 재산권을 침해한다며 헌법재판소에 헌법소원심판 청구를 했다. 헌법재판소는 전액관리제 규정은 합헌이라고 결정하면서 이렇게 설명했다.

이 사건 법률조항들은 청구인들의 직업수행의 자유를 다소 제약하고 있기는 하나, 일반택시 운송사업의 수익성을 근본적으로 저하시켜 해당 사업을 포기할 수밖에 없을 정도로 청구인들의 기업활동을 중대하게 제한하고 있다고 볼 수 없는 반면, 이에 의하여 달성하려는 공익은 관련 기업의 경영투명성 확보에 기여할 것은 물론 일반택시 운수종사자의 생활안정을 통한 일반택시 이용자들에 대한 서비스의 질 제고도 기대되므로, 청구인들의 기본권 제한의 정도나 기타 이익의 손실이 이를 통해서 달성하려는 공익에 비하여 지나치게 커서 법익 간의 상당한 비례관계를 벗어났다고 보기 어렵다.

전액관리제 규정은 경영투명성 확보를 위한 것이면서 동시에 일반택시 운수종사자, 즉 택시기사의 생활안정을 위하고 더 나아가 승객들에 대한 서비스의 질도 높이는 목적을 가진다는 것이다. 이 말은 결국 사납금제는 법에 어긋난다는 것을 의미한다. 그러나 헌법재판소 결정에도 불구하고 택시회사들은 우회적인 방법으로 사납금제를 도입하고 법 위반이 아니라고 주장하는 것이었다. 법원 판결도 갈리는 상황이었다. 헌법재판소와 법원은 별개 조직이니 법원이 헌법재판소 판단에 따를 필요는 없었다.

아무튼 길고 긴 공방이 시작되었다. 우리도 집요했지만 상대도 집요했다. 준비서면을 내면 회사는 반박 준비서면을 냈고, 다시 우리가 반박 준비서면을 내면, 회사는 또다시 반박 준비서면을 내는 과정이 치열하게 펼쳐졌다. 이기택 씨는 하루가 멀다 하고 진행상황을 묻는 전화를 걸어왔고 나는 이기택 씨의 불안감과 궁금증을 해소해야 하는 역할까지 맡았다. 이래 치이고 저래 치였다.

그런 와중에 예상치 않은 사건 두 개가 더 생겼다. 회사는 이기택, 최중균 씨를 해고했는데 이후 이기택 씨는 정년에 도달해서 더는 해고를 다툴 수 없게 되었지만 최중균 씨는 서울지방노동위원회에 부당해고 구제신청을 했다. 회사는 최중균 씨가 근로계약 체결을 거부하고 불성실하게 근무했기 때문에 해고했다고 주장했는데, 서울지방노동위원회와 중앙노동위원회 모두 회사의 주장을 받아들이지 않았다. 최중균 씨에 대한 해고는 부당해고라고 판단했고 최중균 씨를 복직시키지 않는 회사에 이행강제금을 부과했다. 그러자 회사는 중앙노동위원회의 재심판정을 다투는 소를 제기했다. 이행강제금 부과처분에 대해서도 취소를 구하는 소를 제기했다. 원고는 회사, 피고는 중앙노동위원회 위원장인 두 건의 소송(재심판정 취소 소송, 이행강제금 부과처분 취소 소송)이 새롭게 시작된 것이다.

이 소송에서 해고 당사자인 최중균 씨는 원고와 피고 어디에도 속하지 않는다. 그러나 이런 경우 보통 해고 당사자도 보조참가인 자격으로 소송에 참가한다. 소송의 당사자는 아니지만 소송 결과에 영향을 받기 때문이다. 법원에서 판정이 뒤집히면 안 되는데 그러려면 중앙노동위원회가 열심히 싸워야 한다. 그런데 이겨야 한다는 절박함, 간절함은 중앙노동위원회보다 해고 당사자가 클 수밖에 없다. 그래서 해고 당사자가 소송에 보조참가하여 회사와 싸우게 되는 것이다. 회사가 최중균 씨의 복직을 거부하여 두 건의 소송을 시작한 이상 뛰어들지 않을 수 없었다. 그리하여 회사를 상대로 한 손해배상 청구 소송과는 별도로 최중균 씨는 부당해고 재심판정 취소 소송, 이행강제금 부과처분 취소 소송에 피고측으로 보조참가했고 나는 두 사건에서 최중균 씨의 대리인이 되었다. 손해배상 청구 사건으로 허덕이고 있었는데 졸지에 사건은 세 개로 늘어났다.

소송에 잘 대응하려면 의뢰인과의 소통이 중요하다. 손해배상 청구 사건은 이기택 씨의 끊임없는 연락으로 고통스러웠지만 이 두 사건은 반대였다. 최중균 씨는 내 전화를 잘 받지 않았고 어느 순간 핸드폰을 정지시켰다. 이메일도 사용하지 않는 분인데 통화까지 안 되니 답답했다. 사건에 대해 물을 게 많았지만 물을 수가 없었다. 최중균 씨에게 연락할 방법을 찾다가 다른 기사들에게 연락을 했다. 네 분 중 점잖고 말이 적은 이창섭(가명) 씨가 말했다. 최중균 씨는 원래도 생활이 넉넉하지 않았는데 부당해고로 수입까지 끊겨서 애를 먹고 있고, 전화요금을 낼 돈도 없어서 핸드폰도 끊긴 것이라고. 자존심이 센 사람이라서 당신한테 말하지 못했을 것이라고. 그런 줄도 모르고 나는 연락이 닿지 않는다고 성화였다. 훗날 최중균 씨한테서 이야기를 들었다.

"나는 지금 신용불량자예요. 또 여기서 13년 근무했지만 빚만 2, 3천 진 사람이에요. 그러니까 이게 어떤 노동 탄압의 수준이라기보다는 한 사람의 가정경제를 파탄시키고 인생을 망치는 거예요."

그랬다. 최중균 씨는 원칙적인 사람이었다. 말수는 적지만 그와 나눈 몇 마디 말과 그가 보여준 태도만으로도 불의에 타협하지 않는 사람인 걸 알 수 있었다. 그런 성품 때문에 노조위원장이 되었고 회사와 싸웠고 온갖 불이익을 받으면서도 버텼을 것이다. 그렇게 해서 남은 게 가난이라니 서글픈 일이다.

회사는 대쪽 같은 최중균 씨를 몰아내기 위해 어용노조를 세웠다. 회사와 친분이 있던 기사를 노조위원장으로 출마시켰고, 당선을 시키기 위해 기사들에게 투표한 후에 투표용지를 핸드폰으로 촬영해서 보고하라고 명령했다. 당선된 노조위원장은 전국민주택시노동조합에서 탈퇴한 뒤 기업노조로 조직 변경을 하고 사납금제를 받아들였다. 부당해고 사건에서 회사는 신임 노조위원장을 증인으로 신청했다. 과거에도 그는 회사 대표이사가 피고인인 형사사건에서 회사에 유리한 증언만 한 전적이 있었다. 최중균 씨가 보조참가한 이번 사건에서도 회사에 유리한 증언만 늘어놓을 것이 예상되었다. 상황만 놓고 보면 우리가 불리했다. 노조위원장은 노동자를 위해 일할 것이라는 편견을 깨뜨려야 했다. 노조위원장을 상대로 반대신문을 하고 그가 위증을 하고 있다는 것을 밝혀야 했다. 회사를 위해 일하는 노조위원장, 노조위원장의 증언을 탄핵해야 하는 나. 부조리한 상황이었다.

증인 신문 당일, 신임 노조위원장이 법정에 출석했다. 나는 그의 얼굴을 보는 것이 민망했다. 노동자에게는 법보다 노동조합이 훨씬 강력하고 의미 있다고 믿고 주장해왔는데 그게 아니라는 것을 이 자리에서 확인해야 하다니. 그는 무슨 생각을 하고 있을지 궁금했다. 먼저 회사측 대리인이 신임 노조위원장에게 질문을 던졌다. 대리인의 질문에 이미 해야 할 답변이 다 들어가 있었다. 신임 노조위원장은 모두 한 마디로 답했다.

"참가인(최중균 씨) 및 그를 따르는 근로자들은 2010년 2월 원고 회사의 개별 근로계약 체결 등을 거부하였지요?"

"예."

"참가인은 원고 회사에 대한 심한 적대감을 가지고 있고, 같은 입장에 있는 근로자들과 휴게실, 차고지, 회사 사무실 등에서 상시적으로 원고 회사를 비난하고 대표이사를 비하하여 다른 근로자들에게 심한 위화감을 조성하였지요?"

"예."

"원고 회사의 노조는 최저임금법에 의한 임금협정을 체결하지 않았고, 결과적으로 최저임금법에 의한 임금협정이 체결되지 않았기 때문에 운전자들의 실질임금은 향상되고 처우가 개선된 것으로 되어 원고 회사는 신규운전자를 신속하게 수급할 수 있었으며 결국 조합원 및 회사는 서로 만족할 수 있었지요?"

"예."

원고 대리인의 신문이 끝나고 내가 신문할 차례가 왔다. 반대신문을 어떻게 할지는 늘 고민거리다. 상대가 신청한 증인이 우리에게 유리한 증언을 할 가능성은 거의 없다. 간혹 증인이 원하는 답변을 하지 않을 때 흥분하여 싸우는 변호사들을 목격하게 되는데, 그건 좋은 방법이 아니다. 화가 난 증인은 더더욱 우리에게 불리한 증언을 할 가능성이 크다. 그렇기 때문에 침착한 태도로 증인으로부터 많은 말을 끌어내는 것이 중요하다. 증인이 말을 많이 할수록 준비한 것과 다른 증언을 할 여지도 커지기 때문이다. 혹 증인이 증거들과 배치되는 증언을 한다면, 그 자리에서 확인시킬 필요도 없다. 대신 나중에 서면에서 증인이 증거들과 배치되는 위증을 했다고 지적하는 것이 낫다. 그러면 증언 전체를 탄핵시킬 수 있다.

경험과 고민 덕분에 지금에야 이렇게 생각하지만 사실 신임 노조위원장을 반대신문할 때에만 해도 나는 경험이 적었고 의욕은 넘쳤다. 많은 말을 이끌어내기는 했으나 법정에서 증인이 위증을 하고 있다는 것을 밝히고 보여주고 싶었다.

"증인은 산업별노조인 전국민주택시노동조합의 통제를 받지 않기 위해 임시총회를 열고 전국민주택시노동조합에서 탈퇴하였지요?"

"탈퇴하지 않았습니다."

"그런데 증인이 속한 노동조합이 전국민주택시노동조합에 제출한 서류에는 전국민주택시노동조합을 탈퇴했다고 되어 있는데요?"

"저도 모르는 문서입니다."

증거에 반하는 증언을 지적하기 위해 나는 쟁점과 별로 관계도 없는 질문을 생뚱맞게 던졌고, 그럴 때마다 증인은 교묘히 빠져나갔다. 똑같은 실수를 나는 수차례 반복했다. 대신 판사들이 열심이었다. 사건을 제대로 파악하지 못한 상황에서 증인신문에 임하는 판사들을 많이 보았고, 그러한 판사들은 대부분 침묵을 지키는데, 이 사건의 담당 재판부는 이미 사건을 다 파악했는지 세세한 것까지 신임 노조위원장에게 질문했다. 내가 못 한 질문을 판사가 대신하는 느낌이었다. 거기에는 어떤 악의도 없었고 다만 의문을 해소하겠다는 열의만 있었다. 그 덕분인지 신임 노조위원장은 원고 대리인의 증인신문에서와는 다른 답변을 몇 차례 했고, 나는 그것을 포착해서 훗날 준비서면에서 하나하나 지적하며 증언을 탄핵했다.

2012년 6월 21일 최중균 씨가 보조참가한 두 사건의 판결이 선고되었다.

원고의 청구를 기각한다. 소송비용은 보조참가로 인한 부분을 포함하여 모두 원고가 부담한다.

재판부는 회사의 주장을 받아들이지 않았고 최중균에게는 징계사유가 없다고 했다. 그리하여 최중균 씨에 대한 해고는 부당해고라고 판결했다. 재판부는 회사가 월급제를 주장하는 기사들에 대해 자율근무를 금지한 사실, 사납금제에 동의한 택시기사들에 대해서는 12시간 배차제를 적용했던 것에 반해 월급제를 주장한 기사들에게는 9시간 배차제를 적용한 사실도 인정했다. 그리고 회사측 증인으로 출석해서 회사에 유리한 말만 골라한 신임 노조위원장의 증언은 증거로 채택하지 않았다. 덕분에 우리에게 유리하게 난 두 사건의 판결문을 손해배상 청구 사건에 증거로 제출할 수 있었다.

손해배상금 산정의 어려움 때문에 청구취지를 세 번 변경하고 준비서면만 아홉 개를 제출한 손해배상 청구 사건도 드디어 마무리되었다. 소를 제기한 지 만 2년 만에 법원은 판결을 선고하고 우리 손을 들어주었다. 법원은 전액관리제의 월급제가 여전히 유효하다고 판단하면서 이를 거부하는 네 명의 기사에게 회사가 불이익을 준 사실을 모두 인정했다. 그러면서 우리가 주장한 손해대로 배상하라고 판결했다. 법원은 1원 단위까지 계산해서 회사의 손해배상 책임을 인정했다. 회사는 항소, 상고했지만 법원은 모두 기각했다. 결국 우리가 이겼다.

———

승소가 확정되고 회사가 네 명의 기사에게 손해배상금을 모두 지급하면서 이분들과의 연락은 끊겼다. 매일 전화하던 이기택 씨에게서 더는 연락이 없다는 것이 시원하면서도 섭섭했다. 그러나 10년이 지난 지금까지도 나는 그분들을 잊지 못한다.

택시기사님들의 사건을 맡은 이후로는 택시를 타는 것이 덜 불편해졌다. 나도 모르는 기사들의 사정이 있을 것이다. 그분들도 인간이기에 답답하고 외롭게 일하다 고객을 만나면 말을 트고 싶을 것이라 생각하게 되었다. 일부러 내가 먼저 기사에게 말을 거는 날이 많아졌다. 그러면 그분들은 왜 택시기사가 되었는지, 운전하다가 어떤 일을 겪었는지, 집에 누가 있고 자식들은 무얼 하는지 이야기 보따리를 풀었다. 사납금제 이야기를 꺼내면 기사들은 반가워하며 마음에만 담아두었던 이야기를 술술 털어놓았다. 그러나 부러 말을 걸기 전에는 침묵하는 기사들이 이전보다 부쩍 많아졌다. 말 거는 걸 싫어하는 고객들을 위한 자정 효과라고 해야 하나. 아니면 기사 평가 시스템 덕분일까. 분명 나아지는 것이겠지만 가끔은 이 상황이 조금 서글프다.

소송은 끝났지만 그 후로도 택시기사의 임금과 노동조건에 관한 사건은 끊이지 않았다. 또 다른 회사의 택시기사가 내게 도움을 요청하기도 했다. 사납금제를 상대로 싸웠지만 사납금제는 점점 확대되었고 서울시는 눈감았다. 왜 단속하지 않는 거냐며 서울시 담당 공무원한테 항의했다가 그렇게 할 수밖에 없는 회사의 사정도 봐줘야 하는 것 아니냐는 역성을 듣기도 했다. 네 명의 기사가 일한 운수회사에만 어용노조가 있는 줄 알았는데 교통방송 기자가 내게 택시 운수회사-노동조합 간 단체협약을 자문하면서 사측 편을 드는 노동조합이 택시업계에 많아졌다는 사실도 알게 되었다.

2022년 대법원은 사납금을 공제하고 택시기사에게 지급한 월급이 최저임금에 못 미친다면 위법하다고 판단했다. 다만 회사가 사납금을 미리 정하고 부족한 금액을 택시기사 임금에서 공제하는 방식 자체는 위법하지 않다고 봤다. 2023년 겨울 사납금제 폐지, 완전 월급제를 주장하던 택시기사 방영환 씨는 분신자살했다.

택시기사 네 분과 내가 힘들게 싸워 얻어낸 승소 판결이 파급 효과가 없었던 걸까? 그래도 택시기사들의 힘든 처지는 좀 나아진 걸까? 세상은 나아지는 걸까? 그때의 네 분은 어찌 지내고 계실까?

6화

사무실 안 이중의 권력관계

파견노동자의
성희롱 사건

직장갑질119에는 직장 내 성희롱 제보가 심심찮게 들어온다. 그래서 관련 이메일을 전수조사해보았다. 단체가 설립된 2017년 11월부터 전수조사 시기인 2021년 2월까지 직장갑질119에 접수된 이메일은 총 10,101건이었는데 그중 직장 내 성희롱에 관한 것이 486건이었다. 486건의 이메일을 하나하나 읽고 분석했다. 별별 일이 다 있지만 몇 가지 공통점이 눈에 띄었다. 남성이 피해자인 경우도 상당하지만 대부분 피해자는 여성이라는 것. 직장 내 성희롱은 한 번으로 끝나지 않고 반복된다는 것. 그러니까 가해자는 이 사람 저 사람, 만만한 사람을 상대로 반복해서 성희롱을 한다는 것. 성희롱은 폭언·모욕·감시 등의 또 다른 괴롭힘을 동반한다는 것. 성희롱 신고를 해도 회사는 아무런 조치를 취하지 않거나 오히려 신고자에게 불이익을 준다는 것. 무엇보다 직장 내 성희롱은 동료 간에도 발생할 수 있지만 주로는 가해자가 피해자보다 우월한 지위에 있다는, 즉 직장 내 성희롱은 수직적 권력관계에 기인한다는 것.

수직적 권력관계는 다양하게 성립한다. 직급이 높은 사람과 낮은 사람, 경력이 긴 사람과 짧은 사람, 나이가 많은 사람과 적은 사람 간에 수직적 권력관계가 생긴다. 그런데 비정규직이 늘어나면서 정규직과 비정규직 간에도 위아래가 생겼다. 계약직·일용직 노동자에게는 정규직 노동자가, 파견·용역·하청과 같은 간접고용노동자에게는 직접고용노동자가, 특수고용노동자에게 법상 근로자가 권력자가 된다. 그리고 이러한 권력관계에서 비정규직 노동자들에게 고용상 이익과 불이익을 줄 권한이 직장 내 성희롱으로 연결되기도 한다. 예를 들면,*

— 팀장이 계약직 직원에게 정규직 고용 전환을 암시하며 갑질(야근 강요, 외모 지적) 후 계약만료 후 퇴직시킴. 해당 팀장은 일용직 노동자에 대해서도 성추행하였고, 피해자는 퇴직으로 마무리.

— 원청 남성 직원들과 협력사 여성 직원들의 회식 자리에서, 남녀가 끼여 앉게 자리 배치. 원청 직원이 협력사 직원을 강제로 껴안는 등의 추행.

— 정규직을 빌미로 사적 만남 요구.

---

* 윤지영 외, 〈직장갑질119 제보 사례 전수 분석을 통해 본 직장인 성희롱, 괴롭힘 실태 보고서〉, 직장갑질119, 2021. 2.

— 아웃소싱업체를 통해 들어온 여성 직원에 대해 남성 직원들이 몸매 품평 및 치마 착용 강요. 성적 농담을 일삼음.

이 사례들 중에는 내가 직접 상담하고 소송까지 한 것도 있다. 여성이자 비정규직으로서 부딪혀야 했던 이중의 권력관계. 그 이야기를 풀어보려 한다.

———

2020년 2월 11일, 직장갑질119 앞으로 '안녕하세요. 직장 내 성희롱 고발에 의한 부당해고 피해자입니다'라는 제목의 메일이 도착했다. 파견직 근로자였던 제보자 서희선(가명) 씨는 입사한 날부터 회사의 남성 직원들로부터 성희롱을 당했고, 이러한 사실을 대표이사한테 이야기하고 얼마 안 지나서 짐도 못 챙긴 채 쫓겨났다고 했다. 서희선 씨 말고도 같은 시기에 파견직으로 입사한 또 다른 피해자 최영지(가명) 씨가 있다고 했다. 도움을 요청하는 메일이었는데 믿기지 않았다. 일을 하다보면 믿기 어려울 정도로 상식에서 벗어난, 상상하기 힘든 사건을 접한다. 이럴 때는 '에이, 말도 안 돼.'라며 자동적으로 그 말의 진위를 의심하게 된다. 그런데 만에 하나 진짜라면. 망상이나 허풍이 아니라면. 피해자는 상상하기 힘들 정도로 심각한 피해를 입었는데, 그 이야기를 듣는 사람이 그 말을 믿지 않는다면 피해자는 얼마나 원통하고 분하겠는가. 그래서 '설마'라는 생각이 들면 애써 생각을 잠재우고 혹시라도 진짜일 가능성은 없는지 캐묻기 시작한다. 그러다보면 허탈감, 분노 둘 중 하나에는 반드시 도달한다. '역시 아니었어, 괜히 시간을 허비했군.' 이런 결론에 이를 때가 많지만 아주 간혹 '세상에나, 어떻게 이런 일이.' 하며 놀라워할 때도 있다. 서희선 씨가 보낸 메일에는 믿기 힘든 이야기가 들어 있었고 그러니 그대로 믿기도, 무시하기도 어려웠다. 서희선 씨를 만나 메일 내용이 사실인지 확인할 필요가 있었다. 진짜라면 문제가 심각했다. 메일에 적힌 서희선 씨의 전화번호로 연락을 했다.

다음 날 저녁, 사무실에 두 사람이 찾아왔다. '아, 당신들이군요!' 단번에 서희선, 최영지 씨임을 알아보았다. 참 곱고 예뻤다. 그리고 젊었다. 혹시나 오해할까봐 변명부터 하자면 나는 사람의 외모에는 감흥도 관심도 없다. 다른 사람이 헤어스타일을 바꾸든 어떤 옷을 입든 전혀 관심을 두지 않는다. 외모로 사람을 평가해서는 안 된다는 일종의 신념이다. 그럼에도 불구하고 그들의 첫인상이 남달랐던 건, 성희롱 가해자들이 두 사람의 아름다움과 젊음을 착취와 탐닉의 대상으로 여겼다는 것을 곧바로 알 수 있었기 때문이다.

서희선, 최영지 씨는 둘 다 20대 중반의 여성. 일면식도 없던 두 사람은 각자 서로 다른 공간에서 취업포털 사이트에 올라온 P회사 구인 광고를 보았다. "부동산 개발 및 공급업체, 리셉션, 사무보조 업무." 지원서를 제출했더니 그 회사 대신 인력파견회사에서 연락이 왔다. 광고에 나온 그 회사에 가서 면접을 보라는 안내였다. 그렇게 두 사람은 P회사의 인사 담당 부장 앞에서 면접을 보았고, 2019년 12월 초 파견직 신분으로 일을 시작했다.

　　회사에 다니면서 처음 들은 이야기는 충격적이었다. 두 사람을 면접했던 인사 담당 부장은 이렇게 말했다. '원래 룸살롱 여자를 뽑으려고 했다. 실제로 룸살롱 여자에게 계약직 자리를 권유했었다. 하지만 그 사람이 싫다더라. 그래서 너희 둘을 뽑았다. 너희 둘 얼굴만 보고 뽑은 것이다. 사실 여자 둘을 사무실에 앉힐 이유도 없지만 사무실에 남자들만 있으니 너무 칙칙해서 뽑은 거다. 그냥 사무실에 앉아 전화나 받고 손님 응대나 하면 된다.' 인사 담당 부장은 1박 2일 워크숍에서도 두 사람에게 안주를 준비하라고 시켰고, 술을 따르게 했다. 옆자리에 앉은 최영지 씨의 허벅지를 쓰다듬고 주무르기도 했다.

　　인사 담당 부장만 그런 게 아니었다. 회사는 15명 직원들로 구성되었는데 모두가 40대 이상의 남성이었다. 그리고 이들 중 상당수가 20대 여성이자 비정규직인 서희선, 최영지 씨를 성희롱했고, 성희롱에 가담하지 않은 자들은 방관했다.

　　"희선이는 오늘 예뻐 보이네. 얼굴에서 빛이 나."

　　"영지는 치마가 잘 어울리네."

　　"희선이는 얼굴은 날씬한데 팔뚝은 생각보다 살집이 있네."

　　"영지는 몸매가 말랐네. 살 좀 쪄야겠다. 뼈밖에 없잖아."

　　"희선이는 회사 올 때 옷 편하게 입잖아. 여자는 평소에 라인이 드러나는 옷 입어야 해. 안 그러면 뱃살 나와."

"나한테 쪽지 보낼 때 하트 같은 것도 보내줘."

"애기들(서희선, 최영지 씨에게 평소 '애기야'라고 불렀다) 있었네? 없으면 음담패설 좀 하려고 했더니."

이런 말들이 수시로 오갔고, 옆에서 듣고 있던 다른 직원들은 제지하기는커녕 같이 웃어넘겼다. 과거 근무했던 여직원을 언급하며, "○○이는 몸매가 날씬했지? △△, 걔는 뚱뚱했어. 좀 통통, 아니 뚱뚱인가." "□□는 오빠, 오빠 하면서 잘 어울리고 사적으로 영화도 보고 밥도 먹었는데 애기들도 좀 어울리는 게 좋지 않니?" 같은 말을 아무렇지 않게 했다. 알고 보니 그 여직원들도 만연한 직장 내 성희롱을 못 버티고 그만두었다고 한다.

그 회사 직원들은 식사 자리에서 본인이 성매매업소에 간 이야기, 애인이 다섯 명이라는 이야기, 성기에 관한 이야기 등을 늘어놓곤 했다. 영화 보자, 밥 먹자며 사적 만남을 제안한 사람도 있었다. '우리가 있어도 이런데 우리가 없는 자리에서는 얼마나 노골적이고 변태적으로 우리 얘기를 할까.' 직원들과 같이 있는 건 끔찍했지만, 같이 있지 않아도 불안했다. 하루하루가 지옥 같았다. 두 사람은 카카오톡으로만 자신들이 당한 성희롱을 한탄하며 서로 의지하는 수밖에 없었다.

근무한 지 두 달 정도 지났을 무렵 두 사람은 대표이사에게 면담을 요청했다. 그간 당한 성희롱 사실을 알리고 해결을 요청했다. 대표이사는 '가해자들을 대신하여 사과한다'면서 가해자들을 혼내겠다고 했다. 그런데 이 일이 있은 후로 오히려 직원들의 괴롭힘이 늘어났다. 회사에 불만 있냐며 다그치는가 하면, 서희선, 최영지 씨의 인사를 받지 않았다. 그간 지급하던 자기계발비도 중단했다.

　두 사람은 다시 대표이사를 찾아가 면담했다. 그런데 바로 다음 날, "짐 싸서 나가. 빨리 나가." 인사 담당 부장은 대화하고 있던 두 사람에게 다짜고짜 소리쳤다. 뭐라 답변할 틈도 없었다. 부장은 나가라는 말만 반복했다. 결국 두 사람은 가방과 외투만 챙긴 채 업무 시간 도중에 사무실을 나왔다. 그다음 날, 두 사람은 일부러 미리 만나 같이 출근했다. 그러나 이미 사무실 도어락에서 두 사람의 지문은 삭제된 후였다. 사무실에 들어갈 수가 없었다. 두 사람은 입구 앞에 앉아 버렸다. 그러자 회사 직원이 나오더니 보기 안 좋으니까 내려가라고 요구했다. 오후가 되자 인력파견회사 직원이 파견계약해지통보서, 급여지급안내서를 가지고 찾아왔다. 그렇게 두 사람은 해고되었다.

　해고 직후 두 사람은 노동청에 직장 내 성희롱 신고를 했다. 그리고 워크숍에서 성추행을 당한 최영지 씨는 가해자인 인사 담당 부장을 고소했다.

———

　어떤 사람이라도 직장 내 성희롱에 노출될 수 있다. 그래서 〈남녀고용평등법〉은 사업주, 상급자 또는 근로자는 직장 내 성희롱을 하여서는 아니 된다.라고 규정하고, 사업주에게 직장 내 성희롱 예방교육 의무, 직장 내 성희롱 발생 시 조치 의무(조사의무, 가해자 징계 의무, 피해자 보호 의무)를 부과하고 있다. 또한 사업주는 성희롱 발생 사실을 신고한 노동자, 피해자에게 해고 등의 불리한 처우를 해서도 안 된다. 그럼에도 불구하고 현실은 시궁창이다. 법이 시행된 지 20년이 넘었건만 일터에는 직장 내 성희롱이 만연해 있다. 동시에 이런 생각도 든다. 만약 두 사람이 파견직이 아니었더라면 이렇게까지 성희롱을 당했을까? 대표이사에게 신고했다는 이유로 그 자리에서 해고될 수 있었을까?

　P회사의 직원들은 애초에 파견직을 동료로 생각하지 않았다. 같이 일했지만 두 사람만 소속이 달랐다. 서희선, 최영지 씨는 인력파견회사의 직원으로 P회사에 파견된 존재였을 뿐이다. 인사 담당 부장의 말대로라면 '예뻐서 뽑힌' 존재였다. 그리고 마음에 안 들면 언제든지 갈아치울 수 있는 존재였다. P회사는 애초에 파견직을 반품 가능한 상품으로 생각했다.

　해고도 그렇다. P회사는 직장 내 성희롱 피해자들을 보호하기는커녕 그 자리에서 내쫓았다. 두 사람을 해고하는 건 어렵지 않았다. 근로기준법은 더 이상 근로관계를 유지할 수 없을 정도로 노동자에게 중대한 잘못이 있을 때만, 그러니까 해고에 정당한 사유가 있을 때만 해고가 유효하다고 정하고 있다. 또한 해고에 정당한 이유가 있더라도 해고사유와 해고시기를 서면으로 통지하지 않으면 부당해고로 보고 있다. 말로 해고하는 것은 무효라는 뜻이다. 회사가 원칙적으로 노동자를 해고하려면 적어도 30일 전에 해고를 예고해야 하고, 30일의 예고 기간을 지키지 않으면 30일분 이상의 통상임금도 지급해야 한다. 이렇게 법에서 해고를 엄격하게 정한 것은, 노동자는 갑작스럽게 직장을 잃으면 당장 먹고살기 힘든 존재이기 때문이다. 자기 자본이 있다면 모를까, 노동자는 노동력을 제공한 대가로 살아가는 존재이기 때문이다. 노동자가 파리 목숨이 되지 않도록 하기 위해 법이 해고를 엄격히 정한 것이다. 그런데 P회사는 서희선, 최영지 씨에게 서면으로 해고 통지를 하지 않았다. 30일분의 여유도 두지 않고 당장 짐 싸서 나가게 했다. 그런데도 서희선, 최영지 씨는 인력파견업체 소속으로 P회사에 파견된 신분이었기 때문에 부당해고가 아니었다. P회사가 서희선, 최영지 씨를 고용한 인력파견회사를 상대로 파견계약을 해지하면 그만이었다.

파견계약이라니 이게 뭔가 싶은데, 파견계약은 인력파견회사가 P회사에게 사람을 공급하는 계약으로, 그러니까 P회사와 인력파견회사 간의 계약이다. 직원이 필요한 회사가 파견회사에 직원을 보내달라고 요청하면 파견회사가 직원을 고용한 뒤 해당 직원을 필요로 하는 곳에 공급하는 것이 파견이다. 용역, 위탁이나 파견 모두 간접고용이라는 점에서 같지만, 용역, 위탁은 원청이 업체에 업무를 통으로 맡기는 것인 반면 파견은 원청이 해당 업무를 맡되 그 업무를 할 사람만 요청하는 것이라는 점에서 차이가 있다. 그래서 파견은 원청(사용사업주)의 지배 하에 있는 것이 원칙이다. 그래서 파견의 경우 노동자와 근로계약을 맺는 곳은 파견업체이고, 원청과 직원은 아무런 계약도 맺지 않는다. 이 사건에서도 P회사는 파견회사와만 계약을 맺었을 뿐, 서희선, 최영지 씨와는 아무런 계약도 맺지 않았기 때문에 두 사람을 상대할 필요도 없이 인력파견회사와 맺은 파견 계약을 해지하는 방식으로 수월하게 두 사람을 내쫓을 수 있었던 것이다. 그러나 서희선, 최영지 씨를 면접한 사람은 P회사 인사 담당 부장이었다. 두 사람을 뽑은 것도, 두 사람이 일한 곳도 P회사였다. 인력파견회사가 한 것은 서희선, 최영지 씨가 P회사에서 일한 지 일주일이 지났을 무렵에 두 사람과 근로계약서를 쓰고 P회사로부터 돈을 받아 임금을 지급한 것뿐이었다. 인력파견회사는 쫓겨난 두 사람을 보호하기는커녕 파견계약 해지를 이유로 근로계약마저 해지해버렸다.

서희선, 최영지 씨를 만난 후 고민이 되었다. P회사를 상대로 부당해고를 다툴 수 있을까? 그건 어려웠다. 아이러니하게도 두 사람을 해고한 건 P회사였지만, 근로기준법상 두 사람의 사용자는 인력파견회사였다. 근로기준법은 근로계약을 맺은 사용자만을 상대로 해고를 다툴 수 있다고 정하고 있기 때문에 사용사업주인 P회사에게는 부당해고 무효 확인을 구할 수 없다. 법원도 사용사업주는 부당해고의 당사자가 아니라고 판결한 적이 있다. 다만 인력파견회사를 상대로는 부당해고 무효 확인이 가능하다는 것인데 이건 현실을 모르고 하는 소리다. 오로지 인력 중개·알선의 역할만 담당하는 인력파견회사는 먼저 노동자와 근로계약을 맺고 파견노동자를 필요로 하는 사업주에게 파견하는 형태를 취하지 않는다. 사용사업주가 먼저 사람을 고르면, 인력파견회사는 사용사업주로부터 지목당한 사람과 근로계약을 맺는다. 그래서 파견노동자의 근로계약서에는 "인력파견회사와 사용사업주가 맺은 파견계약이 해지되면 근로계약은 자동 종료된다."라는 문장이 자주 등장한다.

파견은 사람을 공급하고 이익을 취하는 성질, 즉 사람을 사고파는 성질을 가지고 있기 때문에 1997년까지는 금지되었다. 그러다가 외환위기 당시 고용을 유연화하라는 국제통화기금 IMF의 요구에 따라 1998년 〈파견근로자의 고용 등에 관한 법률〉(이하 〈파견법〉)이 제정되면서 허용되기 시작했다. 파견노동자를 보호한다는 명목이었다. 그간 노동법에서 확립된 원칙은, 노동자에게 일을 시키고 노동자로부터 노무를 제공받는 자가 사용자라는 것이다. 그런데 〈파견법〉은 사용사업주와 파견사업주라는 개념을 통해 이 원칙을 깨뜨렸다. 사람을 뽑고 일을 시켰음에도 사용자로서 책임을 지지 않는 P회사, 법적인 사용자이지만 역할은 극히 제한적인 인력파견회사. 책임과 사용의 분리. 그 누구도 책임지지 않는 공백. 파견이 얼마나 심각한 문제가 있는지 이 사건만 보아도 알 수 있다.

어쨌거나 아무리 인력파견회사가 현실적인 권한이 없더라도 파견계약 해지를 이유로 근로계약을 해지하는 것은 부당하다. 말이 '해지'라는 거지, 이건 '해고'다. 그리고 파견계약 해지는 근로계약을 해지할 수 있는 정당한 사유가 될 수 없다. 노동자에게 잘못이 없는데도 파견계약 해지만으로 근로계약을 해지할 수 있도록 정하는 것은, 설사 근로계약서에 그러한 문구가 있고, 여기에 파견노동자가 서명했더라도 무효다. 하급심 판결이기는 하지만, 이런 내용으로 판결한 사례가 있다.

서희선, 최지영 씨에게 궁금한 것을 묻고 잠시 고민하다가 말을 꺼냈다.

"법대로라면 인력파견회사를 상대로 부당해고 구제 신청을 할 수 있습니다. 부당해고 구제 신청이 아니라도 두 분은 계약기간 도중에 갑작스럽게 해고된 것이니 남은 기간의 임금 상당액을 배상해달라고 청구할 수도 있습니다. 이때 손해배상 청구는 인력파견회사뿐만 아니라 P회사에도 같이 할 수 있습니다. P회사의 파견계약 해지는 직장 내 성희롱에 대한 불리한 조치니까요. P회사와 인력파견회사 상대로 손해배상 청구를 하면 좋겠습니다. 어떠신가요?"

"진짜요? 저는 그렇게 하고 싶어요."

서희선 씨는 바로 그 자리에서 대답했다. 그러나 최영지 씨는 어두운 표정을 지은 채 망설였다.

"지금 당장 결정하지 않아도 되니까요. 한번 고민해보세요. 만약 하게 된다면 제가 수임료 받지 않고 대리할게요."

두 사람은 알겠다고 하고 돌아갔다. 며칠 후 서희선 씨한테 연락이 왔다.

"변호사님, 저는 소송하고 싶은데 영지 씨는 더 이상 그 회사와는 얽히기 싫대요. 상대하는 게 무섭고 힘들대요. 그냥 잊고 싶다고 하는데 제가 좀 더 설득해볼게요."

"변호사님, 영지 씨한테 계속 전화하는데 받지 않네요. 저

혼자서 소송하는 건 부담스러운데 영지 씨가 계속 전화 안 받으면 어쩌지요?"

"변호사님, 영지 씨가 전화를 피하는 것 같아요. 아무래도 안 되겠네요."

아무리 수임료를 받지 않다고 해도 소송을 부추길 수는 없는 노릇이었다. 소송 과정에서 상대방의 터무니없는 공격에 당사자들이 상처 입는 일은 그간 수도 없이 목격했다. 또한 원하는 결과가 나온다고 100퍼센트 장담할 수도 없었다. 일단 알겠다고 했다. 아직 시간이 있으니 마음 바뀌면 연락을 달라고 했다.

며칠 후 다시 서희선 씨에게 연락이 왔다. 해고된 날 오후에 고용노동청을 찾아가 직장 내 성희롱 신고를 했는데 그 결과가 나왔다는 것이었다. 그러고는 대응할 마음을 접었다고 했다. 서희선 씨한테 고용노동청으로부터 받은 통지서를 보내달라고 했다. 서희선 씨는 통지서를 사진 찍어 문자로 보내주었다.

직장 내 성희롱(언어적 성희롱)이 있었다고 판단됨.

그러나 딱 거기까지였다. 고용노동청이 P회사에 직장 내 성희롱 가해자에 대해 징계 등을 하라고 권고했고, 이후 P회사가 고용노동청의 권고대로 시정 완료했다는 것이었다. 그러니 더는 문제가 없다는 내용이었다. 그러나 통지서만 봐서는 P회사가 어떤 조치를 하고 어떻게 시정했다는 것인지 알 길이 없었다. 여기에 더해 고용노동청은 직장 내 성희롱 피해자에 대한 불리한 조치에 대해서는 법 위반 사항이 없다고 판단했다. P회사는 성희롱 신고를 이유로 서희선, 최영지 씨를 내쫓았는데, 고용노동청은 이러한 회사의 행태가 법 위반이 아니라는 것이다. P회사는 근로기준법상 사용자가 아니어서 해고를 할 위치에 있지 않기 때문에 불리한 처우도 성립하지 않는다고 안일하게 판단한 게 분명했다. 이러면 곤란하다. 고용노동청 판단대로라면 파견노동자는 직장 내 성희롱을 당해도 신고할 수가 없다는 결론에 이른다. 회사는 적극적으로 조치를 취하는 대신 파견노동자를 내보내는 방식으로 무마할 게 뻔하기 때문이다. 그렇게 해도 2차 가해, 불리한 처우가 아니라는데 회사가 뭐가 두렵겠는가. 비정규직은 직장 내 성희롱 구제에서도 차별받고 배제당한다. 이게 현실이다.

———

아쉽게도 두 사람과는 이걸로 끝이었다. 그런데 상담한 지반 년이 더 지난 2020년 11월 말, 그간 계속 연락이 닿지 않던 최영지 씨에게서 갑자기 전화가 왔다. 목소리를 듣는 것만도 반가웠다. 최영지 씨는 그간 몸이 안 좋았다고 했다. 그래서 서희선 씨의 연락을 받지 못했다고 했다. 최영지 씨의 말을 믿기는 어려웠다. 최영지 씨 입장에서는 다 잊고 연을 끊는 것이 속 편할지도 모를 일이었을 것이다. 그래서 서희선 씨의 연락을 피했을 것이다. 그런데 왜 갑자기 내게 연락을 한 거지? 이런 의문이 들 즈음 최영지 씨가 말을 이었다.

"저. 워크숍에서 성추행 당해서 고소했었잖아요. 그런데 불기소 결정이 났어요."

애초에 성추행은 증거를 구하기 매우 어렵다. 보통의 신체 접촉은 은밀한 공간에서 갑작스럽게 이루어지기 때문이다. 최영지 씨의 경우도 아무도 볼 수 없는 식탁 밑에서 방어할 새도 없이 인사 담당 부장의 손이 허벅지에 올라왔다. 그때 소리를 치거나 항의를 했다면 성추행 사실을 확실하게 밝혔겠지만 웬만한 강심장이 아니면 현장에서 따질 수 없다. 이제 막 입사한 신입 직원인데 나이 많은 남자 상사들만 득실거리는 상황이라면 더더욱. 다만 회식이 끝난 후 서희선, 최영지 씨는 같이 화장실에 갔고, 서희선 씨가 최영지 씨의 안색이 너무 안 좋아 보여 무슨 일 있냐고 물었더니 최영지 씨가 자초지종을 설명했다. 또한 워크숍이 끝난 직후 최영지 씨는 인력파견회사에 메시지를 보내 일을 그만두어도 되는지 물었다. 서희선 씨의 증언이나 최영지 씨가 인력파견회사 담당자와 주고받은 메시지가 증거로 있었지만 최영지 씨는 증거로 제출하지 못했다고 했다.

탄식이 나왔지만 성추행 고소 건이 불기소 처분될 것은 어느 정도 예상한 결과였다. 문제는 그다음이었다.

"제가 고소했던 부장님이 저를 무고죄로 역고소했어요. 그리고 저한테 2500만 원 손해배상 청구를 했어요."

"예? 손해배상 청구요?"

"예. 성추행 고소 건 대응하느라 변호사 선임했는데 그 비용이 500만 원이고, 자기가 입은 정신적 손해가 2천만 원이라고 2500만 원 갚으라고 하는 것 같아요."

성추행 사실이 없음에도 해고에 불만을 품고 거짓으로 성추행 고소를 했다는 게 그 이유였다. 최영지 씨는 힘든 과거로부터 벗어나기 위해 인력파견회사와 P회사에 대한 손해배상 청구 소송도 마다했는데, 이렇게 역으로 당할 것이라고 상상을 못 했다. 가만히 있으니 누굴 바보로 아나. 인사 담당 부장은 서희선, 최영지 씨를 끝까지 만만하게 봤다. 그러니 잘못에 대한 사과는커녕 오히려 서희선, 최영지 씨가 자기를 모함했다고 주장하며 여기까지 이른 것이다. 벗어나고자 했지만 최영지 씨는 어쩔 도리 없이 피의자, 피고 신분으로 다투지 않을 수 없게 되었다.

최영지 씨와 통화하며 바로 내가 최영지 씨를 변호하고 대리하겠다고 말했다. 내 입장에서는 차라리 잘된 일이었다. 봐주는 것 같아서 아쉬웠는데 이번 기회에 단단히 정신을 차리게 하고 싶었다. 그러려면 일단 무고 고소에 잘 대응할 필요가 있었다. 민사소송보다 형사사건이 빨리 진행되기도 하거니와, 무고 고소 결과가 손해배상 청구 소송에 영향을 줄 게 뻔했기 때문이다. 서희선 씨와 최영지 씨가 주고받은 메시지, 워크숍 직후 최영지 씨가 인력파견업체에 회사를 그만두고 싶다고 보낸 메시지, 성추행 직후 화장실에서 서희선 씨가 최영지 씨로부터 들은 말 등등 성추행 고소 건에 제출하지 않은 증거들을 끌어모아 경찰에 제출했다. 조사에도 적극적으로 응했다. 그 결과 무고는 혐의 없음으로 끝났다.

손해배상 청구 소송에서는 그간 풀 수 없었던 한을 다 풀었다. 인사 담당 부장이 했던 만행을, 두 사람이 당했던 피해를 증거들과 함께 준비서면에 일일이 열거했다. 무고에 대한 혐의 없음 결과 통지서, 대표이사가 부장의 성희롱 사실을 인정하며 최영지 씨에게 사과한 대화 녹음 파일, 부장이 당장 짐 싸서 나가라는 말 녹음 파일, 사건 직후 직장갑질119에 보내온 메일 등 많지는 않아도 손해배상 청구를 기각시킬 수 있는 증거들이 제법 있었다. 법정에서도 원고가 잘못했는데 왜 피고가 가해자로 이 법정에 서야 하는지 모르겠다고 강변했다. 법원은 이 사건을 조정에 회부했다. 이게 조정으로 끝날 일인가. 조정기일에 출석해서 조정위원에게 우리는 조정으로 끝낼 생각이 없다고 강하게 이야기했다. 조정위원도 조정할 사안이 아니라고 판단했는지 조정 결정을 하는 것이 적절하지 않다고 결론 내렸다. 우리의 공세에 원고는 청구금액을 2500만 원에서 500만 원으로 감축했지만 법원은 이마저도 받아들이지 않고 원고의 청구를 기각한다. 소송비용은 원고가 부담한다.라고 판결했다. 인사 담당 부장은 항소하지 않았다. 목표한 결과가 나왔는데도 기분은 찝찝했다.

소송 도중 나는 다시 최영지 씨에게 반소를 제안했다. 최영지 씨가 피해자이니 인사 담당 부장에게 손해배상을 청구하자고 했다. 그러나 최영지 씨는 지긋지긋하다는 표정으로 더는 얽히고 싶지 않다고 했다. 사건이 끝나자 최영지 씨는 내게 연락하지 않았다. 두 사람의 입장도 이해는 된다. 너무나 힘든 일을 겪으면 기억도 하기 싫은 게 사람의 마음이다. 소송을 하는 것은 번거롭고 힘든 일이다. 아직 20대인 두 사람이 과거는 잊고 새로운 직장을 구해 새 출발하는 것이 현명한 선택이었을 것이다.

사실 사건 직후 두 사람은 충분히 지혜롭게 대응했다. 대표이사에게 피해 사실을 알렸고, 쫓겨난 다음 날 출근해서 항의했다. 고용노동청에 직장 내 성희롱 및 성희롱 신고에 대한 불리한 처우로 신고했고, 검찰에도 성추행 사실을 고소했다. 그 누구의 도움 없이 서로만 의지하며, 두 사람이 용기를 내지 않았다면 불가능한 일이었다. 동시에 두 사람은 자신들이 입은 피해를 밝힐 증거들도 차곡차곡 남겼다. 직원들의 성희롱 발언을 녹음하는 것은 어려웠지만, 두 사람은 카카오톡으로 대화하며 두 사람이 들은 성희롱 발언들을 차곡차곡 모아두었다. 그 결정적인 증거들 덕분에 무고 건도 무혐의로 끝나고 손해배상 청구 소송에서도 이길 수 있었다.

그런 만큼, 지금도 이 사건만 생각하면 속상하고 미련이 남는다. P회사에 끝까지 법적 책임을 물릴 수 있을 기회였는데. 어쩌면 P회사는 지금도 인력파견회사를 통해 또 다른 여성들을 뽑아놓고 괴롭히고 있을지도 모른다. 아니, 그러고 있을 것이다. 그러나 그 가해자들이 언제까지 그러고 살 순 없을 것이다. 서희선, 최영지 씨 덕분에 우리는 또 이렇게 한 발짝 나아갔으니까. 그리고 아마도 두 사람은 앞으로 살아가면서 또 다른 용기를 내고, 다른 여성들의 용기에 힘을 합칠 테니까.

7화
· · · · ·

교육과 실습에 발목 잡힌 학생들

현장실습생의
노동 착취 사건

2012년 12월 14일, 울산에서 선박 침몰 사고가 발생했다. 방파제 건설 현장에서 작업선이 뒤집어져 타고 있던 선원과 노동자들이 실종되었다. 그런데 관련 기사가 나온 다음 날이 되어서야 실종된 노동자 중에는 현장실습을 하던 특성화고 3학년 학생이 포함되어 있다는 기사가 단신으로 올라왔다. 순천에서 고등학교에 다니던 학생이 현장실습 때문에 울산까지 간 거란다. 전공이 전자상거래라는데 콘크리트 타설 작업선에서 그는 무엇을 한 것일까? 어떤 노동조건에서 그가 일했는지, 무엇을 했는지 정확하게 알려진 것은 없다. 울산항만청에서 기상 악화를 이유로 피항을 권유했는데도 무리하게 공사를 강행하다가 사고가 났다는 사실, 사고가 난 시간에 비추어보면 그는 금지된 야간 근로를 했을 가능성이 높다는 의혹 정도가 밝혀졌다. 그가 작성했다는 현장실습일지도 침몰 사고 때문에 사라졌다고했다. 다만 그와 같은 학교에 다닌 다른 학생의 현장일지를 통해 많은 것을 생각하게 된다. 현장일지에는 이렇게 적혀 있었다. "열심히 일해서 돈을 많이 벌어야겠다."

청소년노동인권네트워크 활동을 하기 전에는 고등학생 현장실습제도가 있다는 것을 몰랐다. 현장실습제도는 특성화고등학교에 존재하는데, 고등학생이면 당연히 대학에 진학할 것이라는 전제하에 수능 날마다 온 나라가 들썩이는 상황에서 대학 진학 대신 취업을 목표로 하는 특성화고는 사람들의 관심 밖에 있다. 특성화고는 직업교육을 전문적으로 하는 곳이다. 특성화고 학생들은 3학년 때 취업을 위해 노동현장으로 나가 실습을 받는다. 이것을 현장실습이라 부른다.

현장실습이 교육인지 노동인지 오랫동안 논쟁이 있었다. 현장실습을 규율하는 〈직업교육훈련촉진법〉은 고등학교 현장실습은 직업훈련이지 노동이 아니라는 이유로 최소한의 규정만을 두고 있다. 법에 따르면 현장실습생은 근로계약 대신 현장실습계약을 체결해야 한다. 정부도 원칙적으로 현장실습생은 노동자가 아니라고 본다. 교육과학기술부는 "현장실습생은 관련 법령에 따라 실업계 고등학교에서 개설·운영되는 학교교육과정의 일부 과정을 이수하고 있는 자로서 학생의 신분이며 근로자로 취급해서는 안 된다."라고 했다. 고용노동부도 "실업고생이 향후 산업에 종사하는 데 필요한 지식·기술·태도 습득을 목적으로 표준협약서에 따라 현장실습이 이루어지는 경우 근로자로 보기 어렵다."라고 했다.

그러나 회사는 값싼 노동력을 공급받기 위해 현장실습제를 활용한다. 실제로 학생들은 학교에서 배운 전공과 상관없는 현장에 나가거나 교육 없이 곧바로 업무에 투입된다. 울산 선박 침몰 사고 1년 전, 기아자동차 광주 공장에서도 현장실습생이 뇌출혈로 쓰러졌다. 당시 피해 학생은 토요일 밤에 특근을 마치고 쓰러졌는데 그 주에만 60시간 넘게 일했다. 기아자동차 현장실습생은 주·야간 맞교대, 잔업, 특근 등으로 정규직 노동자에 맞먹는 강도로 일했다.

당시 나는 청소년노동인권네트워크라는 연대체에서 활동가들과 현장실습 문제를 개선하기 위해 일했다. 청소년 노동 문제에 관심 있는 청소년, 활동가, 교사, 법률가가 2, 3주에 한 번 모여 회의를 하고 중간중간 계속 관련 활동을 했는데 한 축은 청소년 아르바이트였고, 다른 한 축은 특성화고 현장실습이었다. 우리는 국회 교육위 소속 의원들을 찾아가 문제 해결을 요청했고, 교육부와도 면담했다. 캠페인을 벌였고 특성화고 현장실습이 왜 문제인지 알렸다. 그러나 진도가 없었다. 제도를 개선하겠다던 고용노동부는 그 대책으로 〈특성화고 현장실습생 핸드북〉을 만들었는데, 핸드북에는 근로시간·임금·휴게·휴일 등 근로기준에 관한 내용은 없고, 그 자리를 직장 예절, 예컨대 윗사람이나 동료를 처음 만났을 때는 "정중하면서도 밝고 명랑하게 인사를 하고, 다시 만나게 될 때는 밝은 표정과 함께 가볍게 목례를 하는 것이 좋습니다." 같은 말이 채우고 있었다. 결국 현장실습생이 회사의 다른 노동자처럼 일을 하면 근로계약서를 써야 한다는 지침 하나가 성과라면 성과였다.

　이래서는 노동력 착취 제도로 활용되는 현장실습 문제를 해결할 수 없었다. 청소년노동인권네트워크의 활동가들, 특히 학생들을 만나는 선생님은 현장실습제도 폐지를 강력히 주장했다. 그러나 정작 당사자인 특성화고 학생들의 입장은 갈렸다. 현장실습을 하기 싫다는 학생들부터 현장실습을 유지해야 한다는 학생들까지, 누구 말이 맞고 틀리는지 가늠하기 어려웠다. 사실 학교에서 수업을 듣는다고 딱히 나아질 것을 기대하지 않는 학생들에게 현장실습은 돈을 벌 수 있는 기회였다. "열심히 일해서 돈을 많이 벌어야겠다"는 다짐처럼. 그러나 현장실습으로 돈 벌겠다는 바람은 실현될 수 없다. 애초에 현장실습은 값싼 노동력 활용 수단이니까. 양쪽의 주장 사이에서 나는 무엇이 정답인지 알 수 없어 어느 순간 한 발짝 거리를 두었다.

　그러다 몇 년 후 다시 특성화고 현장실습 문제를 맞닥뜨렸다. 이번에는 뜻밖이었다. 고등학교를 졸업한 열아홉 살의 두 청년. 한 청년은 스크린도어 수리 업무를 하다가 2016년 5월 28일 구의역에서 사망했고, 다른 한 청년은 같은 달 7일 자살을 택했다. 둘 다 특성화고 출신이었고, 학교가 소개해준 현장실습 회사에서 일을 시작한 지 반년도 안 되어 사망했다. 나는 두 청년의 행적을 추적할 기회가 있었다. '구의역 사망재해 시민대책위 진상조사단'에 결합해서 고인이 어떤 조건에서 일을 했는지 확인했고 동료들의 진술을 들었다. 또한 자살한 청년의 아버지를 도와 이 사안을 언론에 알리는 한편 사업주를 상대로 협상을 하고 가해자들을 고소했다.

———

　2016년 5월 28일 오후 5시 55분경 19세 청년 노동자가 구의역 9-4 승강장 선로 쪽에 있었다. 그는 스크린도어를 수리하는 하청업체 소속 노동자였다. 선로 쪽으로 들어가 스크린도어를 수리하는 김군에게 전동차가 달려들었다. 김군은 전동차와 스크린도어 사이에 끼어 그 자리에서 숨졌다. 그의 가방에서는 컵라면과 숟가락이 나왔다. 밥 먹을 시간도, 돈도 없는 그의 신세를 컵라면이 말해주었다. 이 문제를 가장 먼저 들고 나온 건 김군 또래의 청년들이었다. 그들 역시 김군과 사정이 다르지 않았다. 청년들의 분노에 시민들이 호응했고 전국적으로 이슈가 되었다. 마침내 서울시와 서울메트로(현 서울교통공사)는 유가족에게 공식 사과했다. 그리고 서울시와 유족, 서울메트로는 사고의 구조적 원인을 규명하고 재발 방지를 위해 진상조사단을 꾸리기로 합의했다. 나는 15인의 조사위원 중 한 명으로서 2016년 여름부터 가을까지 김군의 흔적을 밟았다. 그렇게 만난 사람들 중에 김군의 고등학교 친구들이 있었다.

　김군이 속한 은성PSD는 서울메트로의 스크린도어를 수리·관리하는 하청업체로 2014년 11월부터 특성화고 현장실습생들을 고용했다. 낮은 임금, 쉴 틈 없는 근무시간, 사고의 위험. 열악한 노동조건 때문에 은성PSD는 인력난에 허덕였는데, 인력

공급 창구로 특성화고 현장실습제를 활용한 것이었다. 그리하여 2015년 김군이 다니던 학교와 정식으로 업무협약을 체결했다. 그러고는 학교에 현장실습생 파견을 요청했다. 수습기간은 3개월, 근무시간은 휴게시간을 포함해 9시 출근, 18시 퇴근이었다. 회사는 졸업 후에 월 160만 원을 주겠다는 조건도 현장실습 파견의뢰서에 포함시켰다. 이 현장실습 파견의뢰서는 인근의 성수공고, 한양공고, 성동공고뿐만 아니라, 서울공고, 용산공고에도 보내졌다. 말이 현장실습이지 실제로는 인력 충원이었다. 이런 상황을 선생님이나 학생들은 모르지 않았다. 그러나 총 21명이 채용형 현장실습으로 은성PSD에 입사했고, 1년도 안 되는 사이에 절반 가까이 퇴사했다. 김군은 입사한 지 반년 만에 죽었다.

실습생 시절에 김군의 월급은 120만 원이었다. 같은 업체에 근무하던 전적자(서울메트로 출신 직원) 임금의 4분의 1 수준이었다. 전적자는 연차수당, 휴일수당을 받았지만 김군과 같은 현장실습생들은 아니었다. 중식비도 마찬가지였다. 근로시간도 약속받은 것과 달랐다. 실습한 지 일주일이 되자 현장실습생들 역시 다른 직원들처럼 아침 7시 반부터 일했다. 점심시간도 없었다. 장애신고가 들어오면 나이가 어린 사람부터 작업을 나갔다. 한 시간 이내에 현장에 도착해야 하는데 '나이 드신 분들은 힘들다'는 이유로 자연스럽게 청년들부터 현장 출동하는 분위기가 형성되었다.

구의역 김군과 동갑이었던 청년 유대한(가명) 군의 자살 소식을 들은 것은 6월 초였다. 청소년노동인권네트워크 활동가들과 함께 유대한 군의 아버지를 만났다. 경기도 내 특성화고등학교에 재학 중이던 유대한 군은 고등학교를 졸업하기 전인 2015년 12월, 분당에 있는 뷔페형 외식업체에서 채용을 전제로 한 현장실습, 즉 채용형 현장실습을 시작했다. 유대한 군의 전공은 인터넷쇼핑몰이었다. 그러나 학교는 뷔페업체를 소개했고, 김대한 군은 양식부에서 주로 수프를 만들었다.

현장실습을 시작하면서 유대한 군은 뷔페업체와 현장실습협약서를 썼다. 여기에 학교 선생님도 서명했다. 현장실습협약서에는 현장실습 기간이 "2015년 12월 7일 ~ 2016년 2월 4일"로 적혀 있었고 "현장실습시간은 1일에 8시간으로 하되 1일 7시간 이내로 한다."라는 도무지 무슨 말인지 알 수 없는 내용이 들어 있었다. 그러나 같은 날 쓴 근로계약서에는 고정연장근로를 한다고 쓰여 있었다. 그리하여 계약서대로라면 오전 11시부터 밤 10시까지 유대한 군은 근무해야 했다. 두 개의 서로 다른 내용의 계약서가 작성되었으니 하나는 진짜요, 다른 하나는 보여주기 위한 방편이었다. 그러나 둘 다 현실과 달랐다. 유대한 군은 계약서에 적힌 것보다 더 많이 일했다. 오전 9시에 출근했고 밤 11시까지 일하는 경우가 많았다. 끊임없이 밀려드는 손님들을 상대하며 하루 종일 수프를 만드는 일은 고역이었다. 일을 하다가 발에 화상을 입었지만 일이 밀려 병가를 내지도, 병원에 가지도 못했다. 유대한 군은 장시간 강도 높은 노동에 더하여 어리다는 이유로 지속적으로 괴롭힘을 당했다. 직장 선배들은 그에게 욕을 해댔고 음란 동영상들을 보냈다.

친구와 주고받은 카카오톡 메시지가 유대한 군의 상태를 보여준다. 하는 일이 무엇이냐는 친구의 메시지에 유대한 군은 "욕먹기"라고 답했고, "옥상에서 뛰어내리고 싶다"고 농담 같은 진담을 던졌다. 입사한 지 4개월 만에 몸무게가 10kg 줄어 48kg이 되었다. 유대한 군은 아버지한테 일을 그만두고 싶다고 했다. 군대에 가겠다고 했다. 아버지는 그러라고 했다. 출근 전 유대한 군은 아버지에게 군 입대 신청서에 붙일 사진을 찾아봐달라고 부탁했다. 그러나 그는 집에 돌아오지 않았다. 2016년 5월 7일 새벽 경기도 광주시 지월리의 한 농로에서 전봇대에 목을 매어 숨진 채 발견되었다. 동료들의 증언에 따르면 일을 그만두겠다는 말에 직장 선배들이 유대한 군을 크게 혼냈다고 한다. 그는 혼자 멍하니 있다가 일하던 도중 밖으로 나가 그 길로 돌아오지 않았다. 발견 당시 유대한 군은 근무복을 입고 있었다.

두 청년 모두 특성화고등학교 3학년일 때 현장실습이라는 명목으로 일을 시작했다. 구의역 김군이 일한 은성PSD도, 유대한 군이 일한 뷔페업체도 평소 인력난에 허덕였다. 쉴 틈이 없을 정도로 일이 많았고, 노동강도가 셌고, 오래 일했고, 임금은 최저임금 수준이었다. 모두가 기피하는 업체들이 특성화고에 손을 내밀었고 학교는 이들 업체에 학생들을 공급하는 역할을 했다. 학교는 현장실습을 나갔다가 버티지 못하고 돌아오는 학생들을 나무랐다. 좋지 않은 곳임을 뻔히 알면서도 학생들을 내보냈다. 전공과 무관한 곳으로 억지로 밀어냈다. 오로지 취업률이 중요했다. 교육부는 매년 3월 31일 특성화고의 취업률을 파악하여 이에 근거해 차등 지원했다. 그에 따라 특성화고 자격을 박탈하기도 했다. 자격 유지와 지원을 위해 학교는 취업률에 사활을 걸었고, 열악하고 위험한 곳에 학생들을 내보내면서 일을 그만두지 못하도록 학생들을 단속했다.

그러나 비단 학교나 교육당국의 문제만은 아니었다. 학생들이 어리기 때문에 더 잘 챙겨주고 잘해주려는 사람들도 분명 있었다. 그러나 두 청년을 힘들게 했던 사람들은 대부분 성인 직원이었다. 어리다는 이유로, 미숙하다는 이유로, 그러면서도 청년들이 체력도 좋고 일도 더 잘할 수 있다는 핑계를 대며 성인들은 청년들을 함부로 대했다. 나이, 학생 신분, 실습생이라는 지위는 구조적으로 현장실습생을 일반 노동자와 구분 짓는다. 학교와 교사가 직업교육이라는 정부의 방침에 따라 청년들을 값싼 노동력으로 불안정하고 열악한 일자리에 공급한 근저에는 청년, 청소년들을 동등한 인격체로 존중하지 못하는 우리 사회의 잘못된 문화가 흐른다. 이걸 다시 확인한 계기가 있다. 이번에는 대학생이다.

———

한국기술교육대학교는 사립대학이자 고용노동부 산하 한국산업인력공단에서 운영하는 공공기관이다. 학교는 현장실습을 졸업필수과정으로 정하고 현장실습을 이수한 학생들에게만 졸업장을 주었다.

　이 학교 학생 구영준(가명) 씨는 2022년 1월 24일 학교를 통해 천안의 한 제조업체에서 현장실습을 시작했다. 1일 8시간, 주 40시간 실습을 하고 월 50만 원을 받는 조건이었다. 실습 첫날 회사의 담당 부장은 현장실습생들을 일렬로 세웠다. 그러고는 마스크를 벗으라고 했다. 코로나19가 전국을 삼킨 때였지만, 학생들 얼굴을 보자는 이유였다. 부장은 그 상태로 10분간 학생들에게 일장연설을 늘어놓았다. 시작부터 당혹스러웠다. 그러나 더 당혹스러운 것은 실습의 내용이었다. 학생들이 한 일은 '25~30미터 길이의 전선을 풀어서 몇 가닥씩 케이블 타이로 묶는 작업' '전선 피복을 벗긴 후 전선을 자르고 커넥터에 꽂는 작업' 등 단순하고 반복적인 업무였다. 기계공학과 학생인 구영준 씨는 이 업체의 현장실습이 기계공학과 학생들을 대상으로 한 것이었기 때문에 신청했는데, 실제 현장실습은 기계공학과는 무관한 수작업이었다. 현장실습이라지만 직무교육은 없었다.

　현장실습이 시작된 지 열흘이 지난 어느 날, 부장은 아침부터 학생들을 공장 앞으로 집합시켰다. '불성실하게 작업하는 학생들이 몇몇 보인다.' '대표님이 학생들을 내쫓으라 하는데, 이게 무슨 말인지 알지?' 부장은 일을 열심히 하지 않는다면서 학생들을 혼냈다. 구영준 씨는 가만히 있지 않았다. 전공과 무관한 업무, 단순·반복적 노동, 실시하지 않는 직무교육, 회사의 고압적 태도를 열거했다. 그러자 부장은 "회사에서 조그만큼의 금액을 투자해서 학생들을 데려다가 이윤을 남기기 위해 일을 하는 거는 기업가로서 당연한 일이야." "구영준처럼 저런 마인드로 오는…… 구영준처럼 하면 안 돼." 그러다가 성에 안 풀렸는지 부장은 "너 이 새끼!" 욕을 하더니 부하 직원에게 "쟤 보내. 학생 필요 없어."라고 말했다.

구영준 씨는 현장실습 담당 교수에게 전화했다. 다음 날 담당 교수가 회사로 찾아왔다. 구영준 씨는 회사에서 벌어진 일을 설명했고 구영준 씨, 학교, 회사 3자 간에 작성·체결된 현장실습학기제 협약서에 따라 현장실습에 문제가 생기지 않도록 해줄 것을 요청했다. 그러나 담당 교수는 다른 실습기관을 구해주기 어려우니 구영준 씨에게 직접 구해오라고 말했다. 구영준 씨는 원칙대로 하기를 요구했으나 학교는 구영준 씨의 현장실습 사실을 전산기록에서 삭제했다. 지금까지 받은 현장실습마저 없던 것으로 처리해버린 것이다.

구영준 씨는 국민신문고에 민원을 넣었다. 그러나 소관기관인 교육부는 적극적으로 개입할 수 없다고 했다. 다만 학교의 현장실습학기제 운영이 문제가 있다는 것을 인정했고, 그래서 시정을 요구했다고 답장했다. 이런 답변으로는 구영준 씨의 문제를 해결할 수 없었다. 구영준 씨는 공익인권법재단 공감에 공익소송 지원 신청을 했다.

사실 학생이 재학 중에 학교를 상대로 법적 조치를 취하기는 여간 어려운 일이 아니다. 그러나 구영준 씨는 부당함, 부조리함을 그냥 넘기는 사람이 아니었다. 현장실습업체에 그랬던 것처럼 학교에도 당당하게 잘못을 시정할 것을 요구했다. 그리고 혼자서 국민신문고에 민원을 넣었다. 포기할 법도 한데 구영준 씨는 그러지 않았다. 구영준 씨가 보내온 메일, 그리고 관련 자료들에서도 구영준 씨가 얼마나 반짝이는 사람인지 보였다. 통화를 할 때마다 그는 차분하고 담담하게 말했다. 단 한 번도 흥분하는 법이 없었다. 내 말이 끝날 때까지 기다렸고, 그러고 나서 말을 이었다. 그런 그를 화나게 만든 건 원칙을 깬 회사, 학교와 교육부였다.

사건을 검토하니 이 역시도 구영준 씨만 겪는 문제가 아니었다. 특성화고처럼 대학에도 현장실습제도가 있다. 그리고 대학의 현장실습제 역시 기업이 값싼 노동력을 확보하고 학생들을 착취하는 수단으로 활용되었다. 2017년 국정감사를 통해 현장실습 대학생의 76%는 무급으로 현장실습을 받는다는 사실이 확인되었다. 연간 15만 명 내외가 대학생 현장실습에 참여하고 있지만 이들이 받는 '열정 페이'와 노동력 착취 문제는 특성화고 현장실습 문제보다 덜 알려져 있다. 그나마 근거법령인 〈산업교육진흥 및 산학연협력촉진에 관한 법률〉〈대학생 현장실습학기제 운영규정〉이 전면 개정되어 현장실습제도가 악용되지 않기 위한 근거가 마련되었다. 문제는 바뀐 법령이 현장에는 전혀 적용되지 않는다는 것이었다. 고용노동부 산하 공공기관인 한국기술교육대학교마저도 법령을 무시하고 현장실습제도를 형식적으로 운영하면서도 현장실습을 받지 않으면 졸업을 할 수 없도록 만들었다.

이 문제를 어떻게 대응할까 고민하다가 소송으로는 풀기 어렵다고 결론 내렸다. 일단 소송은 시간이 너무 오래 걸렸다. 1심 판결을 받기도 전에 구영준 씨는 졸업을 하거나, 이 문제를 다투면서 몇 년이고 계속 졸업을 미뤄야 할 판이었다. 그래서 국가인권위원회 진정을 결정했다. 국가인권위원회는 인권 보호를 위해 설립된 독립기구인데 "성별, 종교, 장애, 나이, 사회적 신분, 출신 지역, 출신 국가, 출신 민족, 용모 등 신체 조건, 혼인 여부, 임신 또는 출산, 가족 형태 또는 가족 상황, 인종, 피부색, 사상 또는 정치적 의견, 형의 효력이 실효된 전과, 성적 지향, 학력, 병력 등을 이유로 한 차별행위"를 판단하고 적절한 조치를 정하는 곳이다. 예를 들면 합리적 이유 없이 나이 때문에 채용에서 차별당한 사람은 국가인권위원회에 진정할 수 있다. 성희롱도 차별행위의 하나로서 국가인권위원회의 진정 대상이다. 그러나 국가인권위원회가 모든 인권침해 행위를 다루는 것은 아니다. 차별이 아닌 인권침해의 경우에는 침해 주체가 국가기관, 지방자치단체, 학교, 구금시설 등 공적 기능을 담당하는 곳인 때에만 국가인권위원회가 다룬다. 국가인권위원회의 결정은 강제력 없이 권고의 효력만 있지만, 법에 국한되지 않고 폭넓은 관점에서 차별, 인권침해 행위를 판단한다는 점에서 의미가 있다. 인권침해 행위의 경우 국가인권위원회는 해당 기관이 후속 조치를 하는지 감독하기 때문에 기관이 국가인권위원회 결정을 마냥 무시하기도 어렵다. 무엇보다 국가인권위원회는 법원보다 훨씬 빠르게 판단을 한다.

한국기술교육대학교는 국가인권위원회에 인권침해 진정이 가능한 곳인 데다, 국가인권위원회라면 이참에 이를 방치한 교육부의 행태에 대해서도 인권침해로 판단할 수 있을 터였다. 그리하여 2022년 5월 한국기술교육대학교 총장, 교육부장관을 피진정인으로 하여 국가인권위원회에 진정서를 제출했다. 진정서에서 한국기술교육대학교가 구영준 씨가 이수한 현장실습을 인정하지 않은 것, 실습업체가 현장실습학기제를 벗어나 업무를 주거나 지시·강요할 때 학교는 현장실습을 중단하고 학생을 보호해야 하는데 그렇게 하지 않은 것, 현장실습은 직무능력을 향상시키는 교육의 장이어야 함에도 불구하고 이를 방치한 것, 현장실습의 내용을 학생들에게 제대로 공지하지 않은 것, 무엇보다 현장실습을 이수해야만 졸업할 수 있도록 한 것, 이 모든 것들이 구영준 씨를 비롯한 학생들의 학습권, 인간의 존엄과 가치·행복추구권을 침해한다고 주장했다. 교육부가 적극적인 조치를 취하지 않은 것 역시도 인권침해라고 주장했다.

마침 경향신문의 유경희 기자에게 연락이 왔다. 국가인권위원회 진정 사실을 이야기했더니 취재하고 싶다고 했다. 유경희 기자는 구영준 씨를 인터뷰해 기사를 냈다. 구영준 씨에게서 문자가 왔다. "제가 별도로 다른 친구들한테 알리지 않았는데도 에브리타임 게시판에 기사에 대한 학생들의 반응이 있네요. 이건 인권위 조사 때 학생들의 진솔한 의견으로 이야기할 수 있을 것 같아 공유드립니다." 구영준 씨가 캡처해 보내준 메시지에는 "이거 뉴스 우리 학교 얘긴가"라는 제목의 게시글 하단에 "나도 실습 내일 끝나는데 2~3cm 팔에 화상 입음. 직원도 불친절하고 할 말이 많다."라는 댓글이 달려 있었다.

그러나 빠른 결정을 기대하고 진정을 했건만 국가인권위원회로부터 아무런 소식이 없었다. 진정은 접수한 날로부터 3개월 이내에 처리되는 것이 원칙인데 국가인권위원회는 3개월이 지나도록 진정인 조사 한 번 하지 않았다. 어떻게 되어가는지 계속 확인을 구했지만 담당자는 일이 많아 조사를 못 하니 양해를 바란다는 말만 거듭했다. 진정한 지 반년이 더 지났을 무렵 조사관이 바뀌었다. 바뀐 조사관 역시 일을 너무 많이 인계해서 사건 파악하는 데 시간이 걸린다는 답뿐이었다. 구영준 씨는 이 상태에서 현장실습을 다시 받아야 하는 것인지 애가 탔다. 졸업을 하려면 현장실습을 해야 하고 졸업까지 남은 기간은 짧았다. 진정인 조사라도 한 번만 해달라고 부탁했건만 서류를 보면 된다는 형식적인 답변이 돌아왔다. 그사이 구영준 씨는 그다음 방학에도 학교가 또다시 법령을 위반해서 현장실습학기제를 운영하는 것을 확인했고, 해당 자료를 끌어모아 국가인권위원회에 제출했다. 구영준 씨는 언론 기고 등을 통해 사안을 알리려 노력했다.

그렇게 진정한 지 1년이 지났을 무렵 결정문이 날아왔다. 결론은 기각이었다. 국가인권위원회는 학교가 충분한 보호조치를 했다고 판단했다. 또한 학교가 구영준 씨가 현장실습업체에서 한 활동이 단순·반복적 업무가 아닌 직무교육이었다고 주장한다는 점 등을 이유로 인권침해가 아니라고 판단했다. 차라리 소송이라면 상대방이 낸 서면을 보고 반박이라도 할 수 있는 기회가 있고, 법정에서 판사에게 호소할 기회라도 있는데 국가인권위원회는 서류만 본 채 기각 결정을 내린 것이었다. 뻔히 증거가 있는데 제대로 검토한 것인지 의문스러웠다. 국가인권위원회는 법원이 아닌데 왜 법관보다 더 판사처럼 보수적으로 판단하는 걸까? 구영준 씨에게 국가인권위원회 진정을 제안한 것이 미안하고 후회되었다.

———

그러는 동안 이 문제에 관심을 보인 사람들이 생겼다. 공교롭게도 김용균재단의 권미정 활동가는 대학생 현장실습 문제에 관심이 많았다. 김용균재단은 2018년 12월 태안화력발전소에서 일하다 사망한 하청노동자 김용균 씨를 기리며 비정규직 문제, 산업안전 문제를 해결하기 위해 만들어진 단체다. 산업안전 문제를 다루다보니 권미정 활동가에게 대학생 현장실습이 눈에 들어왔고 어떻게 대응할까 고민하던 차에 우연히 이 소식을 듣게 된 것이란다. 권미정 활동가의 노력으로 대학생 현장실습 대응모임을 꾸렸고 여기에 같이 일했던 강은희 변호사, 스튜디오R의 이주영 활동가, 박공식 노무사, 정주연 활동가, 예진 활동가도 결합했다. 구영준 씨도 함께했다.

대학생 현장실습 문제를 해결하려면 제도를 먼저 이해해야 하기 때문에 정기적으로 모여 공부했다. 그리고 현황을 파악하

기 위해 국회의원실을 통해 자료들을 받았다. 이번에는 제대로
된 결과를 받자며 국가인권위원회에 다시 진정도 넣었다. 그러
다가 직접 현장실습을 받은 대학생들을 상대로 실태조사를 벌
였다. 나는 국가인권위원회의 진정 결과와 실태조사의 끝을 보
지 못하고 공감을 퇴사했다.

그리고 6개월이 지나 대학생 현장실습 대응모임팀은 실태
조사 결과를 발표했고, 2024년 7월 국가인권위원회는 "교육부
장관에게, 자율현장실습생에 대한 실습지원비 지급과 산업재
해보상보험 가입 등이 관련 기준에 따라 적절하게 이루어질 수
있도록, 자율현장실습학기제에 대한 모니터링 강화 및 엄격한
관리·감독 방안을 마련할 필요가 있다."라는 의견을 표명했다.

제도가 바뀌었다지만 대학생 현장실습은 여전히 현장실습
이라는 이름을 단 채 노동력 착취 수단으로 활용되고 있다. 교
육부는 '표준현장실습학기제'와 '자율현장실습학기제'로 나누
고 교육부의 통제를 받는 표준현장실습학기제와는 달리 자율
현장실습학기제의 운영은 학교에 맡기고 있다. 자율현장실습
학기제 아래에서 학생들은 급여를 한푼도 받지 못해도, 휴게·
유급휴일을 보장받지 못해도 아무런 문제가 되지 않는다. 자율
현장실습학기제는 실태가 공시되지도 않는다. 교육부는 아무
런 통제도 받지 않는 제도를 하나 만들었고 이를 음지에 놔두
었다. 학생들은 표준형인지, 자율형인지 제대로 안내받지 못한
채 무작정 현장실습을 나간다. 결과적으로 현장에서는 비용을
덜 지급하기 위한 수단으로 자율현장실습학기제가 활용되고

있다. '표준현장실습학기제'라고 안내했다가 문제가 생기면 '자율현장실습학기제'라고 번복하면 그만이다.

모든 노동은 숙련의 과정을 거친다. 그렇기 때문에 모든 노동은 교육의 성격을 가지며 배움의 과정을 거친다. 하지만 교육은 노동력 제공을 목적으로 하지 않고, 가르치는 과정보다 결과물을 중요하게 생각지 않는다. '실습'이라는 명목으로 학생이라는 취약한 신분을 이용해 노동력을 착취하는 회사, 그걸 알고도 눈감는 정부와 학교. 그건 교육이 할 일도 아니고, 어른이 할 일도 아닌 것이다.

8화
· · · · ·

죽은 동생의 시간으로 뛰어든 언니

골프장 캐디의 직장 내
괴롭힘 사건

한 소년이 죽었다. 소년의 아버지는 아들의 책상 서랍 속에서 사진 한 장을 발견한다. 사진 속에는 아들 기태와 친구 동윤, 희준이 있다. 아버지는 동윤과 희준을 수소문해 그들의 입을 통해 아들의 행적을 좇는다. 그렇게 아버지는 자신도 몰랐던 아들의 과거를 파헤쳐간다. 영화 〈파수꾼〉 이야기다.

10대 청소년의 세계와 심리를 세밀하고 아름답게 담은 수작이다. 이 영화의 핵심은 죽은 기태, 한때 그의 친구였던 동윤, 희준의 관계다. 그러나 내겐 기태의 아버지가 눈에 들어왔다. 아버지는 기태가 왜 죽었는지 알기 위해 무던히 애를 쓴다. 퍼즐 조각을 맞춰갈수록 아버지가 몰랐던 사실이 눈앞에 펼쳐지고 기태의 과거에 아버지가 뛰어든다. 이제는 존재하지 않는 기태의 인생 속에 아버지는 덩그러니 놓여 있다. 아버지가 그렇게 할 수 있었던, 아니 해야만 했던 원동력은 죄책감, 책임감과 슬픔일 것이다. 아버지의 건조하고 덤덤한 표정이 그래서 더 아팠다. 아들의 과거는 이제 아버지에게는 현실이다. 10년 전에 본 이 영화가 지금 이야기할 사건을 다루는 동안 종종 떠올랐다. 사건의 내용은 완전히 다르지만 기태의 과거를 좇는 아버지가 있던 것처럼 김세연(가명) 씨의 과거를 좇는 그의 언니가 있었다.

　스물여섯 살 김세연 씨는 2019년 7월에 파주의 한 골프장에 입사했다. 과거에 일했던 곳인데 김세연 씨는 다른 골프장으로 이직했다가 다시 이곳에 재입사했다. 이 골프장에는 캐디 100여 명과 이들을 통솔하는 캐디 대장, 캡틴이 있다. 캡틴은 평소 김세연 씨를 자주 혼냈다. 캐디들은 무전기와 GPS 수신기를 차고 필드에 나간다. 무전기는 소통을 위해서이고 GPS 수신기는 캐디의 위치를 추적하기 위해서다. GPS 수신기 덕분에 필드에 나가 있는 캐디들의 위치가 모니터에 표시되었다. 캡틴을 포함한 경기과 사람들은 사무실 모니터를 보고 뒤처지거나 속도가 빠른 캐디들에게 무전을 쳤다. 캡틴은 이 무전기에 대고 "뛰어. 뚱뚱하다고 못 뛰는 거 아니잖아." "너 때문에 뒷사람들 전부 망쳤다." "네가 코스 다 말아먹어."라고 하며 김세연 씨를 다그쳤다. 무전 주파수는 하나였기 때문에 캡틴이 무전기에 대고 김세연 씨를 혼낼 때면 그 소리가 필드에 있는 다른 캐디들에게도 다 들렸다. 캡틴은 김세연 씨를 '돼지'라고 부르며 비아냥거렸다. 한번은 구내식당에서 배식 중인 김세연 씨에게 "너 살 뺀다면서 그렇게 먹냐. 그렇게 먹으니깐 살찌는 거야."라고 했다. 이런 일이 한두 번이 아니었다. 캡틴은 "너네 가족이 그 모양이니깐 너도 그렇게 큰 거야." "오갈 데 없는 애를 내가 받아준 거야."라며 김세연 씨의 가족까지 들먹이며 모욕을 주었다. 캡틴은 나이가 많거나 어려도 세 보이는 캐디에게는 정상적으로 대했다. 그러나 어리고 유순한 캐디 몇 명을 콕 집어서 괴롭히고 아무것도 아닌 일에 혼을 냈다. 김세연 씨는 만만한 캐디 중 한 명이었다.

김세연 씨와 같이 일했던 동료는 김세연 씨에 대해 이렇게 말했다.

"세연이는 유독 맑은 사람이었어요. 성격이 모나지 않고, 잘 웃고, 애교도 많았어요. 일도 잘하고, 다른 동료와도 잘 지내면서 서글서글한 사람이었어요. 그런데 캡틴한테 혼나고 괴롭힘을 당하면서 성격이 좀 변했어요. 어딘가 기분이 안 좋아 보이고 잘 웃지 않았어요. 일에도 집중하지 못해서 실수하는 일이 생겼어요."

2020년 7월 19일경 기숙사 문제로 캡틴에게 심하게 혼난 후 김세연 씨의 상태는 눈에 띄게 안 좋아졌다. 골프장이 외진 데에 있다보니 출퇴근이 만만치 않았고 회사는 골프장 안에 기숙사를 만들어 캐디들을 묵게 했다. 김세연 씨도 기숙사에 살았는데 룸메이트와 마찰이 있었다. 김세연 씨는 회사에 룸메이트와 분리해달라고 요청했는데 이 소식을 들은 캡틴이 김세연 씨를 심하게 꾸짖었다. 앞뒤 사정을 따지지 않고 김세연 씨한테 잘못이 있는 것으로 몰아갔다. 이 일로 김세연 씨는 기숙사에서 나와 골프장 근처 모텔에서 생활하기 시작했다. 많이 울었고 동료들에게 죽고 싶다는 이야기를 자주 했다. 2020년 8월 23일에는 손목을 그어 자살을 시도했고 며칠 후에는 목을 매 2차 자살 시도를 했다. 그런데 또다시 일이 터졌다. 2020년 8월 28일 캡틴은 경기 진행이 느리다며 무전기로 김세연 씨를 타박했고 경기과 직원을 김세연 씨에게 보내 지원하도록 했다. 그런데 현장에 도착한 경기과 직원과 김세연 씨 사이에서 언쟁이 벌어졌다. 경기과 직원은 이 일을 캡틴에게 일렀다. 캡틴은 김세연 씨를 경기과 사무실로 불러 호되게 힐난했다. 김세연 씨더러 경기과 직원한테 사과하라고 했다. 김세연 씨는 울면서 뛰쳐나갔고 그날 저녁 회사가 캐디들을 관리하기 위해 만든 인터넷 카페에 글을 남겼다.

캡틴님께,

(…)

제발 사람들 간에 개인 감정 넣어서 치우치지 마시길 바라요. 불합리한 상황에 누군가 얘기를 한다면 제발 좀 들어주세요. 캐디인 저희를 통괄하는 사람은 캡틴님이에요.

얕봐도 되겠다, 어리니까 아니 어리지만 할 말 다 하는 애들이 있네 그런 애들은 덜해야지, 이렇게 생각하지 마세요. 제발요. 사람들 다 감정 있구요. 출근해서 제발 사람들 괴롭히지 마세요. 그리고 같은 상황에서 무전도 차별화해서 하지 마요.

저 재입사 받아주셔서 너무 감사해요. 그리고 이렇게 저를

밑바닥까지 망가뜨려주신 건 끝까지 잊지 않겠습니다. 안녕히
계세요.

    글은 김세연 씨가 올린 지 20분 만에 삭제되었다. 카페를
운영하는 회사 직원이 글을 삭제하고 김세연 씨를 '강퇴'(강제퇴
장)시켰다. 카페에서 쫓겨나면 당장 다음 날부터는 일을 할 수
없다. 회사는 매일 캐디들의 근무편성표를 짜서 카페에 올렸고
근무편성표를 보지 못하면 몇 시에 출근해야 하는지 알 수가
없었다. 나중에 확인해보니 회사는 김세연 씨를 카페에서 강퇴
시킨 것뿐 아니라 근무편성표에서도 이름을 뺐다. 해고였다.
    다음날 김세연 씨는 면도칼로 머리카락을 자르며 자해했
다. 어머니에게 전화해서는 통곡을 했다. 화가 난 어머니는 직
접 캡틴에게 전화를 해서 따지기도 했다. 김세연 씨는 어머니
한테 메시지를 보냈다. "엄마, 내가 왜 이렇게 됐는지 진짜 너
무 원망스러워. 내가 약해서 이렇게 된 거겠지만 물론 나한테
는 유독 심한 사람이었고 내가 갈 곳 없는 거 알고 더 막 대하는
걸로밖에 안 느껴질 정도로 사람을 쥐락펴락해온 사람이야. 나
는 평생 그 사람 못 잊을 거야, 아마. 맨날 속상한 일만 있고 울
고불고만 할 줄 아는 못난 딸 용서해줘, 엄마." 엄마의 다독임도
소용이 없었다. 일주일 뒤 김세연 씨는 저수지에 투신했다가
119에 구조되었다. 2020년 9월 14일 회사에 물건을 반납하고 짐
정리를 하러 갔다가 캡틴에게 야단맞고 그 길로 모텔 방으로
돌아가서 번개탄을 피웠다. 그렇게 김세연 씨는 생을 마감했다.

회사는 이런 사실을 알고도 모른 체했다. 사과나 위로, 그 어떤 말도 없었다. 받은 것은 김세연 씨의 유품뿐이었다. 김세연 씨의 언니 김세희(가명) 씨는 동생의 행적을 찾기 위해 유품을 꼼꼼히 살폈다. 그리고 김세연 씨의 핸드폰 속 기록을 복원했다. 거기에서 김세연 씨가 쓴 일기를 발견했다. 일기에 캡틴에 대한 원망이, 김세연 씨의 고통이 그대로 담겨 있었다. 직장 내 괴롭힘 피해자들을 상담할 때 내가 자주 안내하는 것 중의 하나가, 직장 내 괴롭힘의 증거가 없다면 일기라도 적으라는 것이다. 사실을 기록한 일기가 차곡차곡 쌓이면 증거가 될 수 있기 때문이다.

김세희 씨는 진상조사와 공식 사과를 요구하며 2020년 9월 26일부터 회사 앞에서 1인시위를 시작했다. 딸을 잃은 어머니가 슬픔과 고통에서 벗어나지 못했기에 언니가 어머니의 몫까지 대신했다. 그러나 순탄하지 않았다. 회사 직원들은 업무 방해와 명예훼손을 운운하며 1인시위를 방해했다. 파주바른신문 기자가 김세희 씨를 찾았고 인터뷰를 했다. 그다음 날도 김세희 씨는 1인시위를 했다. 이번에는 기자들과 파주시 의원이 함께했다. 회사 직원은 기자에게 찍지 말라고 하면서 김세희 씨에게 업무방해와 시위를 멈추라고 했다. 이런 상황을 보다 못한 기자가 회사 직원에게 '그러면 안 된다, 이건 도리가 아니다.'라고 따지기도 했다. 그러나 회사는 꿈쩍도 하지 않았다.

김세희 씨는 동생의 핸드폰 속 통화 목록을 보고 그대로 다시 연락을 했다. 그중에 김세연 씨의 친한 동료들도 있었다. 동료들을 만나고, 그 동료들의 소개로 다시 다른 동료들을 만나며 이야기를 듣고 증거들을 모았다. 어떻게든 해결하기 위해 사방팔방으로 뛰어다녔다. 여기저기 언론사에 도움을 요청했고 국민청원도 했다. 영화 〈파수꾼〉의 아버지처럼 살아생전 동생에게 무슨 일이 있었는지 찾아 헤맸다. 할 수 있는 방법은 다 동원했다. 죽은 자는 말이 없기에 살아 있는 언니가 김세연 씨의 역할을 대신했다.

———

　　직장갑질119에도 소식이 닿았다. 이 사건 해결을 위해 함께 하고 있던 파주시민참여연대의 활동가가 직장갑질119에 도움을 요청하는 이메일을 보낸 것이다. 당시 나는 매주 목요일마다 직장갑질119에 출근해서 접수된 이메일을 모두 읽고 직장갑질119 상근 활동가들과 회의를 했다. 하루 평균 열 통의 메일이 들어오기 때문에 일주일 치 이메일을 읽는 데도 한 시간은 걸렸다. 그렇게 읽고 난 후 활동가들과 메일 하나하나를 살피며 어떻게 대응할지 논의했다. 그러다가 김세연 씨의 사연을 읽게 되었다.

　　이메일에는 파주바른신문 이용남 기자가 김세연 씨의 동료를 인터뷰한 영상도 담겼다. 일하던 중이었는지, 아니면 전후였는지 그 동료는 회사 유니폼을 입은 채로 인터뷰를 하면서 평소 캡틴이 김세연 씨를 얼마나 괴롭혔는지, 김세연 씨가 얼마나 힘들어했는지, 그간의 사정을 자세하게 말했다. 캡틴에게 매우 불리한 내용인데 이렇게 인터뷰를 해도 괜찮은 것인지 걱정되었다. 왜냐하면 그 동료는 얼굴과 이름을 그대로 드러낸 채 등장했기 때문이다 그만큼 본인이 하는 말에 자신 있다는 의미였다. 동시에 놀랍기도 했다. 동료를 위해 이렇게 발 벗고 나서는 사람을 거의 보지 못했다. 도움을 요청하면 "죄송하지만 저도 먹고살아야 해서……" 하고 거절하는 게 대부분이었다. 그 마음도 이해 못 할 바 아니었다. 그래서인지 이렇게 대담한 인터뷰는 낯설었다. 그리고 강력했다. 옆에서 지켜본 사람의 말 한마디는 당사자의 말보다 더 강력하다. 당사자의 주장을 뒷받침하는 객관적 사실이 되기 때문이다. 이 인터뷰 영상 때문에 직장갑질119 차원에서 지원을 결정할 수 있었다. 마침 직장갑질119 스태프 중에 고양시노동권익센터에 근무하는 심준형 노무사가 있었다. 활동가들과 이메일을 검토하면서 심준형 노무사에게 사건 지원을 요청하기로 했다.

만 5년 넘게 직장갑질119에 들어온 이메일을 모두 읽고 매주 오픈카톡방에서 상담을 하면서 웬만한 직장 갑질 사건은 다 본 것 같다. 그러다보니 법의 공백을 실감하게 되었는데, 대표적으로 특수고용노동자가 그렇다. 특수고용노동자(특고노동자)란 사용자와 고용관계에 있지만 사업자로 취급되는 노동자를 뜻한다. 〈산업안전보건법〉은 이들을 '특수형태근로종사자'라 부르고 개정된 〈산업재해보상보험법〉은 '노무제공자'라 부른다. 호칭은 달라도 내용은 같다. 근로자처럼 사업주에게 직접 노무를 제공하고 그 대가를 받아 살아가는 사람임에도 근로기준법이 적용되지 않는 사람, 이런 사람이 특고노동자, 특수형태근로종사자, 노무제공자다. 그런데 이 역시도 무슨 말인가 싶다. 특고노동자에 대한 정의는 명확한 듯 명확하지 않다. 그래서일까. 법은 아예 특고노동자를 열거한다. 보험설계사, 학습지 방문강사, 택배 노동자, 대리기사…… 여기에 골프장 캐디도 있다. 이런 특고노동자는 '직장 내 괴롭힘'을 당해도 법의 보호를 받기 힘들다. 직장 내 괴롭힘 규정은 근로기준법에 있고 근로기준법상 근로자에게만 적용되기 때문이다. 특고노동자의 사연을 읽고 상담할 때마다 제도와 현실의 간극을 느꼈다. '이건 아니지 않나. 뭐, 뾰족한 수가 없을까?' 궁리하고 벼르던 상황에서 김세연 씨 사건을 만난 것이다.

하지만 지금 당장 변호사인 내가 할 수 있는 게 없었다. 노동청에 직장 내 괴롭힘 신고를 하거나 산재 신청을 하는 것이 우선인데 이 일은 노무사가 전문이었다. 그래도 계속 마음이 쓰였다. 심준형 노무사한테 요청해서 김세연 씨 언니의 연락처를 받았다. 그리고 김세희 씨한테 전화해서 법적으로 궁금한 게 있거나 도움이 필요하면 언제든 연락을 달라 했다. 그게 내가 할 수 있는 전부였다.

넉 달이 흘렀고 2021년 2월 8일 김세희 씨가 노동청에 진정했던 직장 내 괴롭힘 사건의 진정 결과가 나왔다. "귀하의 진정 내용을 조사한 결과, ○○○○○ ×소속 성××(캡틴)가 고故 김세연 씨에게 행한 일부행위 자체로는 직장 내 괴롭힘으로 볼 수 있다고 사료됩니다. 다만, 고 김세연 씨는 골프장 경기보조원(캐디)으로서 근로기준법상 근로자에 해당되지 아니하여 근로기준법상 직장 내 괴롭힘 관련 규정의 직접적인 적용이 곤란……" 그러니까 직장 내 괴롭힘은 맞는데 직장 내 괴롭힘으로 의율할 수 없다는 결론이었다. 담당 근로감독관의 고뇌가 읽혔다. 이 사건은 근로기준법이 정한 '직장 내 괴롭힘'의 정의인 "직장에서의 지위 또는 관계 등의 우위를 이용하여 업무상 적정범위를 넘어 다른 근로자에게 신체적·정신적 고통을 주거나 근무환경을 악화시키는 행위"에 딱 맞는 것이었다. 그런데 김세연 씨는 골프장 캐디였고, 골프장 캐디는 특고노동자이고, 특고노동자는 근로기준법의 적용 대상이 아니기 때문에 김세연 씨가 당한 직장 내 괴롭힘은 직장 내 괴롭힘이 아니라는 이상한 결론에 도달한 것이다.

이도 저도 아닌 결과라지만 어쨌든 결과가 나왔으니 후속 대응이 필요했다. 심준형 노무사는 산재 신청을 하겠다고 했다. 산재가 인정되면 장의비와 유족급여가 지급될 터였다. 그런데 유족급여에는 정신적 손해에 대한 배상, 즉 위자료가 포함되지 않는다. 위자료는 별도의 조치를 통해서 받아야 한다. 김세희 씨에게 산재 신청과 별도로 위자료 청구 소송을 하는 건 어떻겠냐고 제안했다. 김세희 씨는 내게 폐를 끼치는 것 같다며 주저했지만, 나는 해볼 만한 소송이라고 생각했다. 산재 신청과 위자료 청구 소송은 별개의 사건이지만 김세연 씨의 직장 내 괴롭힘으로 인한 죽음을 다룬다는 점에서 쟁점은 동일했다. 그러면 각 사건 대리인들끼리 협업도 가능할 듯싶었다.

관련 자료를 다 끌어모으는 것으로 일을 시작했다. 직장 내 괴롭힘으로 인한 자살 사건은 입증이 매우 어렵다. 죽은 자는 말이 없으니 남은 사람들끼리 조각조각 사실을 맞춰나가야 한다. 탐문과 추적을 통해 역으로 사실을 유추해야 하는 것이다. 하지만 유족이나 대리인이 고인의 주변 사람을 파악하기도 힘들고 도움을 요청하기는 더더욱 어렵다. 직장 내 괴롭힘을 확인하더라도 자살과의 인과관계를 입증하는 것은 또 별개의 문제다. 자갈밭에서 구슬을 찾아내고, 그렇게 찾은 구슬을 하나하나 실로 꿰는 작업과도 같다. 그런데 이번에는 조금 달랐다. 김세희 씨가 이미 많은 자료를 모아두었다.

김세연 씨는 본인이 당한 일들을, 그로 인한 감정 상태를 핸드폰 일기장에 남겼다. 김세연 씨와 주변 사람들이 나눈 채팅 중에도 사실을 파악하는 데 도움이 되는 상당한 정보가 있었다. 김세연 씨는 핸드폰으로 회사 캐디 카페에 있는 근무편성표나 캐디 수칙 등 회사의 각종 업무 지침을 내려받았는데 이러한 자료도 핸드폰에 고스란히 남았다. 그걸 살려낸 건 김세희 씨였다. 그는 동생의 핸드폰을 포렌식해서 그 안에 담긴 내용을 고스란히 수집했다. 뿐만 아니라 동생의 유품에서 유서와 편지와 노트를 찾아냈다. 그곳에도 하마터면 잊힐 뻔한 사실들이 퍼즐 조각처럼 흩어져 있었다.

소송을 준비하면서 김세연 씨가 남긴 일기와 글을 읽는데 가슴이 먹먹했다. 김세연 씨는 원망을 밖으로 쏟아내지 못했다.

대신 자책했다. 무능하고 못난 자신을 탓하며 주변 사람들에게 미안해했다. 언니가 김세연 씨의 과거로 들어간 것처럼 나 역시도 김세연 씨의 삶 속에 빠져들었다. 투명인간이 되어 김세연 씨의 곁에 있는 것 같았다. 외롭고 힘든 그를 온전히 바라보는 건 힘든 일이었다. 그러다 엉뚱한 곳에서 울음이 터졌다. 김세연 씨가 캐릭터 '펭수'에게 보낸 쪽지였다. 그 쪽지에서만큼은 김세연 씨의 기쁨과 행복감이 느껴졌다. 사람에게 받지 못한 위로를 펭수에게 받는구나 싶어, 펭수의 팬인 나로서는 그 마음을 알 것도 같아서 눈물이 쏟아졌다.

김세희 씨는 여기저기 캐디들이 모여 있는 온라인 게시판에 동생에 관한 이야기를 올리고 국민청원에 동참해줄 것을 요청했다. 아마도 남 일 같지 않은 캐디들이 많았던 모양이다. 과거에 이 골프장에 근무했던 캐디들이 댓글을 달았다.

"기사 보니 캡틴이네요. 그 사람 일낼 줄 알았네요."

"거기 경기과에 있는 조장 직원들 원래 쓰레깁니다. 저도 그래서 때려치웠던 곳입니다."

"다니다가 퇴사한 사람입니다. 저도 골프장 쪽에서 폐차 직전인 카트 사용으로 카트가 오작동되어서 카트에 발이 깔려 걷지 못했는데 그 와중에 저에게 책임을 묻고 아무런 책임도 지지 않으려 회피하더라고요."

"같은 회사에서 퇴사했습니다. 저도 캡틴 때문에 너무 힘들었고 문제로 인해서 경기과에 이야기한 적도 있을 만큼 심각한 문제가 있는 사람입니다. 저뿐만 아니라 많은 친구들이 캡틴

186

때문에 그만뒀습니다. 하루 빨리 조사가 이루어져 다시는 이런 피해가 없도록 해주세요."

댓글을 보니 캡틴뿐만 아니라 회사 자체에 문제가 많다는 것, 회사가 캡틴의 만행을 알면서도 눈감아주었다는 것을 알 수 있었다. 훗날 소송에서 이 댓글들은 중요한 증거가 되었다.

김세희 씨는 찾는 게 불가능해 보였던 구슬들을 자갈밭에서 하나씩 찾아올렸다. 동생의 핸드폰 연락처를 뒤져 동생의 동료들 한 명 한 명한테 연락해 도움을 요청했다. 거절한 사람이 다수였지만 그래도 도움을 주거나 도움이 되는 말을 하는 사람들도 몇몇 있었다. 그들이 이 사건에서 톡톡한 역할을 했다.

2022년 3월 의정부역 근처 카페에서 김세연 씨의 동료 조하은(가명) 씨를 만났다. 어떤 일이 있었던 것인지 자세히 이야기를 듣고 필요한 자료를 얻기 위함이었다. 이 자리에는 산재 사건을 담당하게 된 심준형, 전은주 노무사도 동석했다. 조하은 씨에 대해서는 익히 알고 있었다. 노동청에 사건 자료 일체를 공개 청구했는데 노동청이 공개한 자료에 조하은 씨에 대한 참고인 진술조서도 있었다. 언론 인터뷰, 노동청 조사, 그리고 오늘 이 미팅까지, 매우 부담되고 귀찮은 자리임에도 불구하고 그는 기꺼이 우리에게 시간을 내주었다. 조하은 씨는 김세연 씨를 같이 일하며 친하게 지낸 언니라 불렀다. 그는 김세연 씨가 따뜻하고 정이 많고 사람들에게 싫은 내색 못 하는 착한 사람이라고 했다. 캡틴은 그런 김세연 씨를 만만하게 보고 함부로 대했고 이로 인해 김세연 씨가 얼마나 힘들어했는지를 너무나 잘 안다고 했다. 김세연 씨의 죽음을 막지 못한 데에서 오는 죄책감, 잘못을 바로잡고 싶은 마음 때문에 본인이 불이익을 당할 수 있다는 것을 알면서도 나설 수밖에 없었다고 했다. 그의 선함과 용기에 감탄하면서도 아직 서른도 되지 않았는데 취업 길이 막히는 것은 아닐지 걱정되었다. 아니나 다를까, 조하은 씨의 이런 행보 때문에 캡틴과 선임들은 그를 괴롭히고 '왕따'시켰고 결국 몇 개월 후 조하은 씨는 일을 그만두었다. 미련은 없다고 했다. 이 일로 김세연 씨나 그 가족을 원망하지도 않는다고 했다.

노동 변호사로 15년 넘게 일하는 동안 자주는 아니지만 조하은 씨처럼 반짝이는 사람을 만나기도 한다. 그럴 때의 기쁨은 뭐라 설명할 수 없다. 인간에 대한 믿음이 살아나고 그래도 세상은 살아갈 만한 것 같아 나까지 용기를 얻는다. 동시에 그런 의롭고 선한 사람이, 의롭고 선하다는 이유만으로 억울한 고초를 당하는 것을 목격하게 된다.

조하은 씨를 만나고 일주일 후 심준형 노무사와 함께 과거 이 회사에 근무했던 캐디 두 명을 추가로 만나 인터뷰했다. 김세희 씨가 맞춘 퍼즐의 남은 부분들을 이번엔 대리인들이 하나씩 맞추어갔다.

———

직장 내 괴롭힘으로 자살했다는 증거들을 어느 정도 모았다고 판단한 2021년 5월 김세희 씨에게 작성한 소장을 보냈다.

"변호사님 소장 정말 눈물이 나네요. 정말 많이 생각하시고 충분히 이해하시고 쓰신 게 느껴집니다. 너무 감사드립니다. 이 모든 것 저는 평생 잊지 않고 살게요."

"그리 말씀하시니 몸 둘 바를 모르겠습니다. 세연 씨가 언니를 존경한다는 글을 보았어요. 최선을 다해 저도 보답하겠습니다. 고맙습니다."

"아니에요. 저는 동생에게 별로 해준 것도 없어요. 그래서 가슴이 너무 아파요."

이후로도 우리는 수없이 많은 메시지를 나눴다. 며칠 뒤 나는 어머니와 언니를 대리해서 법원에 위자료 청구 소장을 접수했다. 피고에는 캡틴 외에 회사도 추가했다. 손해배상 청구 소송은 피고에게 재산이 없으면 승소해도 무용지물이다. 소문에 캡틴은 신용불량 상태라 하니 캡틴만 상대로 해서 이겨도 집행은 쉽지 않을 것 같았다. 그러나 더 큰 이유는 회사도 책임에서 자유롭지 않아서다. 캡틴의 괴롭힘은 사적인 것이 아니었다. 직장에서 업무와 관련해 벌인 일이었다. 캡틴 스스로도 일을 잘하기 위한 것이었다고 항변하는 상황에서 회사는 캡틴의 괴롭힘을 묵인했고 그에 따른 이익을 누렸다. 그러나 이렇게만 주장한다고 회사의 책임이 인정되지는 않는다.

우선 회사의 채무불이행 책임을 주장했다. 회사는 자기가 고용한 직원을 보호할 의무가 있는데 이러한 의무를 이행하지 않는 것은 채무불이행이다. 회사는 김세연 씨를 고용했고 캡틴의 괴롭힘으로부터 김세연 씨를 제대로 보호하지 않았으므로 그에 따른 책임을 져야 한다. 그런데 이건 어디까지나 김세연 씨가 회사의 근로자일 때 가능한 논리다. 회사는 김세연 씨가 개인사업자이기 때문에 회사와 무관한 일이라고 모르쇠로 일관했다. 골프장 캐디는 '특수형태근로종사자'라고 법에서까지 정해져 있는 마당에 김세연 씨가 회사가 고용한 직원이라는 것이 받아들여질지는 미지수였다.

그러나 특고노동자라고 하더라도 회사의 책임이 없는 것은 아니다. 2020년 5월 26일이 〈산업안전보건법〉이 개정되면서 특수형태근로종사자로부터 노무를 제공받는 사업주에게도 특수형태근로종사자의 신체적 피로와 정신적 스트레스 등을 줄일 수 있는 쾌적한 작업환경의 조성 및 근로조건 개선 의무가 생겼다. 문제는 이렇게 개정된 지 얼마 되지 않았기 때문에 이 규정을 적용한 사례가 없다는 것이었다. 직장 내 괴롭힘에 이 규정을 적용할 수 있을지도 의문이었다. 만약 이 사건에서 법원이 〈산업안전보건법〉상 사업주의 의무 위반을 인정한다면 최초의 판결이 될 수 있는 상황이었다. 선례를 중요하게 여기는 재판부가 과연 용기를 낼 수 있을까?

그래서 최후의 수단으로 민법상 책임도 물었다. 민법에는 타인을 사용하여 어느 사무에 종사하게 한 자는 피용자가 그 사무집행에 관하여 제삼자에게 가한 손해를 배상할 책임이 있다. 그러나 사용자가 피용자의 선임 및 그 사무감독에 상당한 주의를 한 때 또는 상당한 주의를 하여도 손해가 있을 경우에는 그러하지 아니하다.라는 조문이 있다. 쉬운 예를 들자면, 은행 직원이 고객의 돈을 가로채면 그 직원을 고용한 은행이 고객에게 책임을 져야 하는 것이다. 설사 김세연 씨를 고용하지 않았더라도 회사는 캡틴을 사용해서 경기 보조 업무를 하게 했고 이와 관련하여 캡틴이 김세연 씨에게 손해를 가했으니 회사가 배상책임을 져야 하는 것이다. 이렇게 이중, 삼중으로 논리를 짜서 소송을 시작했다.

소송은 순탄하지 않았다. 소장이 상대방에게 도달해야 본격적으로 소송이 시작되는데 우리는 캡틴의 주소를 알지 못했다. 다른 사람의 주소를 알아내는 게 어디 쉬운가. 다행이라면 주소는 몰라도 캡틴의 핸드폰 번호는 알고 있었다. 그래서 소장 제출과 동시에 법원에 사실조회 신청을 했다. 그런데 한 군데 통신사에서 해당 번호가 가입되어 있는 것은 맞지만 가입자 이름이 달라서 주소를 알려줄 수 없다는 회신이 왔다. 이런, 캡틴이 다른 사람의 명의로 핸드폰에 가입한 모양이었다.

방법을 궁리하다가 이번에는 문서제출명령을 신청했다. 회사는 분명 캡틴의 주소를 알고 있을 테니 회사가 가지고 있는 캡틴의 이력서, 근무기록카드, 재직 관련 서류를 제출 명령해 달라고 재판부에 신청한 것이다. 다행히 재판부는 신청을 받아들였다. 회사는 명령에 따라 자료들을 제출했는데 그 자료에서 캡틴의 주소뿐만 아니라 캡틴은 회사가 직접 고용한 근로자라는 사실도 확인했다. 예상치 못한 중요한 정보도 확인한 셈이었다.

본격적으로 소송이 시작되었다. 캡틴은 김세연 씨를 괴롭힌 적이 없고, 김세연 씨가 자신을 따랐다고 주장했다. 평소 김세연 씨가 문제가 많았고 개인적인 우울증 때문에 죽은 것이지 자신 때문이 아니라고 했다. 그러면서 증거로 캐디 9명의 확인서와 캐디 59명의 동의서를 증거로 제출했다. 확인서와 동의서는 김세연 씨의 죽음과 캡틴이 무관하다는 내용이었다. 확인서는 캡틴과 가까운 사람들이 자필로 쓴 것이었고, 동의서는 캡틴이 작성한 문서에 캐디 59명이 서명한 것이었다. 분명 캡틴이 서명하라고 하니 마지못해 서명했을 것이지만, 우리에게는 너무나 불리한 자료였다. 이걸 어떻게 대응해야 하나 걱정하던 찰나, 이번에도 김세희 씨가 나섰다. 그는 동의서에 서명한 캐디들에게도 연락을 했고 그중 한 명으로부터 "캡틴이 막 끌고 가더니 경기과 데려가는 거야. 그래서 뭐지, 했는데 무슨 여기에 동의서에 주소, 주민번호, 이름, 서명 쓰래. 그래서 뭔지도 모르고 쓰는데 캡틴이 그 자살 사건과 무관하다는 글 쓰라는 거였어. 거기서 저 안 쓸래요 할 수도 없고."라는 내용의 메시지를 받았다. 강력한 증거들을 날릴 수 있는 한 방이었다. 캡틴이 낸 증거는 증거로서 가치가 없다는 내용으로 준비서면을 쓰고 거기에 이 메시지를 증거로 제출했다.

그러나 손해배상 청구 소송에서는 원고가 입증책임을 부담하기 때문에 안심할 수 없었다. 김세연 씨는 직장 내 괴롭힘 때문에 죽었지만 캡틴과 회사는 김세연 씨에게 우울증이 있었다, 가족 관계 때문에 힘들어했다, 우울증을 야기하는 다이어트 약을 복용했다는 주장을 했다. 반박할 사람이 이 땅에 없으니 캡틴과 회사는 '아무 말 대잔치'를 벌였다. 이건 분명 2차 가해이고 죽은 자에 대한 모독이었다. 그러나 중립적인 태도를 가져야 하는 재판부는 양쪽의 말을 모두 듣고 판단할 수밖에 없다. 상대방의 주장을 허튼소리라고 넘기는 것은 대리인의 자세가 아니다. 그건 결국 아무것도 안 하는 것에 불과하기 때문이다. 직장 내 괴롭힘 때문에 김세연 씨가 죽었다는 것을 전문가로부터 확인받을 필요가 있었다. 그래서 삼성서울병원 정신건강의학과 홍진표 교수에게 도움을 요청했다. 인사를 한 적은 있지만 도움을 청할 정도의 사이는 아니었다. 무례한 요청에도 홍진표 교수는 아무런 대가 없이 기꺼이 응해주었고 방대한 양의 자료들을 모두 분석한 뒤 전문가 소견서를 작성해주었다. 김세연 씨의 죽음의 원인을 밝히는 객관적이고 전문적인 증거였다. 그런 증거는 하나 더 있었다. 심준형, 전은주 노무사 역시 이진우 직업환경의학전문의에게 전문가 소견서를 받았다. 그 소견 역시도 홍진표 교수의 소견과 같은 것이었다.

이 정도면 직장 내 괴롭힘 때문에 김세연 씨가 자살했다는 것을 어느 정도 입증한 것 같았다. 문제는 회사의 책임이었다. 사실을 파헤치면 파헤칠수록 김세연 씨는 특고노동자를 넘어 회사가 고용한 근로자로 보였다. 필드에서 캐디들의 위치는 경기과에 설치된 모니터에 실시간으로 표시되었고, 경기과는 캐디들에게 무선으로 지시하며 앞 팀, 뒤 팀과 일정한 간격을 유지하도록 했다. 또한 캐디들은 아무 때나 출근할 수 없었다. 매일 근무편성표가 바뀌었고, 이 근무편성표에 맞춰 출근해야 했다. 지각을 하면 5점의 벌점을 받았고 조퇴하면 10점, 결근하면 20점의 벌점을 받았다. 조퇴를 하려면 진료확인서와 조퇴신청서를 회사에 제출해야 하는데도 벌점을 받았다. 회사는 캐디들이 지켜야 할 세세한 수칙을 정하고 이 수칙을 어기면 벌점을 매겼다. 카트 충전을 제대로 못 해도 벌점, 청소를 안 해도 벌점, 복장이나 용모가 불량해도 벌점, 배토(골프채로 잔디가 패인 부분을 모래로 메우는 그린 보수 작업)를 안 하거나 불량하게 해도 벌점…… 이렇게 쌓인 벌점이 누적되면 캐디는 '벌당', 즉 벌칙당번을 해야 하는데 이때는 하루 종일 쓰레기 수거, 청소 등 회사가 시키는 일을 해야 했다. 한번은 골프장에 멧돼지가 나타났는데 그 멧돼지를 쫓아내는 것도 당번의 일이었다. 당번을 하는 날에는 경기에 참여할 수 없으니 '캐디 피'도 없었다. 무급 노동을 하는 셈이었다. 벌당 외에도 순번제로 돌아가는 당번도 있었다. 캐디들은 당번을 거부할 수 없었다. 실시간 통제와 지시, 엄격한 관리. 그 어떤 근로자보다 캐디는 회사에 강하게 종속되어 있었다. 아무리 봐도 근로기준법을 적용받는 근로자가 맞았다.

그러나 이 싸움은 계란으로 바위 치기였다. 2000년대 초반 골프장 캐디들은 근로자로 인정받기 위해 줄소송을 펼쳤다. 어떤 재판부는 캐디가 근로자라고 했고, 어떤 재판부는 근로자가 아니라고 했다. 그런데 대법원이 정리했다. 캐디는 노조법상 근로자는 맞지만 근로기준법상 근로자는 아니라고. 이후 나오는 판결마다 캐디가 졌다. 이런 마당에 캐디는 근로기준법상 근로자라고 주장하는 것은 가망 없는 싸움이었다. 그러나 사건별로 실질을 따져야 하고 그때와 지금은 다르니 실낱같은 희망이라도 걸었다. 근무표, 당번순번표, 캐디 수칙, 경기과 모니터 화면 사진 등등 증거들을 모았지만 부족했다.

증거를 어떻게 더 모을까 궁리하다가 회사가 만든 인터넷 카페가 떠올랐다. 이 회사의 캐디가 아니면 카페에 가입할 수 없고, 카페에 올라온 글들을 볼 수도 없지만 그래도 카페 대문 화면은 볼 수 있었다. 보아하니 회사는 이 카페를 통해 캐디들에게 수많은 지시와 공지를 하는 모양이었다. 사건 도중에 공감에 입사해서 나와 노동팀 단짝이 된 강은희 변호사와 몇 번이고 회의를 했다. 노트북을 앞에 두고 카페에 어떻게 접근할 수 있을까 궁리를 하다가 한 가지 방법을 찾았다. 키워드를 검색하니 키워드가 들어간 글의 일부를 확인할 수 있었다. 글 전체가 아니라 몇 개의 문장만 확인 가능했지만 이것으로도 어느 정도 회사의 통제, 지시를 가늠할 수 있었다. 우리는 마주 앉아 키워드를 입력하기 시작했다. 규정, 벌당, 검사, 허락, 용모, 춘추복, 동복, 근무자세, 카트, 필독, 경기팀, 지적사항, 통일, 근태, 휴가, 휴무신청, 면접, 대기바꿈…… 낮부터 시작한 회의는 밤늦게까지 계속되었다. 이렇게 증거들을 긁어모아 법원에 제출했다.

그런데 처음부터 계속 걸리는 것이 있었다. 아는 만큼 보인다고, 골프를 친 적이 없으니 골프장이 돌아가는 사정을 이해하기가 여간 어려운 것이 아니었다. 홀, 티, 그린, 러프, 티샷, 퍼팅…… 여기저기 등장하는 용어들조차 무슨 뜻인지 몰라 사전을 뒤졌다. 캐디 관련 영상들을 찾아보기도 했지만 결정적으로 캐디와 고객 사이에 어떤 공기가 흐르는지, 필드에서 캐디는 어떤 존재인지 알 수 없었다. 이러면 안 되었다.

일단 인터넷으로 골프장 홈페이지에 들어가서 회원 가입을 했다. 골프 예약은 온라인으로도 가능했는데, 회사가 어떻게 경기를 운영하는지 알 수 있었다. 회사는 7분 간격으로 예약을 받았다. 그러니까 7시, 7시 7분, 7시 14분, 7시 21분. 7시 28분…… 월별로 첫 티 시각도 달랐는데 7월에는 새벽 5시 반부터 경기가 시작되었다. 빽빽하게 예약을 받는데도 대부분 예약이 꽉 찼다. 회사가 왜 그렇게 캐디들의 출근, 필드에서의 진행을 신경 쓰는지 알 수 있었다. 앞 팀과 뒤 팀 간에는 7분의 간격만 존재할 뿐이니 이걸 일정하게 유지하게 하는 게 중요했다. 출퇴근 시간 만원 손님을 실어나르는 지하철처럼 캐디는 지체하는 고객을 전진시키는 중차대한 임무를 부여받았다. 그러니까 캐디는 고객을 위해서라기보다 회사를 위해 꼭 필요한 존재였던 것이다. 유레카! 인터넷 회원 가입을 하고 보니 이런 것도 알게 되었다. 또 한 가지, "캐디 피 20만 원". 홈페이지에는 캐디 피(비용)도 공지되어 있었다. 그러니까 캐디가 받아야 할 임금 모두 회사가 정한 셈이었다.

홈페이지만 가입해도 이렇게 중요한 사실을 알 수 있는데, 아무래도 골프장에 직접 가야 할 것 같았다. 골프장이 어떻게 생겼는지, 어떻게 경기가 운영되는지, 캐디가 무엇을 하는지 눈

196

으로 확인하고, 무엇보다 김세연 씨의 죽음에 대해 다른 캐디들은 어떻게 생각하는지 이야기를 듣고 싶었다. 그러려면 골프를 배워야 하나? 그런데 돈이 어디 있다고. 설사 골프장에 간다한들 나를 받아주기는 할까? 내가 대리인인 걸 알면 입장도 안시킬 텐데. 걱정하는 나를 두고 강은희 변호사는 친구들을 동원해 본인이 직접 가겠다고 했다. 그러나 내가 안 되면 같이 대리하는 강은희 변호사도 안 되는 거였다. 무엇보다 이제 로스쿨을 졸업하고 변호사가 된 강은희 변호사의 경제적 사정은 나보다 뻔했다.

직장갑질119 활동가들에게 토로했다. 직장갑질119는 몇 차례 이 사건의 보도자료를 배포하고 언론에 알리는 등 다각도로 역할을 해왔다. 이곳 활동가들이야말로 이 사건에 누구보다 관심이 많고 잘 이해하는 사람들이었다. 내 고민을 듣던 박점규 활동가가 본인이 나서겠다고 했다. 정확하게는 본인 동네 친구들 중 골프를 치는 이들이 몇 있으니 그들에게 골프장에 가서 상황을 둘러보라고 요청하겠다고 했다. 그렇게 하는 게 가능할까 싶어서 처음에는 흘려들었다. 그런데 빈말이 아니었다. 며칠 뒤 박점규 활동가의 친구들은 경기 예약을 했다. 그 친구들이 골프장에 가기 전 우리는 회의를 해서 무엇을 확인하고, 캐디에게 무엇을 물어야 하는지 정리했다. 김세연 씨를 위해, 그리고 이 사건을 위해, 무엇보다 동네 친구인 박점규를 위해 용인에 살던 친구들은 멀리 떨어진 파주까지 가서 공을 치고 숙제를 해결해 돌아왔다. 덕분에 캐디들의 의미 있는 진술을 얻었고, 골프장 돌아가는 사정도 파악했다.

할 수 있는 것은 뭐든 다 했다. 아주 유명한 심리학자한테 무턱대고 도움을 요청하기도 했고, 김세연 씨의 동료를 만나겠다고 의정부까지 가서 두 시간 넘게 기다리다가 허탕 치고 돌아오기도 했다. 김세연 씨의 동료를 증인으로 신청해서 증인신문을 했고 전국여성노조 캐디분회 지부장에게 도움을 요청하기도 했다. 나와 함께 김세연 씨의 유족을 대리하는 강은희 변호사는 70쪽짜리 준비서면 초안을 작성했다. 이러면 재판부가 제대로 안 보겠다 싶어서 내가 내용을 줄인다고 줄였는데도 60쪽이었다. 1심에서 우리가 작성한 준비서면 분량만 A4용지 200쪽이 넘었다. 강은희 변호사와 내가 위자료 청구 소송에 몰두할 무렵 심준형, 전은주 노무사도 산재 신청에 힘을 쏟았다. 우리는 각자 수집한 자료, 정보, 그리고 작성한 서면들을 공유했다. 사건은 얽혀 있어 산재 신청이 잘돼야 위자료 청구 소송도 잘 풀릴 것이었다.

안타깝게도 산재 신청은 받아들여지지 않았다. 〈산업재해보상보험법〉상 특수형태근로종사자도 산재보험의 적용을 받지만, 적용제외 신청을 하면 산재보험에서 제외된다. 회사는 캐디들에게 '산재보험 적용제외 신청서'를 돌렸고, 김세연 씨를 포함한 모든 캐디들이 서류에 사인을 했다. 심준형, 전은주 노무사는 적용제외 신청서가 무효라고 주장했지만 근로복지공단은 받아들이지 않았다. 노무사들의 재심 신청 역시도 인정되지 않았다. 폐해 때문에 훗날 적용제외 신청 제도는 폐지되었지만 과거의 일에까지 소급적용되지는 않았다. 그럼에도 다행이라면 업무상질병판정위원회가 김세연 씨의 죽음을 업무상 질병으로 인정했다는 것이었다. 노무사들이 아무리 애쓴다 한들이기기 어려운 사건이었는데도 심준형 노무사는 너무나 미안해했다. 그러면서 소송에 도움이 될 수 있도록 업무상 질병 판정서와 산재 기록 전체를 정보공개 청구하고 내게 전해주었다. 산재 승인을 염두에 두고 소송에서는 위자료만 청구했지만 산재가 인정되지 않은 이상 청구 취지를 확장할 필요가 있었다. 유족급여분만큼 손해배상 청구금액을 상향했다. 청구금액이 커지면서 사건은 합의부로 넘어갔다.

2023년 2월 15일 몇 차례의 선고 연기 끝에 소장을 낸 지 21개월 만에 판결이 선고되었다. 며칠 전부터 잠을 설쳤다. 중요하지 않은 사건이 없지만 이 사건에 대한 부담은 엄청났다. 사건이 가진 무게 때문에, 김세연 씨와 김세희 씨에 대한 애틋함 때문에 내가 원고라도 된 양 심장이 떨렸다. 보통은 판결 선고를 들으러 법정에 가지 않는다. 형사사건은 피고인이 반드시 법정에 출석해서 판결 선고를 들어야 하지만 민사나 행정 사건은 그럴 필요가 없다. 법정에 가지 않아도 몇 시간 후면 인터넷에서 그 결과를 확인할 수 있기 때문이다. 그러나 이 사건은 선고가 나고 인터넷에서 확인하기까지 그 몇 시간도 기다리기 힘들었다. 직접 법정에서 가능한 한 빨리 결과를 확인하고 싶었다. 지하철을 타고 두 시간 걸려 고양지원에 도착했다. 김세희 씨도 도착했다. 우리는 나란히 방청석에 앉아 결과를 기다렸다. 합장도 아닌 주먹을 쥔 것도 아닌 그 중간의 어디 즈음에서 나는 두 손을 모으고 기도를 했다. 심장이 쿵쾅거려 손마저 떨렸다. 재판부가 원고들의 청구를 기각하면 어쩌지? 아니면 캡틴에 대해서만 책임을 인정하고 회사는 아무런 책임도 없다고 하면 어쩌지?

피고들은 공동하여 원고 김세연의 어머니에게는 김세연이 살아 있었더라면 향후 벌어들였을 소득의 상속분과 청구한 위자료의 각 절반을, 원고 김세희에게는 청구한 위자료의 절반을 지급하라.

오! 나도 모르게 입에서 작은 탄성이 흘러나왔다. 재판부는 캡틴뿐만 아니라 회사에 대해서도 책임을 인정했다. 그리고 상당한 금액의 손해배상을 인정했다. 자살 사건에서 이렇게 큰 금액이 인정된 적이 있었던가. 단지 금액이 커서가 아니라 그만큼 재판부가 캡틴과 회사의 책임을 인정했다는 것은 뜻밖이었다.

우리는 나와서 서로 부둥켜안고 울었다. 우여곡절 많은 집안에서 어려서부터 맏이라는 책임감으로 일찍 철이 든 언니, 동생의 죽음을 밝히느라 고군분투하면서도 소송에 있어서만큼은 대리인을 믿고 대우해준 사람, 순탄하지 않은 가정에서 크고 어렵게 삶을 일구면서도 우아함을 잃지 않은 사람. 본인보다 주변을 챙긴 사람. 참는 게 몸에 밴 사람. 김세희 씨를 통해 김세연 씨가 어떤 사람이었을지 어렴풋이 짐작하기도 했다.

사무실에 들어와 전자소송 사이트에 판결문이 올라오기만 기다렸다. 재판부가 어떤 이유로 우리의 손을 들어준 것인지 궁금했다. 특히 김세연 씨를 근로자로 본 것인지, 아니면 특고노동자에 대한 〈산업안전보건법〉상 사업주 의무 위반을 인정한 것인지 궁금했다. 그러나 판결문을 읽은 순간 적잖이 당황했다. 일단 재판부는 둘 다 인정하지 않았다. 정확하게는 김세연 씨는 근로자가 아니라고 분명히 밝혔고, 〈산업안전보건법〉상 사업주 의무 위반에 대해서는 아무런 판단도 하지 않았다. 대신 민법상 회사의 책임만 인정했다. 아쉬웠지만 어느 정도 예상한 결과이기도 했다. 그런데 내가 당황한 건 다른 데 있었다. 재판부는 먼저 직장 내 괴롭힘에 관한 대법원 판결을 언급했다. 그러고 나서 다음과 같이 열거했다.

위 대법원 판결은 직장 내에서 사업주, 상급자 또는 근로자와 다른 근로자 사이의 '직장 내 괴롭힘'에 관한 것이기는 하나, 직장에서의 지위 또는 관계 등의 우위를 이용하여 업무상 적정범위를 넘어 다른 사람에게 신체적·정신적 고통을 주거나 근무환경을 악화시켰다면 그 피해자가 반드시 근로자여야 할 필요는 없다. 특히 특수형태근로종사자는 사업주에 대하여 경제적 종속성을 띠고, 타인을 이용하지 않고 자신이 직접 노무를 제공하며, 주로 특정한 1인의 사업주를 위하여 노무를 제공하지만 근로기준법상 근로자와 달리 노무를 제공함에 있어 사업주의 특정한 지시나 지휘 · 감독에 구속되지 않아 근로기준법상 근로자와 자영인의 중간적 위치에 있는 노무제공자이므로 위 대법원 판결의 법리를 적용할 수 있다고 판단된다.

그러니까 특고노동자는 근로기준법을 적용받지 못하지만 특고노동자도 직장 내 괴롭힘을 당할 수 있고 이를 불법행위로 규율해야 한다는 거였다. 이건 전혀 예상하지 못한 결과였다. 근로자가 아니라고 하면서도 굳이 직장 내 괴롭힘 법리를 끌어들인 것은 새로운 해석이었다. 좋게 보면 특고노동자도 직장 내 괴롭힘 피해자가 될 수 있다는 것을 법원이 공식적으로 인정한 것이었다. 판사들이 이 사건 때문에 얼마나 고민을 했을지가 눈에 선했다. 선고를 몇 번 연기한 데는 이유가 있었던 모양이다. 판사도 사람인지라 법과 현실의 괴리 상황에서 피해자의 억울함을 달래기 위해 애를 쓴 게 분명했다. 아쉽지만 의미 있는 판결이기에 유족도 1심 판결을 받아들이기로 했다. 그러나 이번에는 캡틴과 회사가 항소했다.

———

뒤늦게 우리도 부대항소(항소를 하지 않았는데 상대방이 항소를 했을 때 나중에 항소를 하는 것)를 했다. 부대항소를 한 이상 이번에는 보다 집중적으로 김세연 씨가 근로자라는 것을 주장했다. 동시에 〈산업안전보건법〉상 사업주의 의무 위반에 대해 1심 재판부가 아무런 판단도 하지 않았다는 점을 지적했다.

   항소심이 개시된 지 3개월이 지나서야 재판부는 사건을 조정에 회부했다. 서로 잘 조정하고 합의해서 끝내라는 조치였다. 아니, 이제 와서 잘 조정하고 합의하라고? 이건 그냥 판결문 쓰기 싫다는 소리 아닌가 싶기도 했지만 걱정하는 유족을 안심시키기 위해 "손해배상 청구 소송에서는 조정에 회부 많이 합니다."라는 형식적인 말을 했다. 조정기일은 조정 회부 결정이 난 지 3개월이 지나서야 열렸다. 패딩 점퍼를 입고 1심 선고를 듣기 위해 법정으로 향했던 우리는 8월 반소매 복장으로 다시 만났다. 김세희 씨는 유치원에 다니는 아들과 함께 나타났다. '아, 네가 김세연 씨가 그렇게 예뻐한 조카구나!' 엄숙한 법원 공기를 아이도 느끼는지 아이는 엄마 품에서 떨어지지 않고 가만히 있었다. 조용한 복도에서 김세희 씨, 그의 아들, 그리고 나만 덩그러니 남아 두런두런 이야기를 나눴다.

   캡틴은 나타나지 않았고 회사 대리인이 조금 뒤 나타났다. 조정위원의 부름을 받고 우리는 조정실에 들어갔다. 법정에서는 법대가 원·피고석, 방청석보다 높아 늘 판사를 올려다보았는데, 조정위원과 높낮이 차이 없이 한 테이블에 앉으니 기분도 조금 말랑말랑해졌다. 그러나 회사측 대리인은 그게 아니었던 모양이다. 조정절차가 시작되자마자 회사 대리인은 조정에 응하지 않겠다고 선언했다. 조정위원은 적잖이 당황했다. 어쩌면 지금 조정이 필요한 건 피고인데 말이다. 조정위원은 계속해서 조정할 의사가 없는지, 왜 조정을 원하지 않는지 이유를 물었지만 회사 대리인은 이유를 대지 않았다. 조정에 응하지 않겠다는 말만 건조하고 간단하게 반복했다. 어쩌면 회사 대리인의 마음도 편치 않은 것인지도 모르겠다. 그의 태도는 이기겠다는 자신감에서 나온 것도 아니었고 1심 판결에 대한 강한 불만에 기인한 것도 아니었다. 그저 형식적으로 일을 처리해야 하는, 말 그대로 대리인의 태도였다. 차라리 다행이었다. 조정위원은 잠시 회사 대리인을 내보내고 우리의 의향을 물었다. "지금까지 오랜 시간을 견뎌왔어요. 많이 지쳤고 또다시 기다려야 하는 것이 힘들어서 조정에 응할 생각도 없지는 않았어요. 그러나 회사가 저렇게 나오는데 어떻게 우리만 조정에 응할 수 있겠습니까." 김세희 씨는 차분하게 말을 이었다. 묵직한 말이 그가 얼마나 심적으로 힘든지 알려주었다. 조정위원은 알았다고 했고 그렇게 조정은 결렬되었다.

사건은 다시 항소심 재판부로 돌아왔다. 변한 것 없이 반년의 시간만 허비했다. 2023년 9월 15일 변론준비기일이 열리고 그로부터 한 달 뒤 변론기일이 열렸다. 그제야 회사는 김세연 씨가 업무와 무관하게 우울증을 앓았다고 주장하며 중부지방고용노동청과 국민건강보험공단에 김세연 씨의 병원 진료, 처방 이력 등에 대한 문서제출명령을 신청했다. 김세연 씨가 생전에 다이어트 약을 복용했고 그 부작용으로 우울증에 걸려 자살한 것이라고 주장하면서 말이다. 중부지방고용노동청에 대한 문서제출명령 신청은 1심에서 오히려 우리가 했고, 회신이 안 와서 끝내 자료를 받지 못하고 끝난 상황이었다. 국민건강

보험공단 자료 역시 이미 1심 진행 중에 우리가 정보공개 청구를 해서 받아 증거로 법원에 제출한 상황이었다. 의미 없는 증거 신청이었기 때문에 재판부가 받아들이지 않을 줄 알았다. 이제는 양쪽 다 같은 말만 반복하고 있으니 여기서 끝낼 줄 알았다. 그러나 재판부는 피고의 증거 신청을 채택했고 한 달 뒤로 변론기일을 다시 잡았다. '아니, 이게 뭐지?' 재판부의 태도는 이해할 수 없었지만 어쩔 수 없었다.

어쩌면 불리한 싸움일 수도 있겠다 싶어서 강은희 변호사와 나는 막판 서면 공세를 퍼부었다. 이렇다 할 증거도 없이 소문에 의존한 회사의 주장은 고인을 두 번 죽이는 일이라고, 김세연 씨가 얼마나 힘든지 회사는 잘 알았고, 김세연 씨가 처음으로 캡틴을 원망하는 캐디 카페에 올렸을 때 그 글을 삭제하고 김세연 씨를 강퇴시킨 건 회사였다고. 회사는 캡틴의 잘못을 대신 책임지는 데 그치지 않고, 김세연 씨를 죽이는 데 적극 가담한 것에 대해 직접적인 책임을 져야 한다고, 다소 감정적으로 서면을 써냈다. 그간 제출한 준비서면에서는 법리적으로 할 수 있는 말에 집중하고 감정을 절제했으니, 이 정도는 봐줄 수 있지 않나 하는 기대와, 재판부에 대한 분노를 조금은 드러내는 것이 전략적으로도 좋지 않겠나 하는 막연한 추측으로. 동시에 이런 판단이 오히려 해가 되지는 않을까 약간의 불안감과 함께.

준비서면이 재판부에 효과를 냈는지 아닌지는 모르겠지만 2023년 11월 16일 두번째 변론기일에서 재판부의 태도는 조금

죽은 동생의 시간으로 뛰어든 언니

205

달랐고 아직 문서제출명령 회신이 오지는 않았지만 회신이 올 때까지 기다리지 않고 변론을 종결하겠다고 했다. 이제 정말 항소심 판결만 기다리면 되었다. 법정에서 나오자 김세희 씨는 조금 울먹였다. 정작 힘든 건 본인인데도 김세희 씨는 우리에게 미안해했다. 강은희 변호사와 나는 정색했다. 이 사건은 김세연 씨의 어머니와 언니의 사건이지만 동시에 강은희 변호사와 나의 사건이기도 했다. 냉정함을 잃은 건 아닐까 가끔 되돌아볼 정도로 우리는 사건에 몰입했다. 타인이 아니니 우리에게 미안해할 필요가 없었다. 그리하여 변론이 끝났는데도 참고서면까지 작성해서 법원에 제출했다.

2023년 12월 21일 판결 선고가 났다. 항소 기각. 천만다행이었다. 얼마 안 있어 전자소송 사이트에 판결문이 올라왔다.

골프장 캐디는 특수형태근로자로 사업주인 피고는 이 사건 골프장의 경기보조원이었던 망인을 보호할 의무가 있었고(산업안전보건법 제5조, 제77조, 같은 법 시행령 제67조 참조)······.

드디어 법원이 특고노동자에게도 사업주의 보호 의무를 인정했다. 법문으로만 존재한 사업주의 보호 의무를 실제 사건에 적용한 최초의 판결이었다. 동시에 이 보호 의무에는 특고노동자를 직장 내 괴롭힘으로부터 보호할 의무도 포함된다는 것을 확인한 판결이었다. 근로자로 인정하지 않은 것은 아쉬웠지만 이만큼이라도 대단한 진전이었다. 김세연 씨뿐만 아니라 전국의 모든 골프장 캐디들, 아니 보험모집인, 학습지교사, 택배기사, 대리운전기사 등등 법에 열거된 특고노동자 모두에게까지 의미 있는 한 걸음이었다.

2024년 1월 17일 회사는 상고했다. 이번에는 오래 걸리지 않았다. 대법원은 2024년 5월 17일 상고를 기각했다.

——

산 사람은 살아야지. 사람의 죽음을 사건으로 접할 때면 나는 늘 먼저 이 생각을 했다. 죽은 사람은 말이 없는데, 산 사람은 죽은 사람의 과거에 갇혀 지낸다. 김세희 씨처럼 동생에 대한 미안함과 죄책감, 한 집안의 맏이이자 가장의 책임감으로 동생의 과거를 찾아 헤맨 사람이라면 더더욱 그렇다. 내가, 강은희 변호사가, 심준형, 전은주 노무사가, 그리고 수많은 사람들이 이 사건에 발 벗고 나선 것은 어쩌면 김세희 씨 때문인지도 모른다. 김세희 씨를 통해 김세연 씨를 짐작하게 되고, 그래서 김세연 씨가 얼마나 힘들었을지 되새기게 되고, 죽은 이의 억울함과 살아가야 할 이의 무게를 덜기 위해 나선 것인지 모른다. 고작 그 방법이 잘못한 이들에게 돈을 받아내는 것뿐이라는 게, 이 시대 죗값의 척도가 돈뿐이라는 게 통탄스럽긴 하지만.

9화

. . . . .

누구나 누리는 권리를 누릴 권리

이주노동자
노예제도 사건

내가 맡은 최초의 노동 사건은 이주노동자 사건이었다. 그것도 헌법재판 사건이었다. 처음부터 내가 맡은 것은 아니었다. 처음 사건을 대리했던 변호사가 유학을 가게 되면서 어쩌다 내가 바통을 이어받게 되었다. 함께 대리한 변호사들이 있기는 했지만 유학을 간 변호사가 주된 역할을 했기 때문에 얼떨결에 내가 주심이 되었다.

헌법재판은 처음이었다. 헌법재판은 소송과 달라서 어떻게 대응해야 할지 잘 몰랐다. 교과서를 읽고, 다른 사건들을 참고 삼아 새롭게 익혀야 했다. 헌법재판은 헌법이 판단 기준인 재판이다. 모든 소송이 헌법에 근거해야 하지만 특히 헌법재판은 헌법을 위반했는지가 주된 판단 기준이 되는 재판이다. 예컨대 법률이 헌법에 위반되는지, 국가 권력이 헌법이 정한 국민의 기본권을 침해하는지, 정당의 목적이나 활동이 헌법에 어긋

나는지를 판단하는 것이다. 헌법재판을 담당하는 곳이 헌법재판소다. 헌법재판소는 법원과는 완전히 독립된 기구다. 법원은 법률이 위헌인지 따질 권한이 없지만 헌법재판소에는 그런 권한이 있다. 대통령 탄핵을 심판하는 곳도 헌법재판소다. 법원은 전국에 분산되어 있지만 헌법재판소는 서울 종로구 재동에 딱 하나 있고 법원에서 재판을 담당하는 판사, 법관은 3천 명이 넘지만 헌법재판소 재판관은 딱 아홉 명이다.

헌법재판도 처음이지만 노동 사건도 처음이었다. 대학 때 노동법 수업을 들은 적이 있고, 사법연수원 때 노동법학회에 가입해 활동하고 노동법 수업을 챙겨 듣기는 했지만 변호사가 되고서도 로펌에 있는 3년 동안 정작 노동 사건을 담당하지 않았다. 그건 한 노동법학회 선배와의 약속 때문이었다. 내가 로펌을 간다는 소식을 접한 선배는 내게 '법정에서 마주치지 말자'고 요구했다. 그 말이 무슨 뜻인지 바로 알았다. 나의 첫 로펌은 중대형 로펌으로 꽤 유명한 곳이었는데 그건 그만큼 돈을 잘 번다는 뜻이고, 그건 주로 회사를 대리한다는 뜻이었다. 사실 대형 로펌 중 노동자를 대리하는 곳은 단 한 곳도 없다. 노동자를 대리해서는 돈을 벌 수 없다. 선배가 내게 법정에서 마주치지 말자고 한 것은 '너는 사용자를 대리할 일이 많을 텐데, 그렇게 살지 말아라'라는 뜻이었다. 그 자리에서 나는 답하지 않았지만 오기가 생겼다. 그 오기 때문에 나는 아예 노동 사건을 맡지 않았다. '어쏘' 변호사(로펌에 소속된 저연차 변호사)인 내가 사건을 고를 처지도 아니었지만 다행인지 불행인지 내게 노동 사

건은 들어오지 않았다. 그리하여 그 로펌에서 3년 일하고 이직
해서야 노동 사건을 맡을 수 있었다. 그런데 첫 사건이 이주노
동자 사건이었던 것이다.

———

사건의 당사자는 인도네시아 국적의 이주노동자 자이날이
었다. 자이날은 비전문취업(E-9) 비자를 받고 2005년 7월 22일
한국에 입국해 일을 시작했다. 임금 체불, 계약기간 만료 등의
이유로 회사를 세 번 옮기고 나서 2007년 5월 15일부터는 경기
도 안산의 제조업체에 취업했다. 그런데 한 달 뒤 회사는 부도
위기를 겪었고 사장님은 회사 상황이 안 좋으니 자이날을 고용
할 수 없다고 했다. 자이날은 알겠다고 했고 사장님과 함께 안
산고용지원센터를 방문했다. 사장님과 센터를 방문한 이유는
이주노동자가 회사를 변경하려면 기본적으로 사업주의 동의를
얻도록 법률이 정하고 있어서다. 다른 말로 하면 사업주가 동
의하지 않으면 이주노동자는 회사를 마음대로 퇴사하고 이직
할 수 없다. 이러한 상황을 악용한 사례가 부지기수였는데 이
직을 원하는 이주노동자에게 사업주가 동의를 해주는 조건으
로 100만 원이 넘는 돈을 요구하는 것이다. 그런데 자이날은 고
용지원센터에서 황당한 이야기를 들었다. 이주노동자는 이직
횟수가 3회로 정해져 있는데 자이날은 이미 세 번 이직했으므
로 더 이상 이직이 안 된다는 것이었다. 자이날은 사장님의 요

구로 일을 그만두는 것이었는데도. 결국 자이날은 체류기간 도중에 본국으로 쫓겨났다.

자아날에게 적용된 법률은 〈외국인근로자의 고용 등에 관한 법률〉이다. 여기서는 외국인근로자의 다른 사업 또는 사업장으로의 변경은 (…) 원칙적으로 3회를 초과할 수 없다.라고 하여 이주노동자의 이직 회수를 3회로 제한하고 있다. 사유를 불문하고 말이다. 그리하여 자이날은 한국의 이주노동단체와 변호사들의 지원으로 헌법소원심판 청구를 했다. 이직 횟수를 제한하는 법률인 자이날의 기본권인 헌법 제10조 인간으로서의 존엄과 가치 및 행복추구권, 헌법 제15조 직업선택의 자유 및 헌법 제32조 근로의 권리를 침해한다는 것이 그 이유였다.

따지고 보면 한국에 일하기 위해 온 서구인도 이주노동자이고 외국계 금융회사나 대기업의 전문직 외국인, 외국인 대학교수도 이주노동자이지만, 문제가 된 〈외국인근로자의 고용 등에 관한 법률〉은 그중에서도 비전문취업(E-9) 비자, 방문취업(H-2) 비자를 가진 이주노동자에게만 적용된다. 그 이유를 알려면 좀 더 거슬러 올라가야 한다.

1980년 후반부터 내국인노동자의 기피현상으로 인하여 저임금 노동력에 의존했던 '3D 업종' 중소기업들은 극심한 인력난을 겪게 되었다. 이들은 그 대체방안으로 이주노동자를 찾았다. 당시에는 이주노동자의 취업 비자가 적었기 때문에 주로는 관광비자를 받아 입국한 외국인이 체류기간을 넘겨 일을 하는 경우가 대부분이었다. 정부는 이 상황을 알면서도 묵인했다. 그러다가 정부는 1991년 11월에 해외투자기업 연수제도를 실시하고 1993년 11월 본격적으로 산업연수생제도를 도입하여 제도적으로 값싼 노동력을 제공받을 수 있는 길을 열었다.

산업연수생제도는 산업연수라는 이름으로 이주노동자를 받아들이는 제도다. 그러나 산업연수생제도는 오히려 이주노동자를 불법적인 상황으로 몰아넣었다. 이주노동자는 연수생 신분으로 입국했지만 연수 없이 곧바로 생산인력에 투입되었다. 실제로 산업연수생제도의 도입 목적도 인력난에 허덕이는 중소제조업체 등에 인력을 공급하기 위함이었다. 그러나 이주노동자는 산업연수생 신분이었기 때문에 근로자로 인정받지 못했다. 그래서 근로기준법 등 노동관계법령의 보호를 받지 못했다. 법적인 보호가 없는 상황에서 이들의 노동 여건은 열악할 수밖에 없었다. 예를 들면, 산업연수생은 임금 대신 국가별로 정해진 연수수당을 받았는데, 그 금액이 내국인노동자의 절반 수준에 불과했으며, 〈최저임금법〉에서 정하는 최저임금에도 미치지 못했다. 이주노동자는 연수업체의 임금 체불, 장시간 근로, 폭행 등에 무방비로 노출되어 있었다. 그 결과 많은 수의 산업연수생이 더 많은 임금과 개선된 노동조건을 찾아 사업장을 이탈했다. 한편 산업연수생은 1년의 연수기간(법무부장관이 필요하다고 인정하는 경우 1년 연장 가능)이 끝나면 본국으로 돌아가야 하는데 그 기간이 너무 짧았다. 이들은 연수기간이 끝난 후에도 본국으로 돌아가지 않고 한국에서 돈을 벌기 위해 체류를 했다. 그렇게 해야만 산업연수생이 되기 위해 투입한 브로커(중개·알선) 비용을 만회할 수 있었다.

산업연수생제도에 대한 비판이 커지자 정부는 1995년 〈외국인산업기술연수생의 보호 및 관리에 관한 지침〉을 만들어 일부 노동법 규정을 산업연수생에게도 적용하고, 2000년에는 산업연수생제도를 변형하여 2년 동안 연수를 받으면 1년 동안 취업할 수 있는 연수취업제도를 도입했지만 이 역시도 이주노동자의 노동자성을 배격하는 것이었기 때문에 미봉책에 불과했다.

그리하여 결국 여러 논란 끝에 2003년 8월 〈외국인근로자의 고용 등에 관한 법률〉이 제정되었다. 이 법은 이주노동자를 근로자로 인정하고 3년 동안 한국에서 일할 수 있도록 하는 것이었지만, 산업연수생제도를 이어받아 인력난에 허덕이는 중소기업을 위한 것이었기 때문에 이주노동자의 권리를 엄격히 제한했다. 일단 이주노동자의 이직이 원칙적으로 금지된다. 사실 이주노동자는 한국에 와서 일자리를 구하는 게 아니라 본국에서 직장이 정해져 들어오게 된다. 내국인을 구하지 못한 사업주가 이주노동자를 구인하면 정부가 외국의 이주노동자를 서로 연결시켜주고 이주노동자는 사업주와 계약을 맺은 뒤 비자를 받아 한국에 입국하는 것이다. 이처럼 이주노동자는 애초에 정해진 회사에서만 일하는 것이 원칙인데 문제는 좋은 사업주들도 있겠지만 안 그런 사업주들이 훨씬 많다는 것이다. 그런데도 사업주가 동의해야만 이주노동자는 이직을 할 수 있고, 그 이직 횟수도 제한되어 있으며, 농업으로 들어온 이주노동자는 농업으로만, 제조업으로 들어온 이주노동자는 제조업으로

만 이직이 가능했다. 이런 이직 제한은 기본적으로 사업주를 위한 것이었다. 이주노동자가 다른 데로 가지 못하게 막아야 인력난 문제를 해결할 수 있기 때문이다.

그런데 따지고 보면 이건 단지 인력난 문제만은 아니다. 괜찮은 직장이었다면 사람을 뽑는 게 어렵지 않았을 것이다. 노동조건이 안 좋고 문제가 많은 회사이기 때문에 내국인도 안 가는 곳이 된 것이다. 그러나 〈외국인근로자의 고용 등에 관한 법률〉 덕분에 사업주는 노동조건을 개선하는 대신 이주노동자를 활용하는 방식으로 문제를 비켜갈 수 있었다.

이 문제적인 법률 때문에 별 희한한 일들이 벌어졌다. 경기도 양주의 농장에서 일하게 된 이주노동자의 경우 일터인 밭과, 비닐하우스 안 컨테이너 박스 하나인 숙소 어디에도 화장실이 없었다. 이 사실을 한국에 들어오고 나서야 알았다. 사업주는 아무 데서나 용변을 보라고 했다. 이주노동자는 이직을 위해 고용지원센터를 찾아갔지만 고용지원센터는 사업주의 동의를 받아오라고 했다. 그러나 사업주가 동의할 리가 없었다. 결국 사업주에게 돈을 주고 동의를 받아 겨우 이직했다. 사업주에게 폭행을 당한 이주노동자도, 성폭력을 당한 이주노동자도 상황은 마찬가지였다.

———

2007년 9월 시작된 헌법재판은 2년이 넘도록 감감무소식이었다. 중간에 고용노동부가 의견서를 낸 게 전부였다. 고용노동부는 직업선택의 자유, 근로의 권리는 내국인의 권리이기 때문에 자이날의 침해된 기본권으로 볼 수 없다고 했다. 그리고 〈외국인근로자의 고용 등에 관한 법률〉에서 이주노동자의 이직을 제한하는 것은 내국인 일자리가 잠식되는 것을 막기 위함이라고 했다. 이직의 자유를 확대할 경우 임금 수준이 높은 업체나 내국인이 일하는 곳으로 이주노동자가 이동하게 되어 내국인의 고용 기회가 침해되고 갈등이 발생할 수 있다는 것이었다. 또한 이직의 자유를 확대하면 이주노동자가 근로조건이 열악한 업체를 점점 회피하여 중소기업의 인력부족을 해결할 수 없고 고용관계의 잦은 변동으로 임금 상승 효과가 발생할 수 있다고 했다.

그러던 2010년 5월 헌법재판소는 공개변론을 하겠다고 통보해왔다. 헌법재판은 소송과 달라서 헌법재판관들이 서류만 보고 판단하는 경우가 대부분인데, 우리 사건을 공개변론하겠다는 것은 그만큼 사회적으로 이슈가 되고 중요하다고 판단했기 때문이다. 공개변론은 좋은 징조였지만 그만큼 부담도 컸다. 왜냐하면 공개변론은 보통 서너 시간 걸리고 그 시간에 청구인측과 피청구인측(정부)이 공방을 해야 하며 헌법재판관이 묻는 질문에 답도 잘해야 하기 때문이다. 이직하고 처음 맡은 사건이어서 부담이 더 컸다.

일단 대리인들을 모아야 했다. 기존에 대리인으로 이름을 올린 변호사들로는 부족했다. 같이 공개변론을 준비하고 재판에 대응할 사람이 더 필요했다. 혼자 힘으로는 역부족이었다. 민변 노동위원회에 도움을 요청했다. 고맙게도 다섯 명의 변호사가 함께하겠다고 나섰다. 우리는 공개변론에 맞추어 서면을 준비했다. 각자 역할을 나눠 조사를 했지만 일단 작성은 내가 책임지고 할 수밖에 없었다. 그리고 우리측 전문가도 물색했다. 헌법재판관들이 이 사건과 법률에 대한 전문가들의 의견을 듣고 싶어했기 때문이다. 딱 떠오르는 사람은 건국대학교의 한상희 교수였다. 헌법 교수이자 진보적인 시각에서 목소리를 내는 분이었다. 그러나 많이 바쁘다는 이야기를 들었기 때문에 부탁해도 거절할 것 같은 불안함이 있었다. 아니나 다를까 요청을 했는데 거절 답변이 돌아왔다. 바쁘다는 것보다는 본인이 이주노동에 대해 잘 모른다는 것이 사유였다. 사실 헌법을 다루는 사람이 이주노동에 관한 법률을 잘 알기는 어려웠다. 그래도 읍소한 끝에 한상희 교수가 수락했고 너무나 근사한 의견서까지 작성해주었다.

우리가 추가 서면과 전문가 의견서를 내자 이번에는 법무부가 이 법률이 합헌이라는 취지로 반대 의견서를 냈다. 그리고 제도를 설계한 사람의 전문가 의견서도 냈다. 재판이 시작된 지 2년 반 동안 잠잠하다가 공개변론을 앞두고 양측의 공방이 치열해졌다.

책임자였기 때문에 나는 나대로 준비를 했다. 헌법재판은 처음인 데다가 공개변론이라는 어떻게 해야 할지 막막했다. 다행히 지난 공개변론의 영상을 헌법재판소 인터넷 홈페이지에서 찾아볼 수 있었다. 청구인측에서 10분간 먼저 청구취지를 요약해서 말하고, 이어서 피청구인측에서 반박의 취지를 요약해서 말하고, 이어서 헌법재판관들이 질문을 하고, 양측 전문가들이 나와서 헌법재판관들의 질문에 응답하고, 끝으로 청구인측과 피청구인측에서 최후진술을 하는 식이었다. 감이 좀 잡혔다. 영상에서 본 대로 공개변론을 준비했다.

　2010년 10월 14일 오후 1시 반 사전에 방청을 신청한 사람이 많아서 재판정이 꽉 찼다. 그중에 눈에 띄는 사람이 있었다. 정부측 대리인 중 한 명이었는데 사법연수원에서 같이 노동법학회를 한 적이 있다. 그는 손에 꼽히는 대형 로펌에 입사했는데 정부는 그 대형 로펌에 사건을 맡겼고, 그 대형 로펌의 사건 담당 변호사로 나와 반대편에 앉게 된 것이었다. 여러모로 기분이 별로였다. 그는 학생운동을 했던 과 선배였고 노동자를 위해 활동하겠다고 노동법학회에도 가입한 것이었다. 그리고 그 대형 로펌은 장애인, 난민처럼 우리 사회의 취약한 사람들을 지원하겠다고 공익활동 전담 센터를 만들었고 대대적으로 홍보했다. 회사 이미지를 좋게 하는 데 이만한 것도 없었다. 실제로 꽤 많은 공익활동을 했고 그중 하나가 이주노동자 지원이었다. 그러나 여기서 말하는 이주노동자 지원은 어디까지나 이주노동자 개인에 대한 지원이었다. 그러다가 정작 이주노동자들을 옥죄는 제도 앞에서는 정부 편에서 이 제도가 합헌이라고 주장한다니 위선적으로 보였다.

　오후 2시 공개변론이 시작되었다. 헌법재판관들이 일렬로 재판정 안으로 들어왔다. 헌법재판관들의 소개와 양측 참석자들 확인이 끝나자마자 청구인측에 왜 헌법소원 심판청구를 한 것인지 그 취지를 말하라고 했다. 나는 일어나서 진술하기 시작했다. 내가 말할 수 있는 시간은 10분으로 제한되어 있었고, 이걸 엄격히 제한하려는지 대형 타이머가 작동했다.

"청구인들은 비전문 취업자격을 받고 국내에 입국한 외국인근로자들입니다. 청구인들은 모두 국내에 입국한 후 사업장을 세 번 변경하였습니다. 이후 청구인들은 경영상 해고 또는 계약기간 만료를 이유로 네번째 사업장에서 퇴사하였습니다. 그런데 사업장 변경 횟수를 3회로 제한한 조항 때문에 체류기간이 남았음에도 불구하고 모두 비자가 취소되었습니다. 문제가 된 조항은 개정 전 및 개정 후 각 〈외국인근로자의 고용 등에 관한 법률〉 제25조 제4항, 동법 시행령 제30조 제2항입니다. 이에 청구인들은 이들 조항을 대상으로 헌법소원을 제기하였습니다.

먼저 이 사건 헌법소원의 적법성과 관련하여 크게 두 가지가 문제됩니다.

첫째, 기본권 침해의 현재성 및 권리보호 이익, 특히 개정법령에 대하여 권리보호 이익이 있는가입니다. 그러나 청구인들에 대한 기본권 침해행위는 이 사건 법령 자체에 기인하는 것입니다. 따라서 같은 행위가 앞으로도 반복될 위험이 여전히 존재합니다. 또한 개정된 조항 역시 개정 전 조항과 동일하게 사업장 변경 횟수를 3회로 제한하고 있습니다. 따라서 이에 대한 위헌 여부의 해명이 헌법적으로 중요한 의미를 지닌다고 할 것입니다.

둘째, 외국인이 헌법상 기본권의 주체가 될 수 있는가입니다. 인간의 존엄과 가치 및 행복추구권, 평등권은 '인간의 권리'입니다. 따라서 비교적 다툼의 여지 없이 외국인도 그 주체가 될 수 있습니다. 문제는 근로의 권리와 직업 선택의 자유가 외국인에게도 인정되는지입니다. '국민의 권리'와 '인간의 권리'라는 용어에 집착하거나 사회권과 자유권이라는 이분법적인 논리로 접근한다면 외국인에게는 이들 권리가 인정되기 어렵다고 볼 수도 있습니다. 그러나 우리 헌법은 세계평화와 인류공영을 목표로 하고 있습니다. 우리 헌법의 목적은 대한민국 안에 거주하는 모든 사람들의 평화롭고 질서 있는 삶을 보장하는 것입니다. 또한 우리 헌법은 보편적인 관점에서 전지구적인 인권을 지향하고 있습니다. 이러한 관점에서 외국인이라고 하더라도 근로의 권리와 직업 선택의 자유의 주체가 될 수 있다고 할 것입니다. 특히 원칙적으로 3년의 체류기간을 보장받고 국내에 거주하고 있는 외국인근로자에 대해서는 최소한 체류기간만큼은 이들 권리를 인정받아야 합니다.

그럼 본격적으로 이 사건 조항들이 위헌인 이유를 밝히겠습니다.

먼저 법률 제25조 제4항입니다. 우선 당해 규정은 과잉금지의 원칙에 반합니다. 상대방이 제출한 변론요지서에 따르면 당해 조항의 두 가지 목적 중 하나는 '영세사업장의 인력부족 해소'입니다. 그런데 '영세사업장의 인력부족 해소'는 명목상 목적에 해당합니다. 그 실질은 '싼값에 오랫동안 외국인근로자를 사용하겠다'는 것입니다. 실제 2008년 노동부가 제출한 의견서에는 '외국인근로자의 과도한 임금 상승 방지'가 목적이라고 명시되어 있습니다. 그런데 이것은 그 자체로 국가안전 보장, 질서 유지 또는 공공복리와 관련이 없습니다. 왜냐하면 임금 상승 억제는 자유시장경제질서에 반하기 때문입니다. 또한 일한 것에 대한 정당한 보상을 막는 것이기 때문입니다. 따라서 목적의 정당성이 없습니다.

물론 '내국인의 일자리 보호'라는 점에서는 그 정당성이 인정될 수는 있습니다. 그러나 사업장 변경 횟수를 제한한다고 해서 내국인의 일자리가 보호되는 것은 아닙니다. 왜냐하면 외국인근로자가 변경할 수 있는 사업장 역시 내국인 고용의무를 다하였으나 내국인을 찾지 못하여 외국인을 고용하고자 하는 사업장이기 때문입니다. 쉽게 말하면 외국인근로자는 내국인이 가지 않는 사업장으로만 이동할 수 있기 때문입니다.

더 나아가 우리 법률은 내국인의 일자리를 보호하기 위하여 다양한 제한 규정을 두고 있습니다. 외국인근로자는 법이 정하는 특별한 사유가 있는 경우에만 사업주의 확인을 받아서 사업장을 변경할 수 있습니다. 또한 동일한 업종에 한하여 사업장 변경이 허용됩니다. 즉 제조업으로 들어온 자는 제조업 사업장으로만, 축산업으로 들어온 자는 축산 사업장으로만 이

동할 수 있습니다. 또한 우리 정부는 매년 업종별 도입 인원을 통제하고 있습니다. 따라서 사업장 변경 횟수를 제한하지 않더라도 내국인의 일자리가 침해되거나 내국인의 대체 가능성이 높은 업종으로 외국인근로자가 이동할 가능성은 없습니다. 이러한 사실은 외국의 입법례를 보아도 알 수 있습니다. 그 어느 나라도 사업장 변경 횟수를 제한하지는 않습니다. 굳이 사업장 변경 '횟수'를 제한하지 않더라도 사업장 변경 '사유'나 업종, 도입 입력의 제한 등을 통해 내국인근로자 고용 기회 보장이라는 입법 목적을 달성할 수 있기 때문입니다.

이처럼 효과는 없는 반면 사업장 변경 횟수를 제한함으로써 외국인근로자가 입는 불이익은 매우 큽니다. 본 대리인이 직접 만난 외국인근로자를 예로 들어보겠습니다. 그녀는 작물재배업 비자를 얻어 2008년에 한국에 입국했습니다. 작물재배업이 가지는 계절적 특성과 영세성으로 말미암아 그녀는 일을 시작한 지 불과 3개월 만에 일감이 없다는 이유로 해고를 당했습니다. 이후 그녀는 같은 이유로 사업장을 세 번 변경하였습니다. 마지막 사업장에서 그녀는 임신을 하였습니다. 그러자 사업주는 1년의 계약기간이 끝났을 때 그녀로 하여금 일을 그만두게 하였습니다. 체류기간이 1년 더 남은 상황에서 졸지에 그녀는 불법체류자의 신분으로 전락하였습니다. 다른 예를 들어보겠습니다. 그는 제조업의 비자를 얻어 2008년 한국에 입국했습니다. 그런데 근로계약서에 기재된 내용과 실제 근로조건과 임금은 매우 달랐습니다. 결국 그는 사업장을 세 번 변경하였습니다. 마지막 사업장에서 이미 사업장 변경 횟수를 다 채웠다는 사실을 안 사업주는 그를 함부로 대했습니다. 폭언과 폭행을 당하고 착취에 가까운 일을 했지만 그는 비자가 취소되는 것이 두려워서 계속 일을 하고 있는 상황입니다. 이처럼 당해 조항은 목적의 정당성, 수단의 적절성, 법익의 균형성, 피해의 최소성 모두 상실하고 있습니다.

또한 당해 조항은 결과적으로 강제근로를 강요하는 상황에서 기본권의 본질적인 내용을 침해하고 있습니다. 당해 조항은 평등의 원칙에도 반합니다. 업무의 특성, 절차, 취업 가능 업종, 관리 형태에 있어서 방문취업자격을 가지고 입국한 자와 비전문 취업자격을 가진 외국인근로자 사이에는 차이가 없습니다. 그럼에도 불구하고 우리 법은 방문취업 자격을 가지고 입국한 자에 대해서는 사업장 변경에 있어서 아무런 제한을 두고 있지 아니합니다. 물론 동포애적인 관점에서 이들에게 보다 유리한 조건을 부여하는 것은 나름대로 의미가 있습니다. 그러나 이렇게 볼 경우 '내국인 일자리를 보호한다'는 당해 조항의 목적은 무색해질 수밖에 없습니다.

이상의 이유로 개정 전 및 개정 후 각 〈외국인근로자의 고용 등에 관한 법률〉 제25조 제4항, 동법 시행령 제30조 제2항에 대하여 모두 위헌 결정을 내려주시기 바랍니다."

말이 끝나자 딱 10분이었다. 사실 영상을 보고 미리 10분에 맞춰 원고를 준비하고 외운 상황이었다. 이어서 피청구인측 변호사가 반박의 진술을 했다. 그런데 피청구인측 변호사는 이렇게 10분 동안 진술할 시간이 주어진다는 것을 몰랐나보다. 하긴 소송에서는 이런 절차가 없으니. 청구인측 변호사는 어눌하고 서툰 말투로 했던 말을 반복하다가 10분을 넘겼고 헌법재판장이 마무리하라는 요구를 하자 급하게 말을 끝냈다.

'아 모두진술은 우리가 더 잘했구나'라고 안심하기에는 일렀다. 헌법재판관들의 질문이 쏟아졌다. 나름 준비를 한다고 했는데도 예상 못 한 질문 몇 개에는 명쾌하게 답을 하지 못했다. 한 재판관은 우리 쪽을 향해 "외국인에게는 기본권이 없습니다. 헌법은 국민을 위한 것인데 어떻게 외국인에게 기본권이 있습니까?"라고 호통 아닌 호통을 치기도 했다. 정부측 대리인들은 우리보다 더 헤맸다. 헌법재판관들의 질문에 답을 제대로 못 해서 혼나기까지 했다. 분위기는 엄숙하다 못해 살벌했다. 이런 분위기를 만회한 사람은 한상희 교수였다. 본인은 이주노동에 대해 잘 모른다고 했지만 헌법적인 관점에서 헌법재판관들이 궁금해하는 것들을 속 시원히 답했다. 정작 제도를 설계했다는 정부측 전문가는 '외국에서는 이주노동자의 이직이 불가능하다'만 외치다 들어갔다. 마지막 권영국 변호사의 최후진술까지 분위기는 우리의 '승'이었다.

그러나 이게 끝이 아니었다. 공개변론은 끝났지만 언제 선고될지 알 수 없었고, 예상할 수 없는 선고일 전에 헌법재판관들이 질문했던 것들에 답하는 내용, 그리고 정부측 주장에 반박하는 내용으로 서면을 써야 했다. 대리인단 변호사들 모여 외국 법제도와 논문까지 뒤지며 조사를 했고, 이전과 마찬가지로 내가 내용을 정리해서 서면 두 개를 작성해 제출했다.

공개변론이 끝나고 1년이 지난 2011년 11월 6일 드디어 헌법재판소에서 선고가 열렸다. 떨리는 마음을 부여잡고 재판정에 앉았다.

이 사건 심판청구를 기각한다.

우리가 졌다. 헌재는 외국인에게도 직장 선택의 자유가 있지만 해당 법률은 내국인근로자의 고용 기회를 보호하는 한편 외국인근로자에 대한 효율적인 고용 관리로 중소기업의 인력 수급을 원활히 하기 위한 취지라며 외국인근로자들의 기본권을 침해한다고 볼 수 없고, 외국인근로자에 대한 체계적 관리의 필요성 등에 비춰보면 현행법은 합리적이라고 했다. 소수 의견으로 목영준, 송두환, 이정미 재판관이 "법이 추구하는 공익보다 침해되는 외국인근로자의 이익이 더 크다."라는 취지의 반대 의견을 냈지만 다수 의견대로 합헌 결정이 났다.

———

그사이 법률이 조금 바뀌었다. 성폭력 등의 인권 침해를 당한 이주노동자는 사업주의 동의 없이도 이직을 할 수 있게 되었다. 그러나 여전히 인권 침해를 당한 사실을 이주노동자가 입증해야 하기 때문에 예나 지금이나 이주노동자는 일터를 바꾸기 어렵다. 내국인 고용 기회를 보호한다더니 이주노동자를 고용할 수 있는 업종은 더 늘었다. 내국인을 구하기 힘들기 때문에 어쩔 수 없다는 건 핑계다.

지금도 가끔 생각한다. 좀 더 열심히 했더라면 결과가 달라졌을까? 아니 그렇지는 않았을 것이다. 최근에도 헌법재판소는 같은 취지로 합헌 결정을 냈으니까. 그러나 지금까지도 아쉬운 게 하나 있는데 헌법재판소가 합헌 취지로 '내국인근로자의 고용 기회를 보호하기 위함'을 그 근거로 내세웠는데, 그렇지 않다는 것을 헌법재판관들에게 잘 설득하지 못한 것이다. 이주노동자의 이직을 제한한다고 내국인노동자의 고용 기회가 늘어나는 것은 아니다. 아니, 정반대다. 이직을 제한하면서까지 싼 값에 마음대로 이주노동자를 사용할 수 있는데 사업주가 뭣 하러 내국인을 고용하겠는가. 이주노동자를 착취해서 득을 보는 건 단지 사업주일 뿐이다. 이주노동자를 값싸게 부릴 수 있게 되면서 건설업에서 내국인노동자의 일자리가 줄어들고 임금도 줄어든 것처럼, 이주노동자의 이직을 제한할수록 내국인노동자는 일자리를 구하기 어려워질 수밖에 없다.

내국인, 외국인을 불문하고 모든 노동자는 연결되어 있다. 외국인노동자의 임금이 적으면 내국인노동자의 고용 수요가 줄어들고 내국인노동자의 임금까지 덩달아 떨어진다. 그래서 미국이나 유럽은 자국민의 임금이 떨어지는 것을 막기 위해 일부러 이주노동자의 임금을 낮게 책정하는 것을 금지하고 있다.

그런데도 민생을 위해 이주노동자의 최저임금을 내국인보다 낮게 책정해야 한다는 주장이 정치권에서 끊임없이 나오고 노동법이 적용되지 않는 이주 가사노동자까지 들여오게 되었다.

다만 이직을 자유롭게 하면 이주노동자에 대한 착취가 줄어들 것이라고 생각했지만 그건 어쩌면 착각이었는지도 모르겠다. 조선족 동포들을 비롯해 이직이 자유로운 이주노동자들도 많이 늘었다. 〈외국인근로자의 고용 등에 관한 법률〉을 적용받는 이주노동자보다 그렇지 않은 이주노동자들이 훨씬 많다. 이제는 이주노동자가 없으면 우리 사회는 당장 멈출 지경이다. 그런데 이직의 자유가 있는, 〈외국인근로자의 고용 등에 관한 법률〉 밖에 있는 이주노동자 역시 가장 낮은 대우로 일하고 있다. 2024년 리튬전지 생산업체 아리셀에서 일어난 화재로 노동자 23명이 사망하는 일이 벌어졌는데 그들 다수는 이직이 자유로운 이주노동자였다. 그들 역시 현대·기아자동차의 비정규직 노동자들처럼 메이셀이라는 하청업체를 통해 아리셀에 불법 파견되었다.

합헌 결정이 난 지 10년도 더 넘는 시간이 흘렀고, 그사이에 이주노동자는 기하급수적으로 늘었고, 이직의 자유가 있든 없든 그들 모두가 우리 사회의 밑바닥에서 일하고 있다. 백인이 아닌, 전문직이 아닌 외국인 이주노동자들. 그들 없이는 한국의 여러 산업이 돌아가지 않는다는 걸, 그럼에도 그들이 2등 시민으로 산다는 걸 우리 사회는 너무나 당연하고 자연스럽게 받아들이고 있다.

10화

누가 죄를 짓고 누가 법을 지키라 하나

비정규직
노동자 형사 사건

형사는 소송의 큰 축이다. 드라마나 영화에 주로 등장하는 법정물도 주로 형사 사건을 다룬다. 범죄를 저질렀거나 억울한 누명을 쓴 피고인과 그를 변호하는 변호사 이야기. 노동 사건을 전문으로 하는 변호사도 예외는 아니다. 근로기준법은 물론 〈최저임금법〉〈산업안전보건법〉 등 노동법은 저마다 법을 어긴 사업주·사용자를 처벌하도록 정하고 있다. 임금을 지급하지 않은 자는 3년 이하의 징역 또는 3천만 원 이하의 벌금에, 근로계약서를 작성하지 않거나 주지 않은 자는 500만 원 이하의 벌금에 처해질 수 있다. 안전조치를 하지 않아서 노동자를 사망에 이르게 한 자는 7년 이하의 징역 또는 1억 원 이하의 벌금에 처해질 수 있다. 〈중대재해 처벌 등에 관한 법률〉이 시행된 후로는 1년 이상의 징역 또는 10억 원 이하의 벌금까지 가능해졌다. 대부분의 변호사는 노동법을 위반한 사업주·사용자를 변호한다. 그래야 돈이 된다. 그러나 나처럼 노동자 편에 선 변호사도 노동법을 위반한 사업주·사용자를 고소하는 방식으로 형사 사건을 맡기도 한다. 비중으로 따지면 전자가 훨씬 많다. 특히 〈중대재해 처벌 등에 관한 법률〉은 형량이 센데, 그 말은 변호사 수임료도 높다는 뜻이다. 법을 위반한 기업, 오너, 대표는 처벌받지 않기 위해, 혹은 형량을 낮추기 위해 많은 돈을 들여 변호사를 선임한다. 그래서 요즘 대형 로펌은 검사, 판사, 경찰, 고용노동부 출신의 전관을 '모셔'놓고 관련 사건 대응에 열을 올리고 있다.

이렇게 따지면 노동자 편에서 일하는 변호사는 노동법을 위반한 사업주·사용자를 고소·고발하는 것 말고 형사 사건이 없을 것 같지만 그렇지 않다. 노동자가 피고인이 되어 법정에 서는 경우도 있다. 특히 노동조합 활동을 열심히 하는 사람들 중에는 감옥에 다녀온 사람들이 제법 된다. 파업을 하면 업무방해죄로, 회사가 봉쇄한 공장 안에 들어가면 건조물침입죄로, 사측과 물리적으로 충돌이라도 하면 폭행죄·손괴죄로 법정에 선다. 집회를 하면 집회및시위에관한법률위반죄, 집회·시위 장소가 도로면 일반교통방해죄다.

건설회사와 조합원들의 채용을 교섭했던 양회동 건설노조 간부는 공갈 등의 혐의로 조사받다가 "내가 오늘 분신을 하게 된 건 죄 없이 정당하게 노조활동을 했는데 집시법 위반도 아니고 '업무방해 및 공갈'이라니 자존심이 허락되지가 않는다."라는 유서를 남기고 자살했다. 내가 아는 노동단체 여성 활동

234

가는 전과만 73개다. 범죄 경력 조회를 위해 경찰서를 방문했는데 담당자가 조심스럽게 눈을 치뜨면서 범죄경력회보서를 주더란다. 도대체 어떤 인간인가 궁금한데 무서우니 제대로 눈을 마주칠 엄두가 안 났던 모양이다. 그 말을 듣고 크게 웃었는데 누구도 그 활동가가 전과 73범이라고는 상상도 못 할 것이기 때문이다. 투덜대면서도 사람들이 부탁하는 일을 자기 일처럼 챙기는 사람이고, 궂은일 마다하지 않는, 누구보다 사람들을 아끼고 생각하는 성품인데 그런 사람도 전과 73범이 될 수 있다. 노동운동하는 사람을 반국가세력으로 보는 이 나라에선 말이다. 노동 영역에서는 정의감이 투철하고 희생정신, 책임감이 강한 사람이 앞장서서 싸우다가 감옥에 가는 일이 잦다. 독립운동하는 것도 아닌데 노동조합 활동이라도 할라치면 투옥되는 걸 감수하고 다짐하는 것이 이 바닥의 생리인 것이다. 그러다 보니 어쩌다가 각종 공안범죄로 피고인이 되어버린 노동자들을 변호하는 일이 지금까지 내가 맡은 형사 사건의 절대다수를 차지한다.

———

2022년 1월, 직장갑질119, '비정규직 이제그만' 활동가들과 한라산에 올랐다. '비정규직 이제그만'은 비정규직 문제를 해결하겠다며 비정규직 노동자들이 자발적으로 만든 조직이다. 즐겁게 놀자고 간 자리였고, 동시에 형사 1심 판결 선고를 앞둔 김수억 활동가를 위로하는 자리이기도 했다. 김수억은 기아자동차의 비정규직 노동자로서 기아자동차 비정규직지회 지회장이자 '비정규직 이제그만'의 공동소집권자였다. 그는 비정규직 문제를 알리기 위해 집회를 열고 정부를 상대로 이런저런 투쟁을 해왔는데 그 일로 2019년 7월 기소되었고 조만간 1심 판결이 선고될 예정이었다. 같이 간 사람들이 내게 판결 결과가 어떻게 날 것 같은지 물었다. 나는 사실 그가 어떤 활동을 했고 왜 기소된 것인지 정확히 알지 못했다. 그가 한창 활동하던 2018년 여름에 나는 1년 휴직에 들어갔다. 일에 지쳐 완전히 소진된 상태였고 그래서 은둔자처럼 모든 연락을 끊고 세상 돌아가는 일에 관심을 기울이지 않았다. 자세한 사정을 모르니 형량을 예측하는 것은 불가능했다. 법원이 양형 기준을 만들기는 했지만 판결에는 담당 판사의 가치관과 태도가 크게 영향을 끼치기 때문에 역술인이 미래를 점치는 수준으로 나 역시 형량을 예상할 수밖에 없었다. 그럼에도 불구하고 실형은 떨어지지 않을 것이라고 호언장담했다. 굳이 선고일까지 불안에 떨 필요가 없으니 일부러 형량을 줄여 말한 측면도 있지만, 그의 죄명은 일반교통방해, 건조물침입, 집회및시위에관한법률위반, 공무집행방해였고 사사로운 이익을 위해 행동한 게 아니었기 때문에 진짜 실형은 떨어지지 않을 것이라고 생각했다. 이들 범죄가 중하지 않다는 의미가 아니다. 다만 살인, 상해, 강도, 강간, 절도처럼 피해자가 분명하고 그 피해가 심각한 죄들과 비교하면 흉악범이 아닌 것은 확실하지 않은가. 그럼에도 불구하고 내 말을 믿지 않는 그에게 나는 진지하게 생각하지 않고 이렇게 말했다.

"실형 떨어지면 항소심에서는 제가 변호할게요."

이 약속을 지키게 될 줄은 몰랐다. 2022년 2월 9일 그는 1년 6월의 실형을 선고받았다. 법정구속을 면한 게 그나마 다행이었다. 피고인들, 검찰 양쪽 모두 항소했다. 1심을 담당했던 법무법인 여는의 탁선호 변호사에게 연락해 실례가 안 된다면 항소심에 나도 변호인으로 결합할 수 있을지 물었다. 탁선호 변호사는 흔쾌히 수락했다. 그리고는 1심 소송기록과 1심에 제출했던 변호인들의 의견서·참고자료들을 보내주었다. 그리하여 나는 2022년 3월 4일 항소심 법원에 변호인 선임계를 제출하고 본격적으로 항소심을 준비했다.

그런데 김수억만 기소된 건 아니었다. 비정규직 노동자이자 비정규직 노동조합에서 활동하는 임원 열여섯 명도 함께 기소되었고, 그들 역시 집행유예이기는 하나 징역형부터 벌금형까지 모두 유죄 판결을 선고받았다. 다수의 피고인이 여러 행위로 기소된 사건이다보니 판결문만 56쪽, 검찰이 제출한 증거기록은 1만 쪽에 달했다. 여기에 변호인들이 제출한 의견서, 증인신문 녹취서 등까지 합치면 1심 소송 기록은 1만 쪽을 훌쩍 넘겼다. 2022년 3월 22일까지 항소이유서를 제출해야 하는데 기록을 읽는 데만도 시간이 너무 부족했다.

그런데 기적이 일어났다. 코로나19에 걸린 것이다. 이게 왜 기적이냐면, 평소에는 하루에도 한두 개의 회의, 외부 미팅 때문에 한 가지 일에 집중하기 어려운데, 코로나19 때문에 일주

일은 집 밖으로 나가지 않고 온전히 소송 기록을 읽는 데 전념할 수 있었기 때문이다. 기록을 읽겠다는 의지 덕분일까, 다행히 처음 이틀만 통증이 심했고 사흘째부터는 기침이 잦은 것 말고는 몸의 컨디션도 나쁘지 않았다. 일주일을 컴퓨터 앞에 앉아 1심 소송 기록을 읽었다.

그 많은 기록을 읽는 것은 고통이었다. 그러나 절반 정도 읽었을 때부터는, 앞에서 나온 증거들이 중복되다보니 속도가 붙었다. 겉으로는 검찰이 주장하는 공소사실을 입증하기 위해 정말 많은 증거들을 첨부한 것 같았지만, 실제로는 중복되거나 불필요한 자료들이 많았다. 증거가 많다는 착각이 들게 하는 일종의 눈속임이랄까. 가뜩이나 사건이 많아 평소에도 판사들은 기록에 파묻혀 지내는데, 과연 판사들이 나처럼 일주일을 온전히 검찰이 제출한 1만 쪽 분량의 증거기록을 검토할 수 있을까? 그건 불가능하다. 어쩌면 판사는 증거의 양에 압도되어 증거들을 제대로 살피지 않은 채 유죄라고 단정했을지도 모르겠다.

그런 꼼수 중의 하나는 공소장에도 있었다. 공소장은 총 35쪽 분량인데 맨 앞에 피고인들의 범죄전력이 기재되어 있었다. 그 누구라도 범죄전력을 보면 이번에도 범죄를 저질렀을 것이라는 예단을 하지 않을 수 없을 것이다. 그걸 노린 것인지 검찰은 공소장에 쓸 이유가 없는 피고인들의 범죄 전력을 길게도 기재한 것이었다. 이건 공소장일본주의의 원칙에 위반된다. 공소장일본주의란 검사가 공소를 제기할 때 법원에 예단을 발생시킬 여지가 있는 서류, 물건을 첨부하거나 그 내용을 인용할 수 없고 공소장 하나만을 제출하여야 한다는 원칙이다. 검찰이 이 원칙을 모를 리 없다. 그래서 검찰은 예단을 일으킬 자료들을 공소장에 첨부하는 대신 아예 공소장에다가 그 내용을 끼워넣는 방식으로, 원칙을 우회적으로 어긴 것이다. 다행히 1심에서 변호인들이 이 문제를 지적했다. 그러자 검사는 공소장에 기재된 범죄전력 부분을 모두 삭제하는 취지로 공소장 변경을 신청했고, 법원은 그 신청을 받아들였다. 그러면 뭐 하나. 이미 판사는 피고인들의 범죄전력을 다 봐버렸는데.

경찰과 검찰의 꼼수가 난무하는 소송기록을 읽는 것은 고역이었지만 한편으로는 묘한 감동도 있었다. 피고인이 된 비정규직 노동자들의 과거 행적을 쫓는 데 소송기록은 꽤나 유용한 자료였다. 당시 무슨 일이 있었고, 그들이 무엇을 했고, 왜 그렇게 한 것인지, 비정규직 노동운동의 한 역사를 들여다보는 느낌이었다.

———

자동차 조립공장에는 어마어마한 규모의 컨베이어 벨트가 있다. 이 컨베이어 벨트를 타고 조립 중인 자동차가 이동하면 노동자는 부품을 조립해 조금씩 차량을 완성해나간다. 그런데 이 연속된 컨베이어 벨트에서 일하는 누구는 대기업인 자동차 회사 소속 정규직 노동자이고 누구는 하청업체 소속 비정규직 노동자다. 모두 똑같이 자동차회사의 지휘·감독을 받아 일을 하지만 신분은 다르다. 자동차 조립뿐만 아니라 자동차를 만들어 포장하고 배송하고 판매하는 모든 공정에 하청업체 소속의 비정규직 노동자들이 존재한다. 소속은 하청업체이지만 실제로는 하청업체를 통해 자동차회사에 파견된 노동자들이다. 그런데 제조업은 파견이 금지되어 있다. 파견이 금지된 업종에서 파견노동자를 공급하거나 사용하면 파견법에 따라서 3년 이하의 징역 또는 3천만 원 이하의 벌금에 처하게 된다. 또한 파견노동자를 사용한 사업주는 파견노동자를 직접 고용해야 할 의무를 지게 된다. 경우에 따라서는 파견노동자를 직접 고용한 것으로 간주되기도 한다.

그리하여 2005년 현대·기아자동차의 비정규직 노동자들은 현대·기아자동차를 상대로 싸우기 시작했다. 고용노동청에 현대·기아자동차를 파견법 위반으로 고소했고 현대·기아자동차에 비정규직 노동자들에 대한 직접 고용 의무를 부과시키기 위해 민사소송을 걸었다. 현대·기아자동차는 자신들이 활용한 것은 파견이 아니라 도급이라고 주장했다. 도급은 일의 완성을 목표로 하는 계약의 한 유형이다. 그러니까 현대·기아자동차는 하청업체에 공정의 일부를 떼어주고 완성시키도록 했을 뿐이며, 하청업체에 속한 비정규직 노동자들을 공급·파견 받은 것이 아니라고 주장했다. 현대자동차에 대한 판단이 먼저 나왔다. 2004년 고용노동부는 현대자동차의 주장을 배척하고 파견이 맞다고 판단했다. 그러면서 파견이 금지된 제조업에서 파견한 것이므로 기소 의견으로 검찰에 송치했다. 그러나 정작 검찰은 파견이 아니라 도급이라고 했다. 2010년 대법원 판결이 나면서 상황이 바뀌었다. 대법원은 도급이라는 회사의 주장을 받아들이지 않고 현대자동차가 하청업체를 통해 비정규직 노동자들을 불법적으로 파견받았다고 판단했다. 그리하여 파견을 인정하고 현대자동차는 파견법에 따라 비정규직 노동자들을 직접 고용해야 한다고 판결했다. 이후 기아자동차에 대해서도 마찬가지였다. 대법원 판결을 기점으로 비정규직 노동자들의 승소 판결이 이어졌다.

그러나 고용노동부와 검찰은 움직이지 않았다. 불법 파견이라는 판단이 나왔으니 고용노동부는 회사를 근로감독하고 법을 지키도록 시정명령을 내려야 했다. 검찰은 파견법을 위반한 사업주들, 관련자들을 기소해야 했다. 비정규직 노동자들의 고소·고발이 이어졌지만 고용노동부는 검찰을 핑계 대며 아무것도 하지 않았고, 검찰은 비정규직 노동자들을 상대조차 하지 않은 채 침묵으로 일관했다.

그러다가 2010년 8월 고소장이 접수된 지 5년이 지나서야 고용노동부는 사건을 검찰에 송치했다. 대법원이 불법 파견을 인정한 공정 중 일부 공정에 대해서만 불법 파견을 인정하고 검찰에 송치했는데, 검찰은 다시 수사하라고 지휘했다. 검찰의 수사 지휘에 따라 고용노동부는 불법의 범위를 축소시키고 극히 일부에 대해서만 기소 의견으로 재송치했다. 그런데도 검찰은 마음에 안 들었던지, 고용노동부에 불기소 의견으로 고쳐서

송치하라고 지시했다. 검찰이 왜 대법원의 판단을 어겨가면서까지 죄가 안 된다고 판단한 것인지 이해가 되지 않는다. 노동자들이 파업하면 득달같이 달려들어 기소하면서 정작 사용자, 그것도 대기업의 노동법 위반에는 한없이 너그러운 느낌이다. 그 사이 파견노동자들은 늘어나고 파견 허용 업종도 확대되었다. 곳곳에서 원청을 상대로 싸우는 노동자들이 생겨났다.

2017년 박근혜 대통령이 탄핵되고 문재인 정부가 들어섰다. 같은 해 11월 문재인 정부는 고용노동행정 개혁위원회를 꾸리고 그간 고용노동행정 분야에서 오랫동안 쌓인 폐단을 찾아 개혁하겠다고 나섰다. 고용노동행정 개혁위원회가 조사한 대상에는 현대·기아자동차 불법파견 문제도 있었다. 그런데 2018년 7월 31일 고용노동행정 개혁위원회는 해산될 예정이었음에도 불구하고 막판까지도 현대·기아자동차 불법파견 문제에 대한 결론을 내리지 못했다. 비정규직 당사자이자 비정규직 노동조합의 대표 혹은 간부로서 문제 해결에 발 벗고 나선 피고인들은 2018년 7월 26일 오후 2시 무렵 서울지방고용노동청을 방문했다. 서울지방고용노동청 4층에 고용노동행정 개혁위원회 사무실이 마련되어 있었는데 그곳에서 고용노동행정 개혁위원회 위원장을 면담할 요량이었다. 같은 층에 있던 서울지방고용노동청 직원의 말에 의하면, 위원장은 현재 자리에 없고 오후 늦게 돌아올 거라 했다. 피고인들은 그곳에 대기하다가 사무실로 복귀한 위원장과 한 시간 정도 면담하고 오후 6시경 밖으로 나왔다. 그런데 피고인들은 퇴거불응죄로 기소되었다. 4층에 근무하던 서울지방고용노동청 직원들이 서너 번 나가라고 했는데 피고인들이 불응했다는 것이 그 이유다. 피고인들 중에는 위원장 면담 다음 날 열린 고용노동행정 개혁위원회 마지막 회의를 방청하려던 이도 있었는데, 이 역시도 폭력행위등처벌에관한법률위반(공동주거침입)죄로 기소되었다. 청사 관리자의 의사에 반하여 여럿이 함께 청사에 침입하려 했다는 것이 그 이유다.

막판까지 결론을 내리지 못했던 고용노동행정 개혁위원회는 2018년 8월 1일 고용노동부장관에게 "자동차 업종 불법파견 사건에 대한 부당처리에 대해 유감을 표명할 것, 현대·기아자동차의 불법파견 문제를 해결하기 위하여 직접고용 명령을 내릴 것, 현대·기아자동차와 비정규직 노동자 간 협의·중재 등 적극적인 조치를 조속히 취할 것"을 권고했다. 그러나 고용노동부가 우물쭈물하는 사이 2018년 9월 20일 현대·기아자동차는 문제가 된 비정규직 노동자 1300명을 정규직으로 전환하는 대신 별도의 심사 절차를 거쳐 일부만 특별 채용하겠다고 발표했다. 특별 채용은 그간의 불법을 무마하려는 행위이고, 비정규직 노동자들 입장에서는 그간의 근속과 미지급 수당을 포기하라는 뜻이었다. 정작 현대·기아자동차의 비정규직이었던 피고인들은 이 소식을 라디오 뉴스를 통해 알게 되었다. 예상하지 못한 대응에 피고인들은 2018년 9월 20일 서울지방고용노동청 청사에 들어갔고 18일간 단식농성을 벌였다. 이 행위로 피고인들은 폭력행위등처벌에관한법률위반(공동퇴거불응)죄로 기소되었다.

18일간의 단식농성을 기화로 전국에 흩어져 있던 비정규직 노동자들이 '비정규직 이제그만'을 조직하고 공동 투쟁을 시작했다. 그 중심에 피고인들이 있었다. 그들은 대통령에게 비정규직 노동자와 만나자고 제안했다. 한국서부발전 하청업체 소속으로 석탄설비를 운전하던 김용균도 '비정규직 이제그만'이 추진한 '문재인 대통령과 비정규직 100인의 대화'에 면담 신청을 했다. 2018년 10월 2일 피고인 중 한 명이었던 금속노조 현대자동차 전주비정규직지회장은 더불어민주당 대표와 면담하기 위해 당사로의 진입을 시도했다가 경찰과 충돌했는데, 특수공무집행방해치상죄, 특수건조물침입미수죄로 기소되었다. '비정규직 이제그만'은 2018년 11월 12일 세종문화회관 앞에서 '비정규직 투쟁 선포 기자회견' 후 청와대 사랑채 앞까지 행진을 시작했고 피고인들은 청와대에 서한문을 전달하겠다고 하다가 경찰에 막혔다. 이것 때문에 차량의 통행이 불가능했다며 피고인들은 일반교통방해죄로 기소되었다. 그다음 날 피고인들은 다시 대검찰청 앞에서 '불법파견 사용자 처벌 및 사법 적폐 청산 촉구' 기자회견을 열었고, 검찰총장과 면담하겠다고 대검찰청에 들어갔다가 나가라는 요구에 불응했다는 이유로 폭력행위등처벌에관한법률위반(공동퇴거불응)죄로 기소되었다.

　　그러던 2018년 12월 11일 김용균이 발전소 내 석탄 운송 설비 컨베이어 벨트에서 숨진 채 발견되었다. '비정규직 이제그만'은 2018년 12월 21일 서울지방고용노동청 앞에서 집회를 벌였고 청와대 방향으로 행진을 시도했다가 또다시 경찰에 막혀

버렸다. 이 일로 일반교통방해죄로 기소되었다.

2019년 1월 18일 피고인들은 청와대가 정면으로 보이는 '포토스팟'에서 '비정규직 이제그만' '불법파견 사용자 처벌! 정규직 전환!!' '김용균 진상규명 책임자 처벌'이 기재된 손피켓을 펼치고 구호를 외쳤는데 부근에 있던 경찰관에 의해 곧바로 체포되었다. 그들이 구호를 외친 시간은 1분도 되지 않았지만 이 일로 피고인들은 집회및시위에관한법률위반으로 기소되었다. 그리고 1심은 이 모든 기소 건에 대해 유죄 판결을 내렸다.

피고인들이 벌인 행동은 어찌 보면 단순하다. 비정규직 당사자들이 자신들의 목소리를 들어달라고 대통령에게, 고용노동부장관에게, 검찰총장에게, 여당 대표에게 면담을 요구하고 서한을 전달하려 한 것. 그것이 전부였다. 그러나 번번이 막혔다. 경찰은 이들의 출입을 막았고, 쫓아냈다. 한 번이라도 면담에 응했더라면 상황은 달라졌을 것이다. 대통령은 재벌 총수들과는 잘도 만나면서 왜 비정규직 노동자들은 멀리했을까? 만날 가치를 못 느꼈던 것일까? 혹은 불편하거나 두려웠던 것일까? 일반인들은 높은 자리에 있는 사람에게 감히 면담을 요구할 생각을 하지 않는다. 돈과 권력이 있는 자들은 아래에 있는 사람들이 조용히 있길 원한다. 그들이 만든 질서에 순응하길 바란다. 그래서 아래에 있는 사람들이 시끄럽게 구는 것은 돈과 권력이 있는 자들에게는 사회질서를 위협하고 불안을 조장하는 위험한 짓이다.

비정규직 노동운동의 역사는 비정규직 고용 문제를 해결

하라는 요구였으나 그 요구는 묵살되어왔다. 그리고 공갈과 공무집행방해로 둔갑되어왔다. 피고인들의 기록이 생생히 말해주고 있었다. 비정규직 노동자들에게 엄격했던 그 시각으로 현대·기아자동차를 근로감독하고 기소했더라면 비정규직 노동자들이 범죄자가 되는 일은 없었을 것이다. 만나자는 요구를 들어주었더라도 비정규직 노동자들이 범죄자가 되는 일은 없었을 것이다. 비정규직 노동자들이 뭉쳐서 다가가면 일단 막고 보는 행동부터 반성해야 하는 것 아닌지, 파견법을 위반한 재벌에 대해서는 관대했던 고용노동부와 검찰이 왜 피고인들에게는 다른 잣대를 들이대는 것인지 이해할 수 없다.

———

기록을 다 읽고 나서 공동 변호인인 서범진 변호사와 항소이유서를 나눠서 작성하기로 했다. 서범진 변호사는 1심에서 무죄를 주장하며 본인이 작성했던 의견서들의 내용을 정리하기로 하고, 나는 1심 법원이 선고한 형량이 과하다는 점에 방점을 두고 1심 판결의 문제점, 모순점을 지적하기로 했다.

일단 1심 법원은 공소사실을 모두 유죄로 인정했는데, 유죄로 판단한 근거들을 다시 양형에 불리한 정상으로 참작했다. 예컨대 법률에 위배되는 집회는 정당한 의사표현의 수단이 될 수 없다.라며 유죄 판결을 하더니 똑같은 이유를 들어 형량도 올려버린 것이다. 그러나 범죄의 구성요건에 해당하는지 판단하는 단계에서 고려된 사정을 다시 양형의 근거로 삼는 것은 잘못이다. 범죄의 구성요건 표지가 된 사정은 형의 양정 과정에서 다시 고려되어서는 안 된다는 것이 이중평가금지의 원칙인데 1심 법원이 이 원칙을 깬 것이었다. 그리고 1심 법원은 피고인 김수억이 잘못을 인정하지 않고 있기 때문에 형량을 올렸다고 판결문에 썼는데, 도대체 반성이란 무엇인가? 무엇을 하면 반성이 되는 것인가? 판사가 말한 반성은 '잘못의 시인'일 것이다. 무죄를 주장하는 것보다는 잘못을 시인하고 다시는 안 그러겠다고 말하는 것이 결과적으로 피고인에게 유리할 때가 많다. 그런데 애초에 억울하게 누명을 쓴 사람에게 반성을 요구하는 것이 타당한가? 이런 이유 때문에 대법원도 범죄사실을 단순히 부인하고 있는 것이 죄를 반성하거나 후회하고 있지 않다는 인격적 비난 요소로 보아 가중적 양형의 조건으로 삼는 것은 결과적으로 피고인에게 자백을 강요하는 것이 되어 허용될 수 없다.라고 했지만 공염불이다.

이 사건도 예외는 아니었다. 항소이유서를 쓰기 위해 1심에서 변호인들이 제출한 의견서들을 모두 읽었는데, 있는 사실을 숨기거나 없는 사실을 지어낸 흔적이 없었다. 실제로 한 행위들에 대해서는 모두 사실을 인정했고 억울하게 누명을 쓴 부분에 대해서는 무죄를 주장했는데 1심 법원은 이를 잘못을 인정하지 않는다.라고 평가했다. 여기에 그친 것이 아니다. 행위 당시 피고인들은 현대·기아자동차가 대법원 판결과 고용노동행정 개혁위원회의 권고에 따르지 않고 특별 채용으로 무마하려던 절박한 상황에 놓여 있었다. 그래서 1심에서 피고인들은 당시의 사정을 호소했는데, 1심 법원은 피고인들이 범행의 정당성, 불가피성만을 강하게 주장했다.라고 해석했다. 괘씸죄가 작용한 모양이었다.

　나름대로는 기록을 꼼꼼하게 검토하고 이것저것 자료를 찾아서 항소이유서를 작성 제출했지만 아직 해야 할 숙제가 많았다. 우리의 주장을 뒷받침할 추가 증거가 필요했다. 새로운 증거 없이 항소심 법원이 1심 판결을 뒤집는 것은 부담스러운 일이니까. 그러나 1심에서 변호인들은 제출할 수 있는 것들은 이미 다 제출한 상황이었다.

　2022년 7월 5일, 첫 공판준비기일에 출석하면서 위기의식은 더 커졌다. 재판부는 1심에서 이미 충분히 검토가 되었기 때문에 항소심에서는 특별히 할 것이 없다고 생각한 모양이었다. 양쪽에 항소 취지를 물은 뒤 더 제출할 증거가 없는지 묻고는 2022년 9월 27일에 한 번의 공판기일로 재판을 끝내겠다고 했다. 아, 역시. 이대로는 항소 기각으로 끝날 게 뻔해 보였다.

　직장갑질119 박점규 활동가에게 고민을 털어놓았다. 박점규 활동가는 과거 금속노조 조직국장으로 일하면서 현대자동차 비정규직 투쟁에 적극적으로 가담했다. 그 덕분에 현대자동차로부터 수십억 원의 손해배상 청구를 당하기도 했다. 비정규직 운동의 산 증인이기도 했던 그는 1심에서 실형을 선고받은 김수억과 매우 가까운 사이면서 누구보다 이 사건의 내용을 잘 아는 사람이었다. 상황을 반전시킬 뾰족한 수가 없을까? 김수억까지 불러서 같이 회의를 했지만 정작 소송 당사자인 김수억은 관심이 없어 보였다. 아니 관심은 있지만 어떻게 표현해야 할지 방법을 모르는 것 같았다. 항소심의 가장 큰 목표는 김수억이 받은 실형이 취소되는 것이었고, 그러려면 형량을 감소시킬 방법이 필요해서 논의하자고 모인 것인데, 김수억은 자기 문제를 두고 이야기하는 것이 불편한 모양이었다. 하긴 듣자하니 그는 지금껏 자기 것은 챙길 줄 모르고 살아온 터라 자기를 주제로 이야기하는 것이 어색했을 것이다.

그리하여 김수억 대신 김수억을 많이 걱정한 박점규 활동가와 내가 추가 증거를 모으는 데 함께 나섰다. 먼저 김수억을 비롯한 비정규직 노동자들이 2018년 9월 서울지방고용노동청에서 18일간 농성했을 때 이를 취재한 기자를 수소문했다. 고용노동부와 검찰 주장에 따르면 18일간 농성으로 서울지방고용노동청 공무원들이 많이 힘들어했다는데 그 말이 맞는지 확인할 필요가 있었다. 연락이 닿은 기자는 흔쾌히 진술서를 써주었다. 진술서의 마지막은 이렇게 끝났다.

"김수억 지회장과 함께 기소된 16명은 비정규직을 대변해 십자가를 멘 사람들입니다."

당시 서울지방고용노동청에서 근무하던 직원에게도 어렵게 도움을 요청했다. 자칫 옷을 벗어야 할 수도 있기 때문에 그 직원은 고민이 많았을 것이다. 그럼에도 불구하고 그 직원은, 농성하던 비정규직 노동자들이 직원들에게 피해를 주지 않기 위해 조심했다고 진술서를 써주었다. 2018년 7월 26일 피고인들을 면담했던 고용노동행정 개혁위원회 위원장도 진술서를 써주었다. 그는 피고인들의 면담 요청을 유일하게 들어준 사람이었다. 위원장은 진술서에 이렇게 적었다.

"예정에 없는 면담이기는 하였으나 활동 종료가 임박한 상황에서 다급한 비정규직 근로자들로서는 충분히 그럴 수 있겠다고 생각하였습니다. 면담은 차분하게 잘 진행되었고, 면담 후 비정규직 근로자들도 문제없이 돌아갔습니다."

김수억과 오랫동안 같이 근무한 동료들은 그가 얼마나 선하고 따뜻한 사람인지 절절한 내용의 진술서를 써주었고, 현장을 취재했던 사진작가도 진술서를 써주었다.

진술서 말고도 다른 증거들이 필요했던 터라 1만 쪽가량의 소송기록 중 체크해둔 자료들을 다시 살폈다. 사진들을 확대해서 보고 컴퓨터를 이용해서 현장 상황을 재현해보기도 했다. 2018년 달력을 펴고 공소장에 기재된 날들을 하나하나 확인했다. 그러다가 점거 농성을 했다는 18일의 농성 기간 중 10일이 휴일, 휴무일인 것을 발견했다. 농성 기간 중에 추석이 꼈고 개천절과 대체공휴일까지 있었다. 그래서 실제 직원들이 출근한 날은 많지 않았다. 이 사실이 무죄의 증거는 될 수 없지만 최소한 형량을 줄일 사유는 된다.

일반교통방해죄의 증거 사진들을 확대해서 보다가 새로운 사실도 알게 되었다. 똑같은 지점을 여러 각도에서 찍은 사진들이 증거로 제출되었는데, 이들 사진을 비교해 보니, 피고인들이 청와대 방향으로 행진하기 직전 경찰이 미리 차량과 차단

벽으로 도로를 막고 있었다. 그러니까 피고인들이 아니라 경찰 때문에 차량 통행이 불가능한 상황이었다.

퇴거불응죄에 관한 판결들도 죄다 모아서 분석했다. 그리하여 경찰이 퇴거를 요청했는데 불응했다고 무조건 퇴거불응죄가 성립하는 것이 아니라, 경찰의 퇴거 요청이 정당할 때, 그리고 퇴거불응으로 주거의 평온이 실질적으로 침해되었을 때에만 퇴거불응죄가 성립하는 것이 최근 판결 경향임도 알게 되었다. 새롭게 알게 된 사실, 증거들을 토대로 1심에서 주장하지 않았던 새로운 내용으로 변호인 의견서를 써서 제출했다.

또 뭐 좋은 방법이 없을까? 밥을 먹을 때도, 걸을 때도, 자려고 누웠을 때도 사건에서 헤어나지 못했다. 그러다가 프레젠테이션 방식으로 변론을 해야겠다고 생각했다. 프레젠테이션 변론은 사건이 복잡하고 방대한 경우 자료를 법정 내 모니터에 띄우고 변론을 하는 것인데, 재판부에 하고 싶은 말을 더 잘 전달할 수 있고 재판부 입장에서도 사건의 쟁점을 파악하는 데 도움이 된다. 다만 시간이 많이 걸리기 때문에 잘 활용되는 방식은 아니었다. 지난 공판준비기일에서 프레젠테이션 변론을 하겠다고 말할걸 후회되었다. 늦었지만 지금이라도 프레젠테이션 변론을 신청하고 싶은데 그러려면 신청서를 따로 내야 할까? 아니면 전화해서 허가를 받으면 될까? 재판부가 화를 내지는 않을까? 별별 걱정 끝에 호흡을 다듬은 후 재판부에 전화했다. 재판부 담당 직원이 전화를 받았길래 판사에게 프레젠테이션 변론을 해도 되는지 물어봐달라고 요청했다. 담당 직원은 재판부에 확인한 후 알려주겠다고 했다. 긴장한 상태로 답신을 기다렸다. 몇 시간 후 담당 직원에게 프레젠테이션 변론을 해도 좋다는 연락이 왔다.

그리하여 서범진 변호사와 만나 프레젠테이션 변론을 준비했다. 두 파트로 나눠서 앞 파트는 서범진 변호사가, 뒤 파트는 내가 자료를 만들었고 변호인 선임계를 제출하지는 않았지만 사건에 관심을 가지고 같이 대응한 강은희 변호사까지 모여 리허설을 했다. 주어진 시간에 맞춰 내용을 수정하고, 서범진 변호사가 깔끔하게 편집까지 해서 자료를 완성했다.

2022년 9월 27일 오후 3시 드디어 공판이 열렸다. 공판 장소인 서울고등법원 제302호 법정은 만석이었다. 피고인석은 두 자리밖에 없어서 대부분의 피고인들이 방청석 맨 앞 열에 앉았고, 기자, 공감의 동료들, 비정규직 활동가들까지 방청석을 가득 메웠다.

검사가 먼저 항소 이유를 말했다. 이어서 서범진 변호사와 내가 준비한 프레젠테이션 변론을 했다. 한 시간 남짓 흘렀을까. 시간이 부족해 말이 빨라졌고, 그 와중에 재판부의 의중을 계속 살폈다. 재판장의 오른쪽에 앉은 판사는 우리의 변론을 들으며 가끔 고개를 끄덕이기도 했다. 그것은 우리의 변론을 수긍한다는 뜻일까? 그런데 왜 재판장은 기록만 보고 있지? 이미 항소 기각으로 결심한 것일까? 온갖 생각을 하면서도 당당하게, 그러나 재판부의 심기를 거스르지 않기 위해 변론했다. 재판부는 2022년 11월 24일 판결을 선고하겠다고 말하며 재판을 끝냈다. 그러나 선고는 미뤄졌고, 그사이 헌법재판소는 대통령 관저 인근에서의 집회를 금지하는 〈집회 및 시위에 관한 법률〉 제11조, 제22조에 대해 헌법불합치 결정을 내렸다. 이 결정은 피고인들에게도 영향이 있는 것이었다. 그리하여 재판부는 다시 공판기일을 열어 헌법불합치 결정의 취지에 따라 절차를 진행했고 2023년 4월 6일 선고하겠다고 했다.

예상했던 것보다 선고기일이 많이 밀렸지만 김수억은 선고가 더 늦게 나기를 바랐다. 아마도 1심 판결을 뒤집기 어렵겠다고 생각한 모양이었다. 하루라도 더 늦게 수감되기 위해 선고기일이 연기되기를 바랐던 것일 테다. 나는 나대로 선고기일이 다가오니 심장이 두근거렸다. 1심에서 실형이 선고되면 항소심은 내가 변호하겠다고 약속한 것이 후회되었다. 그 후회는 미안함이었다. 내가 뭐라고, 항소심 판결을 뒤집을 수 있겠어? 그런데 나는 왜 마치 뭐라도 할 것처럼 자신감을 내비쳤을까? 항소가 기각되면 온전히 내 잘못인 것 같아 벌써부터 미안해졌다.

2023년 4월 6일 선고기일. 항소심 판결 선고는 비정규직 노동자들에게는 초미의 관심사였다. 비정규직 운동에 대한 심판이었다. 같이 법정에 가서 선고를 듣자는 제안이 여기저기 돌았다. 기자들도 몰릴 것이었다. 선고기일에는 피고인만 법정에 가는 것이 보통이지만 이번에는 나도 현장에서 듣고 싶었다. 조금 여유를 두고 갔는데도 법정 밖 복도까지 사람들로 가득찼다. 붐비는 인파에 나는 법정 안으로 들어가지 못하고 법정 출입문 근처에서 겨우 선고 결과를 들을 수 있었다.

피고인 김수억을 징역 1년에 처한다. 다만 이 판결 확정일로부터 각 3년간 위 형의 집행을 유예한다.

판사의 이 말이 끝나자마자 법정 곳곳에서 박수와 환호성이 터져나왔다. '오, 하느님!' 나는 불교신자인데 나도 모르게 탄성이 나왔다. 그러고는 눈물이 났다. 다행히 약속을 지킨 셈이었다. 재판부는 피고인들이 고용노동행정 개혁위원회 위원장을 면담하러 갔다가 퇴거불응죄로 1심에서 유죄 판결을 받은 것에 대해 무죄를, 청와대 부근에서 손피켓을 들고 구호를 외친 행위에 대해서도 무죄를 선고했다.

검찰은 곧바로 상고했고, 우리는 상고를 하지 않았다. 얼마안 지나 검찰의 상고는 기각되었다.

———

사건이 끝나고, 김수억의 무죄를 위해 쓴 글을 다시 찾아보았다. 1심 선고 직전 박점규 활동가의 요청으로 한겨레에 기고한 글(2022년 1월 13일자)이다.

형벌이란 무엇인가

고백하자면, 저는 김수억이라는 사람을 경계했습니다.

254

지인들의 입에 김수억이라는 이름이 자주 오르내렸는데, 이야기 속의 그는 늘 비정규직 노동자들의 싸움 현장에 있었습니다. 단식을 했고, 연행되었고, 고난의 길 위에 서 있었습니다. 말로만 듣던 그를 처음 만났을 때 저는 적잖이 충격을 받았습니다. 과격할 거라 생각했던 그는 반듯하고 예의가 발랐습니다. 투사의 이미지는 찾아보기 힘든, 순수하고 선량한 청년이 제 앞에 있었습니다. 그런 김수억이 형사사건에서 5년을 구형받고(지난해 11월30일) 현재 판결 선고를 앞두고 있습니다. 현대·기아차의 불법파견 문제 해결을 요구하면서 서울지방고용노동청과 대검찰청 민원실 앞에서 농성을 하고 청와대 행진 도중 길을 막았다는 것이 그 이유입니다. 비정규직 노동자 16명도 김수억과 같이 기소되었습니다. 그 16명 중 아는 사람이 여럿인데 모두 김수억처럼 선량한 사람들입니다. 직업병이 발동한 저는 이런 고민을 하지 않을 수 없었습니다.

형벌이란 무엇인가. 이런 사람을 벌하여 얻는 이익은 무엇인가.

응보형주의를 외치는 사람들은 이렇게 말합니다. 범죄는 악행이므로 범죄를 행한 자에게 그 범죄 행위에 상응하는 고통을 가하는 것이 바로 형벌이다. 목적형주의자들은 이렇게 말합니다. 본보기를 보여 혼내줌으로써 일반인의 규범의식을 강화하고, 장래의 범죄를 예방하는 것, 동시에 범죄인을 교육하여 다시 죄를 범하지 않게 하는 것이 형벌이다. 다수의 형법학자들은 응보형과 목적형 둘 다의 성격을 가진 것이 형벌이라고 이야기합니다.

현대·기아차는 파견법을 위반하였고 비정규직 노동자들을 자기가 고용한 노동자가 아닌 것처럼 둔갑시켰습니다. 대법원 판결로 현대·기아차의 범죄 사실이 드러났지만 고용노동부도, 검찰도 움직이지 않았습니다. 이렇듯 역할을 방기한 정부를 향해 목소리를 낸 것이 악행인가요? 김수억은 도대체 누구에게, 무엇에 해를 끼친 것일까요? 농성으로 인해 주변 사람들이 불편을 입었더라도 이것이 5년의 징역형을 구형할 이유가 될까요?

그를 감옥에 보내고 교화를 하면 달라질까요? 비정규직 노동자들을 위해 싸운 일을 후회하며 다시는 그러지 않겠다고 반성할까요? 이 질문에 그렇다고 답할 사람은 없을 것입니다. 오히려 정반대겠지요. 감옥에서 돌아온 뒤에도 김수억은 계속 비정규직 노동자들의 곁에 있을 겁니다. 그는 내내 힘없는 사람들을 위해 살아왔고, 앞으로도 그럴 것입니다. 사람들도 마찬가지입니다. '현대·기아차처럼 범죄를 저질러도 빠져나갈 수 있는 것이구나. 법을 어겨도 되는 것이구나. 이 정부는 가진 자들의 편에 서 있구나.' 이렇게 생각하겠지요. 아이러니하게도 김수억을 감옥에 보내면, 형벌이 추구하는 목적과 정반대의 효과만 생기는 셈입니다.

사실 김수억은 준법정신이 투철한 사람인지도 모르겠

습니다. 그는 사람들이 정해진 규칙을 잘 따르게 해달라고, 규칙을 어겨 다른 사람들에게 손해를 끼치는 일이 없게 해달라고 주장했습니다. 그의 외침을 들여다보면, 결국 법을 지키라는 것입니다. '범죄를 저지른 현대·기아차는 죗값을 받아야 한다. 고용노동부와 검찰은 불법적인 상태를 비호해서는 안 된다. 정부는 헌법 7조 공무원은 국민 전체에 대한 봉사자이며, 국민에 대하여 책임을 진다.를 준수해야 한다'는 것이 그가 싸운 이유이기 때문입니다. 그렇기 때문에 그의 행동을 멈추는 방법은 단 하나입니다. 이 정부가 현대·기아차로 하여금 법을 지키도록 하고 힘없는 이들을 외면하지 않는 것입니다.

헌법 이야기를 하나 더 하고 마무리하겠습니다. 우리 헌법은 법관은 헌법과 법률에 의하여 그 양심에 따라 독립하여 심판한다.라고 정하고 있습니다. 법관은 법률뿐만 아니라 헌법도 판단의 잣대로 삼아야 한다는 것입니다. 공무집행방해죄, 일반교통방해죄 이런 법률 규정도 중요하지만 노동의 권리, 인간으로서의 존엄과 가치, 공무원의 의무와 책임을 정한 헌법을 외면해서는 안 된다는 것입니다. 법원이 권력 대신 인권의 최후 보루가 되기를 소망합니다.

11화
......

고상하게 노동자의 숨통을 끊는 방법

동양시멘트
손배·가압류 사건

2003년 1월 9일 한 노동자가 공장 안 광장에서 몸에 불을 지르고 자살했다. 금속노조 두산중공업지회 조합원 배달호. 부채에 허덕이던 두산중공업은 2001년 알짜 공기업인 한국중공업을 인수하자마자 구조조정을 시작했다. 결국 1,124명이 명예퇴직했다. 노동조합은 회사와 대치했고 47일간 파업에 돌입했다. 회사는 파업 대가로 61명을 고소·고발했고 조합원 89명을 징계했으며 조합원들 재산에 약 78억 원의 가압류를 걸었다. 배달호도 그중 한 명이었다. 배달호는 구속되었다가 풀려났고 재산과 급여를 가압류당했다. 그는 이런 유서를 남겼다.

"두산이 해도 너무한다. (…) 재산 가압류, 급여 가압류 (…) 이제 이틀 후면 급여 받는 날이다. 약 6개월 이상 급여 받은 적이 없지만 이틀 후 역시 나에게 들어오는 돈은 없을 것이다."

같은 해 10월 한진중공업의 김주익 지회장도 크레인에서 목을 매달아 자살했다. 한진중공업은 2002년 650명을 정리해고 이를 반대하는 노조와 노조 간부들에게 손해배상을 청구했다. 그리고 그들의 재산을 가압류했다. 일명 손배·가압류. 김주익은 문제를 해결하기 위해 2003년 6월 11일 크레인에 올라가 고공농성을 시작했다. 그러나 회사는 강경했고 맞서는 조합원들에게 손배·가압류를 하겠다고 으름장을 놓았다. 결국 600명이던 조합원은 200명으로 줄었다. 그리고 김주익은 그 높은 데에서 스스로 목숨을 끊었다. 그로부터 9년 후 같은 회사의 최강서 조합원도 회사의 손배·가압류에 내몰려 끝내 스스로 생을 마감했다. 그가 남긴 유서에는 이렇게 적혀 있다.

"나는 회사를 증오한다. 자본, 아니 가진 자들의 횡포에 졌다. 어떻게 해야 할지 모르겠다. 심장이 터지는 것 같다. 내가 못 가진 것이 한이 된다. 민주노조 사수하라. 손해배상 철회하라. 태어나 듣지도 보지도 못한 돈 158억. (⋯) 돈이 전부인 세상에 없어서 더 힘들다."

쌍용차 174억 원, 철도공사 387억 원, KEC 306억 원, 문화방송 195억 원, 현대자동차 300억 원…… 적게는 몇 천만 원에서 많게는 몇 백억 원까지, 회사는 노조를 길들이는 수법으로 손배·가압류를 활용했다. 파업을 이유로, 회사의 명예를 훼손

했다는 이유로, 업무를 방해했다는 이유로 노조와 조합원들의 재산에 손배·가압류를 걸었다. 2002년 회사가 노조와 조합원을 상대로 청구한 손해배상액은 345억 원이었는데 2014년에는 1,691억 원까지 늘었다. 민주노총, 한국노총의 자체 조사여서 여기에 잡히지 않은 금액은 더 많을 것으로 추정되었다.

이 문제를 방치해서는 안 된다는 분위기가 시민사회 안에서 싹텄다. 그리하여 2014년 2월 '손잡고'라는 단체가 출범했다. 손잡고는 '손배·가압류를 잡자! 손에 손을 잡고!'를 슬로건으로 내세웠다. 매달 손잡고의 주최로 손배·가압류 폭탄을 맞은 노동자들이 모여 노동현장 간담회를 열었다. 보통 열 곳 넘는 회사의 노동자들이 이 자리에 참석했다. 2016년 봄, 손잡고의 운영위원이 된 나도 노동현장 간담회에 참석했다. 그곳에서 동양시멘트(현 삼표시멘트) 조합원들을 처음 만났다.

———

시멘트의 원재료는 석회석이다. 광산에서 석회석을 채굴하고 조쇄공장으로 운반하여 부수고 이걸 다시 혼합공장으로 운반한 뒤 원료들을 혼합하고 소성하는 공정을 거쳐 시멘트를 만든다. 동양시멘트도 이러한 방식으로 삼척의 광산과 공장에서 시멘트를 만들었다. 그런데 이 모든 공정을 동양시멘트라는 이름의 회사가 한 것은 아니었다. 동양시멘트는 먼저 특수목적회사(SPC)*를 설립했다. 보통 SPC를 만드는 이유는 모회사와 형식적으로 구분하여 특정 사업을 도모하기 위함이다. 이렇게 하면 모회사와 SPC의 회계가 분리되어 특정 사업에 투자를 받기가 쉽다. 특정 사업을 하다 망해도 모회사는 영향을 안 받고 모회사가 망해도 실체가 없는 SPC는 건재하는 셈이다. 동양시멘트도 마찬가지였다. 동양시멘트는 광구별로 하나씩 SPC를 만들었다. 다물제일호, 다물제이호, 다물제삼호, 다물제육호……다물은 고구려를 건국한 주몽이 나라를 세운 후 부른 연호인데 (땅을) '되찾는다' '회복한다'는 뜻이란다. 광구를 캔다는 의미에서 붙인 이름인지는 모르겠지만, 다물보다는 그 뒤에 붙인 제일호, 제이호, 제삼호가 SPC의 실체를 더 잘 보여주는 건 분명하다. 이런 성의 없는 상호는 SPC에나 가능하다.

동양시멘트는 SPC를 설립하고 SPC의 주식 100퍼센트를 보유했다. 그리고 광구별로 각각의 소유권을 SPC에 귀속시켰다. 그런 다음 SPC가 석회석을 채광하여 동양시멘트에 공급하는 것처럼 계약을 구성했다. 일종의 모회사와 자회사 간 석회석 공급계약인 것처럼 외관을 만든 것이다. 그런데 SPC는 페이퍼컴퍼니이기 때문에 실제 석회석 생산 업무를 할 수 없었다. 그리하여 동양시멘트는 다시 실제 석회석 생산 업무를 담당할 회사를 만들었다. 동일주식회사였다. 동일주식회사는 1993년 설

---

* Special Purpose Company. 특수한 목적을 달성하기 위해 일시적으로 설립하는 일종의 페이퍼컴퍼니.

립 이래 오로지 동양시멘트만을 위해 석회석 생산 업무를 했다. 광구에서 석회석을 채굴해서 운반하는 일이 동일의 업무였다. 형식적으로는 동일-SPC-동양시멘트의 계약 구조였지만 실제로는 동양시멘트가 자체적으로 석회석을 생산하는 것이나 다름없었다.

그런데 이런 식으로 형식과 실체가 괴리되는 것은 불법이 아니다. 자본주의 사회에서 이런 경영 기법은 널리 퍼져 있고, 투자와 회계 때문에 자주 활용된다. 문제는 노동관계다. 노동관계는 형식이 아니라 실질로 판단한다. 현장에서 석회석 생산 업무를 하는 노동자들은 동일과 근로계약을 맺었지만 동양시멘트가 노동자들에게 업무를 지시하고 감독했다. 노동조건도 동양시멘트가 정했다. 동일의 대표이사는 동양시멘트의 직원이었고, 그래서 이 대표이사의 연봉도 동양시멘트가 결정했다. 동일의 등기부상 주소는 동양시멘트와 같았고, 동일의 사무실, 동양시멘트의 사무실, 다물제이호의 사무실이 모두 일치했다. 동양시멘트가 직접 고용한 직원이라고 봐도 좋을 정도였다.

그리하여 동일의 노동자들은 2014년 5월 노동조합을 결성했다. 여기에는 두성기업 소속 노동자들도 함께했다. 두성기업 역시 동양시멘트가 만든 하청업체였다. 두성기업 노동자들은 동양시멘트 삼척공장에서 기계 점검, 청소, 시멘트 선적, 수송일을 담당했다. 노조 결성 한 달 뒤 이들은 노동부에 진정을 했다. 동일, 두성, SPC는 실체가 없고 동양시멘트와 동일, 두성의 노동자들 사이에 묵시적 근로계약이 있다는 것이었다. 설사 동일, 두성이 사업주로서 실체가 있더라도 동일, 두성의 노동자들은 동양시멘트의 지휘·감독을 받아 일을 했고, 동일, 두성은 이들 노동자들을 동양시멘트에 불법적으로 파견하는 역할만 했으므로 동양시멘트가 이들의 사용자라는 취지였다. 조합원들은 기자회견을 열고 거리 선전전을 했다. 동시에 동양시멘트에 단체교섭을 요구했다. 그러나 동양시멘트는 거절했다. 거절 이유는 분명했다. 동양시멘트에서 고용한 직원들이 아니라서 단체교섭에 응할 수 없다는 것이었다. 그래도 노동자들은 계속 싸웠다.

이듬해인 2015년 2월 13일 중부지방고용노동청 태백지청은 진정 사건의 결과를 발표했다. 동일, 두성은 실체가 없다는 것이었다. SPC 역시 동양시멘트가 자본 유치를 위해 설립한, 실체가 없는 페이퍼컴퍼니라고 했다. 그리하여 동일, 두성의 노동자들이 동양시멘트와 묵시적 근로계약 관계에 있다고 판단했다. 그러면서 동일, 두성의 노동자들을 동양시멘트 소속 노동자로 대우할 것을 동양시멘트에 통보했다.

그런데 너무나 공교롭게도 태백지청의 통보가 있기 바로 전날 SPC는 동일과 맺은 도급계약을 해지했다. 그로부터 닷새 후인 2015년 2월 17일 동일은 폐업을 선언하고 모든 근로계약을 종료한다고 통보했다. 우연치고는 기이했다. 노동청의 통보가 있기 바로 전날 SPC가 20년 넘게 맺어온 동일과의 계약을 해지한 것도, 동일이 아무런 저항 없이 갑작스럽게 폐업을 선언한 것도 그랬다. 동일이 없으면 채광 업무가 불가능한데도 말이다. 조합원들은 노동청 판단 결과 정보를 미리 입수한 회사가 사용자 책임을 피하려고 급작스럽게 도급계약을 해지하고 동일을 폐업시킨 것으로 추측했다.

태백지청의 판단은 고무적이었지만, 노동자들은 기뻐할 새가 없었다. 동양시멘트의 직원이라는 판단을 받자마자 전원 해고된 셈이다. 하필이면 해고 통보를 받은 날이 설 연휴 바로 전날이었다. 길게는 20년 가까이 일했던 곳에서 노동자들은 하루아침에 쫓겨났다. 가만히 있을 수 없었다. 조합원들은 동양시멘트를 찾아가서 계속 일하게 해달라고 했다. 그러나 동양시멘트는 광구 입구에 바리케이드를 치고 조합원들의 출입을 막았다. 그러면서 새로운 하청업체를 물색했다. 급히 일용직 구인 공고도 냈다. 그러는 동안 광구는 멈추었다. 일할 사람을 다 내보냈으니 멈추는 것은 당연했다. 조합원들은 바리케이드 앞에 천막을 치고 농성을 벌였다. 노동자들은 일하게 해달라고 하고, 회사는 일을 못 하게 하는 아이러니한 상황이 한 달가량 이어졌다.

조합원들은 부당해고 및 부당노동행위 구제 신청을 했다. 강원지방노동위원회는 부당해고임을 인정한다. 동양시멘트는 이 판정서를 송달받은 날로부터 20일 이내에 이 사건 근로자들을 원직에 복직시키고 해고기간 동안 정상적으로 근로하였더라면 받을 수 있었던 임금상당액을 지급하라.라고 판정했다. 강원지방노동위원회의 판정에 대해 동양시멘트는 중앙노동위원회에 재심을 신청했는데, 중앙노동위원회도 강원지방노동위원회와 같은 결론을 내렸다. 더 나아가 동양시멘트가 한 근로계약 종료는 **노동조합 활동에 대한 불이익 취급 및 지배·개입의 부당 노동행위**라고 판정했다.

　그런데도 동양시멘트는 조합원들의 복직을 거부했다. 대신 2015년 7월 SPC를 앞세워 노동조합과 조합원들의 재산에 가압류 신청을 했다. 농성을 하면서 조업을 방해했다는 이유였다. 이미 멈춘 광구의 조업이 방해될 리 없었다. 그러나 법원은 회사의 가압류 신청을 받아줬다. 법원은 늘 그래왔듯이 회사가 낸 서류만 보고서 가압류 결정을 내렸다. 늘 그래왔듯이 결정을 하기 전에 가압류를 당하는 쪽의 이야기를 듣지도 않았다. 그러니까 조합원들은 자기도 모르는 사이 재산을 가압류당한 것이다. 가압류의 효과는 강력했다. 은행 계좌에 가압류가 걸려 은행 거래가 멈추었다. 전세권에 가압류가 걸려 이사를 할 수도 없었다. 재산이 묶인 조합원들은 기약 없이 경제적 식물 상태에 빠졌다. 회사는 이 상황을 이용했다. 가압류로 압박을 받는 조합원들에게 노조를 탈퇴하고 동양시멘트의 노동자라는 주장을 포기하면 가압류를 해제해주겠다고 했다. 실제로 회사는 노조를 탈퇴한 사람들에 대해서는 가압류를 해제해주었다. 회사의 회유 전략은 먹혀들었다. 84명이었던 조합원은 24명으로 줄었다. 회사는 남은 24명을 상대로 2차 압박을 가했다. 2016년 3월 24일 대형 로펌을 앞세워 15억6천만 원의 손해배상 청구 소송을 시작했다. 나중에 회사는 50억 원까지 청구금액을 올렸다. 노동자들이 평생 일해도 만져보기 힘든 돈 50억 원. 조합원들은 억지로 법정이라는 링에 끌려 올라갔다. 대형 로펌을 앞세운 회사를 상대로 싸워야 했다.

———

내가 동양시멘트 조합원들을 만난 건 바로 그들이 링에 막 끌려 올라갔을 때였다. 손잡고 노동현장 간담회에 참석한 조합원들은 궁금한 게 많았다. 소송이 시작되었는데 어떻게 대응해야 하는지, 어떤 서류를 내야 하는지, 언제 재판이 열리는지, 노조를 탈퇴하고 권리를 포기하면 소를 취하해주겠다고 회사가 압박하고 있는데, 만약 그래서 이탈한 조합원이 생기면 남은 조합원들이 손해배상해야 하는지.

나는 변호사 자격으로 성심성의껏 답변했다. 일단 답변서를 내고 회사의 주장이 틀렸다고 반박해야 한다. 재판은 언제 열릴지 모르겠다. 당사자가 많고 사안이 복잡해서 1심만 2년 이상 걸릴 수 있다. 손해배상책임은 부진정연대채무*라서 남은 조합원이 모든 금액을 배상해야 한다. 그러니까 끝까지 남은 조합원이 한 명이고, 회사가 이 한 명만을 상대로 소를 유지한다면 법원은 그 한 명이 전액 배상해야 한다고 판결할 것이다.

*   채권자가 채무자 중 아무에게나 채권 전액을 청구할 수 있고, 그 청구를 받은 채무자는 다른 채권자들이 있다는 점을 이유로 그 청구를 거절할 수 없는 채무 이행 방식.

고상하게 노동자의 숨통을 끊는 방법

이미 그런 사례가 있다.

　매우 암담한 이야기였는데 조합원들이 내 말을 이해한 것인지 가늠이 되지 않았다. 그도 그럴 것이 어려운 법률 용어와 납득하기 힘든 법적 책임을 아무리 풀어서 설명한다 한들 이 상황이 이해될 리 없었다. 차라리 잘된 건지도 몰랐다. 속속들이 알게 되면 무너질 수도 있을 상황이었다. 아무래도 사건을 변호사한테 맡기는 것이 좋을 것 같았다. 변호사 없이 대응했다간 대형 로펌을 앞세운 회사에 질 게 뻔했다. 그러나 노조와 조합원들은 변호사를 선임할 돈이 없었다. 일을 하지 못한 지 1년이 훌쩍 넘었다. 수입은 끊겼고 재산은 가압류당했다. 설사 변호사 선임료를 마련하더라도 변호사를 구하는 건 별개의 문제였다. 당사자가 아니라도 변호사 역시 기울어진 운동장에서 싸우는 것이 힘들긴 매한가지였다. 품이 많이 들고 복잡해서 선뜻 나서기 어려운 사건이었다. 강릉지원 관할이기 때문에 서울에서 오가는 것도 만만치 않은 일이었다. 어쩔 수 없었다. 내가 맡겠다고 했다. 그러나 혼자 할 자신이 없었다. 민변 노동위원회에 이 사건을 같이할 변호사를 모집했다. 수임료 없는 사건인데도 고맙게도 다섯 명의 변호사가 함께하겠다고 나섰다. 그렇게 대리인단을 꾸렸다.

　2016년 여름 고속버스를 타고 삼척으로 향했다. 조합원들을 만나 어떤 사건인지, 어떻게 대응해야 하는지 설명회를 열었다. 그중 몇 분은 이미 손잡고 노동현장 간담회에서 만났지만 대부분의 조합원들은 처음 만나는 자리였다. 긴장이 되었다.

그들은 궁지에 몰린 채로 언제까지 이 싸움을 해야 할지 앞이 보이지 않는 상황이었다. 그러나 현장 분위기는 의외로 좋았다. 회사한테 너무 많이 얻어맞아서 맷집이 좋아진 걸까? 1년 반 가까이 소득 없는 생활이 이어지고 있고 거액의 손해배상 청구와 가압류까지 당했는데 그래도 괜찮은 걸까? 설명회가 끝나고 난 식사 자리에서도 시종일관 분위기는 밝았고 웃음꽃이 폈다. 돌이켜보면 그건 맷집이 좋아서도 아니고 불안하지 않아서도 아닐 것이다. 서로가 서로에게 의지하고 있는 상황에서 내가 버텨야 너도 버틸 수 있다는 책임감과 동지애뿐이었는지도 모르겠다. 손해를 감수하고서라도 동지를 버리지 못한 사람들만 그 자리에 남아 있었다. 아저씨들이 해맑을 수도 있다는 것을 처음 알았다.

그러나 서울에서 본 그들은 달랐다. 마침 동양시멘트가 삼표시멘트에 인수되었고, 조합원들은 삼표시멘트 본사가 있는 서울 광화문 이마빌딩 앞에 천막을 치고 농성을 벌였다. 조를 짜서 삼척과 서울을 오가며 상경 투쟁을 벌였다. 마땅히 씻을 데도 없었다. 시내 한복판에서 잠을 자는 것은 불가능했다. 서울에 연고도 없었다. 그러나 상경 투쟁 말고는 딱히 방법이 없었다. 삼표시멘트는 복직시키라는 중앙노동위원회의 판정도 무시하고 있었다. 부득이 노동자들은 삼표시멘트를 상대로 근로자 지위 확인의 소를 제기했지만 몇 년이 걸릴지 모를 소송 결과만 바라보고 있을 수는 없는 노릇이었다. 그나마 서울의 여러 노동단체, 활동가들, 비정규직 노동자들이 상경 투쟁에 힘을 보태고 있었다.

　　상경 투쟁, 근로자 지위 확인 소송과 별개로 강릉에서의 손해배상 청구 소송 대응도 필요했다. 손해배상 청구 소송은 이길 가능성이 낮아 판결 대신 합의로 끝낼 수 있도록 시간을 끄는 것이 답이었으나 이것도 한계가 있었다. 소송이 시작된 지 6개월이 지나 법원에 답변서를 제출했다. 일단 회사의 청구가 소권 남용이라고 주장했다. 회사가 노조와 조합원들을 상대로 소를 제기한 진정한 목적은 노조를 무력화하고 조합원들을 위축시키기 위함이며, 이를 위해 회사가 소송을 할 권리, 즉 소권을 남용했다는 취지였다. 다른 사건에서 대법원은 소권 남용에 대해 판단한 적이 있다. 소권 남용이라 함은 권리자가 그 권리를 행사함으로 인하여 사회적, 경제적으로 얻는 이익보다 상대방에게 과대한 손해를 입히는 결과가 됨에도 불구하고, 권리자가 권리행사라는 구실로 상대방에게 손해를 가할 것만을 목적으로 하거나 또는 객관적으로 우리의 통념상 도저히 용인될 수 없는 부당한 결과물을 자아내는 등 공공복리를 위한 권리의 사회적 기능을 무시하고 '신의성실의 원칙과 국민의 건전한 권리의식에 반하는 행위'를 하는 것(대법원 1991. 10. 25. 선고 91다27273 판결 참조)을 뜻한다. 이 사건은 대법원의 판례 법리에 부합한다.

　　만약 회사가 손해를 배상받을 목적이었다면 더 많은 사람들을 피고로 세웠을 것이다. 배상할 사람을 많이 세워야 온전히 손해를 배상할 수 있으니까 말이다. 그러나 회사는 더 이상 회사 상대로 싸우지 않겠다는 사람들에 대해서는 가압류마저도 해제해주었다. 소송 역시 노조와 남아 있는 조합원만을 대상으로 진행했다. 심지어 소송 도중 노조를 탈퇴한 사람에 대해서는 손해배상 청구의 소를 취하해주었다. 그러나 그간 이와 유사한 사건에서 법원은 소권 남용을 채택한 적이 없었다. 회사가 손해배상을 청구하면, 법원이 실제 손해액이 얼마인지 따지고 거기에 회사의 과실(잘못)을 따져 손해액을 정하는 것이 관행이었다. 그러니 소권 남용을 주장한다고 받아들여질 거란 보장이 없었다.

2016년 9월 28일 첫 재판이 강릉지원에서 열렸다. 삼척과 서울에 있던 조합원들이 모두 강릉지원에 왔다. 조합원들은 법정의 방청석을 가득 채웠다. 세 명의 판사가 법정에 들어섰다. 회사측 대리인은 왜 소를 제기했는지 간단히 설명했다. 우리도 간단히 답변서의 내용대로 반박했다. 늘 그렇듯 원고가 제출한 소장과 피고들이 제출한 답변서의 내용을 간단히 진술하는 것으로 재판은 끝났다. 조합원들은 사건의 당사자이면서도 방청석에 조용히 앉아 있어야 했다. 낯선 풍경이었다. 노사가 머리를 맞대고 논의를 해야 하는데 싸움의 장소는 법정으로 바뀌었고 법정에서 조합원들은 방청객이 되어 있었다. 대신 변호사들이 주인공이 되어 공방을 펼쳤다. 법정 안, 숨 막히게 차갑고 조용한 공기 속에서, 나를 심판하는 사람들이 정면의 저 높은 법대에 앉아 있는 상황에서, 하고 싶은 말이 있으면 대리인 통해서 하라는 재판장의 '명령'이 내려진 상황에서 조합원들에게는 말할 기회가 없었다. 차라리 회사와 노조가 치고받고 싸우는 것이 나을지도 모르겠다. 소송은 당사자를 당사자가 아니게 만드는 묘한 힘을 가졌다.

두번째 변론기일은 2017월 1월 10일로 잡혔다. 그사이 근로자 지위 확인 소송의 1심 판결이 났다. 서울중앙지방법원은 비록 하청 근로자들은 동일·두성과 근로계약을 체결했지만, 동양시멘트의 작업 현장에 파견되어 동양시멘트로부터 직접 지휘·감독을 받으며 일을 했으므로 파견근로자의 보호 등에 관한 법률에 의거하여 동양시멘트가 하청 근로자들의 사용자로서 책임을 져야 한다.라고 판결했다. 손해배상 청구 소송의 원고인 SPC에 대해서는 실체가 없는 페이퍼컴퍼니에 불과하다고 보았다. 판결까지 난 만큼 조합원들은 자신감을 가지고 상경 투쟁을 벌일 수 있었다. 손해배상 청구 사건에서도 좀 더 자신감을 가지고 대응했다. 법원에 근로자 지위 확인 소송 1심 판결문을 증거로 제출했고, 원고인 SPC는 실체가 될 수 없다고 주장했다. 그러나 회사는 이런 사건에서 흔히 쓰는 수법대로 차근차근 단계를 밟아갔다.

회사는 손해가 얼마인지 구체적으로 밝히겠다며 감정을 신청했다. 감정이란 전문적인 사항에 대해 해당 전문가에게 의견을 구하는 것이다. 그러니까 회사는 손해액을 따지는 것은 전문적인 영역이니 회계법인에 손해액을 감정해달라고 요구하겠다는 것이었다. 틀린 말은 아니었다. 그러나 회계법인은 회사가 제시하는 회계장부를 가지고 금액을 따질 것인데 그렇게 해서 정확한 손해액이 계산될지는 의문이었다. 무엇보다 회사가 감정기관으로 지정해달라고 요구한 회계법인은 내로라하는 대형 회계법인들, 그간 회사와 계속 거래를 해온 곳이었다. 과거 고객이었고, 앞으로도 모셔야 할 고객인 회사에 대해 대형 회계법인이 객관적으로 손해를 따질 수 있을까? 전문성을 내세워 사실을 호도하는 것. 보통 회사들이 이런 손해배상 청구 사건에서 손해액 감정을 신청하는 이유가 여기에 있을 것이다.

두번째 변론기일에서 우리는 재판부에 감정을 받아들여서는 안 된다고 주장했다. 그간 우리의 주장이 설득력이 있었는지 재판장 판사는 먼저 불법행위의 내용, 그리고 불법행위와 손해 발생의 인과관계 부분을 먼저 심리한 후에 감정 신청을 받아들일지를 결정하겠다고 했다. 감정 신청을 채택한다는 것은 원고의 주장이 일리가 있으므로 일단 손해는 발생했다고 보고 구체적인 금액을 감정을 통해서 확인하겠다는 것인데, 재판부가 감정 신청을 받아들이기 전에 다른 사항들을 먼저 심리하겠다는 것은 우리에게 유리한 신호였다. 그만큼 시간을 벌 수 있으니까. 시간을 벌어 손해배상 판결을 미루고 그전에 노사가 합의해서 사건을 정리하기를 바랐다. 그건 나의 바람일 뿐만 아니라 노조와 조합원들의 바람이기도 했다. 사용자가 책임을 져야 한다는 1심 판결이 났고, 조합원들이 서울까지 와서 농성을 벌이고 있는데도 회사는 무대응이었다. 대신 손배·가압류, 형사 고소를 했고 변호사로 하여금 대신 싸우게 했다. 노조는 회사와 직접 담판을 짓고 싶어했다.

사실 노조 위원장과 간부 다섯 명은 이 일로 혹독하게 고생을 한 상황이었다. 2015년 2월 말 조업이 중단된 상태에서 동양시멘트는 일용직 노동자들을 급하게 모집했고, 3월 16일 조쇄라인 근무자 여덟 명을 고용하여 투입하려 했다. 당시 광구 입구에서 농성을 벌이고 있던 조합원들은 동양시멘트 직원들과 이 여덟 명을 태운 버스의 출입을 막았다. 차에서 내린 사람들과 조합원들 간에 몸싸움이 발생했고 회사 직원들은 미리 준비한 캠코더로 이 상황을 모두 촬영해 고소했다. 법원은 해고 노동자들이 출입구 도로를 가로막고 통근버스 진입을 저지하려 했고, 동양시멘트 직원들에게 상해를 가하고 회사의 업무를 방해했다는 이유로 위원장에게 징역 1년 6월, 다른 간부들에게 징역 1년에서 6월의 실형을 선고했다. 항소심에서 모두 집행유예로 풀려나기는 했지만 이 형사 판결 때문에 손해배상 청구 사건에서 우리는 불리한 위치에 있었다.

　냉정하게 따지면 조합원들이 차량의 진입을 저지하고 몸싸움을 한 것은 잘못이다. 그러나 조합원들 입장에서는 이를 가만 내버려둘 수도 없는 노릇이었을 것이다. 해고된 우리가 일을 하겠다고 하는데도 회사는 말을 듣지 않았고 대신 일용직 노동자를 투입해서 석회석을 생산하려고 했다. 그런데 이 일용직 노동자들이 일을 하는 순간 조합원들의 복직은 요원해진다. 조합원들 입장에서는 회사의 불법적인 행동을 저지하려는 한 것이니 정당방위라고 생각했을 것이다. 그러나 법원은 정당방위를 인정하는 데 인색하다. 법을 다루며 느끼는 것은 싸우더라도 '고상하게' 싸워야 한다는 것이다. 물리적 충돌은 피하고 고소, 고발, 소송으로 법정에서 싸워야 한다는 것이다. 회사가 지금까지 한 행동은 비열했으나 겉으로는 고상했고, 이에 반해 노동자들의 행동은 고상하지 않았고 즉각적이었다. 그 결과 회사는 수십 명의 노동자를 부당해고하고 노조 활동을 이유로 부당노동행위까지 저질렀는데 아무런 처벌도 받지 않았다. 반면 회사의 불법을 저지하려던 조합원들은 실형을 선고받았다. 그런데 안타깝게도 이 고상한 싸움은 돈이 있어야 가능하다는 것이다. 변호사를 선임할 돈. 거액의 소송비용을 부담할 경제적 능력. 이게 없는 사람들은 고상하게 싸울 수 없으니 그 결과는 혹독하다.

어쨌거나 이 형사 판결은 회사가 손해배상 청구 소송을 하는 데 매우 유리한 증거였다. 조합원들이 불법행위를 했고 그 결과 회사가 손해를 입었으니 조합원들이 배상해야 한다는 것이 자연스러운 결론이었다. 세세하게 들여다보면 회사의 주장에 흠이 많았지만 전체적으로는 불리한 싸움이었다. 소위 '불법파업 = 손해배상'이라는 법원의 관행적 판결이 쌓이는 상황에서 판사들은 안일하게 사건을 볼 가능성이 컸다. 그래서 세번째 변론기일에서 우리는 프레젠테이션으로 사건을 설명할 수 있게 해달라고 호소했다. 준비서면만 봐서는 사건을 이해하기 어려울 것 같았다. 법정에서 보통 한 사건에 할당된 시간은 5분을 넘지 않았다. 프레젠테이션을 통해 많은 시간을 할애해서 시청각 자료도 활용하여 사건을 설명하고 싶었다. 재판부는 그렇게까지 해야 하냐며 난색을 표명했지만 그나마 이렇게 안 하면

질 게 뻔했다. 읍소에 읍소를 거듭한 끝에 재판부는 허락했다.

프레젠테이션 준비에 많은 공을 들였다. 어떻게 하면 재판부에 이 사건의 실체를 설명할 수 있을까? 어떻게 해야 재판부를 환기시킬 수 있을까? 그러다가 언젠가 인터넷에서 본 그림으로 프레젠테이션을 시작하기로 했다.

회사가 잘못한 사건인데 마치 조합원들이 가해자인 것처럼 구성된 사건이 바로 이 손해배상 청구 사건이라는 말을 하고 싶었다. 사건 설명을 위해 사진과 동영상 증거를 많이 활용했다. 회사가 급히 구한 여덟 명의 직원, 거기에 추가로 모집한 직원들로는 애초에 조업이 불가능했기 때문에 조합원들이 상해, 업무방해 등으로 형사 판결을 받았다고 하더라도 회사에 손해가 발생할 수 없는 구조였다는 것을 설명하기 위해 많은 노력을 기울였다. 60쪽이 넘는 자료를 준비했고 예행연습도 했다.

그러고는 2017년 6월 20일 변론기일에 한 시간을 훌쩍 넘겨 프레젠테이션 변론을 했다. 하고 싶은 말을 다 쏟아부었고 재판이 끝나자 진이 빠졌다. 허탈했고 슬펐다. 재판에 출석한 이용우, 최석군 변호사와 속초까지 가서 밥을 먹고 늦은 밤 서울로 올라왔다.

손해배상 청구 사건으로 변호사들이 싸우고 있는 동안 조합원들은 상경 투쟁에 힘을 쏟아부었다. 아무리 시끄럽게 굴어도 회사가 끄떡도 하지 않는 상황에서 조합원들은 지쳐갔다. 여기서 못 버티면 끝이라고 생각했던 것일까? 마지막을 보는 것처럼 조합원들은 악을 썼다. 이미 감옥에 다녀온 김경래 지부장은 광화문 한복판 빌딩 광고탑에 올라 고공 단식농성을 벌였고 조합원들은 회사 앞으로, 대표이사 집 근처로 동분서주했다. 청와대 앞에도 텐트를 세우고 싸웠다.

이런 압박이 통했는지 2017년 7월 회사가 협상 테이블에 나왔다는 소식이 들렸다. 고용노동청, 노동위원회, 법원 모두 동양시멘트의 노동자들이 맞다고 판단한 마당에 노조와 날 세우는 것이 불안하기만 했던 모양이다. 이후 일은 일사천리로 진행되었다. 노조와 회사는 합의 내용을 결정했고, 나를 포함한 법률 대리인들이 막판까지 합의서를 검토했다. 그렇게 2017년 9월 20일, 해고된 지 934일 만에 노사는 합의했고 비정규직 노동자들은 모두 정규직으로 복직하고 그간 밀린 임금과 근속까지 인정받았다. 그리고 회사는 손해배상 청구의 소를 취하했다. 비정규직 투쟁에 의미 있는 성과였다.

이렇게 소가 취하될 것을 알았더라면 손해배상 청구 소송에 그렇게 많은 공을 들이지 않았을 것이라고? 천만에, 나는 처음부터 손해배상 청구 사건이 소 취하로 끝나기만을 간절히 바랐다. 손해배상 청구 소송은 노동자들과 회사 간의 중요한 싸움에서 회사가 노조와 조합원들의 발목을 잡기 위해 쓴 수단에 불과했다. 그렇기 때문에 시간을 끌어서라도 이 수단을 무력화하는 것이 우리의 목표였다. 손해배상금이 크면 지연이자도 무시 못 하는데 이런 사건은 보통 판결 선고일까지는 지연이자가 발생하지 않기 때문에 실리적으로도 시간을 끄는 것이 유리했다. 또한 현실적으로 이길 가능성이 작은 손해배상 청구 소송의 판결이 나기 전에 합의로 끝낼 수 있도록 하는 것이 중요했다. 무엇보다 제일 중요한 싸움은 노동자들이 회사와 마주 앉아 논의하고 합의하여 정규직으로 인정받는 것이었다. 노동단체, 상급단위노조, 활동가들, 노무사들, 변호사들은 노조와 조합원들이 주인공이 될 수 있기를 바랐고 그래서 옆에서 최선을 다했을 뿐이다.

노동 사건에서 제일 중요한 것은 노사가 대등하게 마주 앉는 것이다. 그리고 합의하는 것이다. 이게 바로 노동3권이다. 대한민국 헌법은 근로자는 근로조건의 향상을 위하여 자주적인 단결권·단체교섭권 및 단체행동권을 가진다.라고 정하고 있다. 헌법재판소는 헌법이 근로3권, 즉 노동3권을 정한 이유를 풀어 설명한 적이 있다.

사용자에 비하여 경제적으로 약한 지위에 있는 근로자로 하여금 사용자와 대등한 지위를 갖추도록 하기 위하여 단결권·단체교섭권 및 단체행동권 등 이른바 근로3권을 부여하고, 근로자가 이를 무기로 하여 사용자에 맞서서 그들의 생존권을 보장하고 근로조건을 개선하도록 제도를 보장함으로써 사적자치의 원칙을 보완하고자 하는 것이다.(헌재 1991. 7. 22. 89헌가106)

근로3권의 보다 큰 헌법적 의미는 근로자단체라는 사회적 반대세력의 창출을 가능하게 함으로써 노사관계의 형성에 있어서 사회적 균형을 이루어 근로조건에 관한 노사간의 실질적인 자치를 보장하려는 데 있다. 경제적 약자인 근로자가 사용자에 대항하기 위해서는 근로자단체의 결성이 필요하고 단결된 힘에 의해서 비로소 노사관계에 있어서 실질적 평등이 실현된다.(헌재 1998. 2. 27. 94헌바13. 26, 95헌바44 병합)

에필로그

　지난 15년 동안 나는 주로 노동조합 밖 노동자들, 그중에서도 특히 불안정하고 소외된 노동자들을 대리해서 소송, 자문, 상담, 입법, 연구, 연대 활동 등 변호사이자 활동가로서 할 수 있는 일은 뭐든 다 했다. 그렇게 길고 복잡한 과정을 통해 내린 결론은 오히려 간단했다. 바로 노동자에게는 노동조합이 필요하다는 것이다.

　헌법은 노동자와 사용자가 대등할 수 없음을 전제로 두 개의 조문을 두고 있다. 그중 하나가 근로조건의 기준은 인간의 존엄성을 보장하도록 법률로 정한다.라고 규정한 제32조이고, 다른 하나가 근로자는 근로조건의 향상을 위하여 자주적인 단결권·단체교섭권 및 단체행동권을 가진다.라고 정한 제33조다. 하나는 법을 통해 국가가 노동관계에 개입하는 것이고, 다른 하나는 노동자 스스로 싸워 쟁취하도록 하는 것이다. 둘 다 우리 사회의 시민들, 노동자들의 권리이므로 어떤 권리를 선택하고 누릴지는 개인의 자유다. 당연히 둘 다 누릴 권리가 있다. 그런데 보통의 노동자들은 법을 통한 해결을 선택한다. 그게 손쉽기 때문이다. 그러나 법을 통한 해결만큼 위험한 것도 없다. 여기에는 돈과 시간이 들어간다. 원하는 결과를 얻는다는 보장도 없다. 법은 노동자들의 무기이기도 하지만 사용자들의 무기이기도 하다. 대리인 선임부터 증거 확보까지 절차상으로는 노사가 대등하지만 현실적으로는 노사 간 힘의 차이가 분명하다. 노동자가 이긴다고 하더라도 사용자는 끄떡없다. 부당해고로 복직한 노동자를 괴롭혀서 제 발로 나가게 하는 일이 부지기수다. 법적 대응이라는 게 노동자에게 독배일 때가 많은 이유다. 하지만 노동조합이 있다면, 혼자는 약하지만 노동자들이 힘을 합칠 수 있다면, 파업을 무기로 싸울 수만 있다면 지금 당장 문제를 해결하고 억울함과 착취로부터 벗어날 가능성이 커진다. 특히 힘이 없는 비정규직 노동자야말로 뭉쳐야 살아남을 수 있다. 나는 일하는 사람이라면 누구나 노동조합을 만들고 스스로 싸울 수 있어야 한다고 생각한다.

　그러려면 몇 가지가 바뀌어야 한다. 첫째, 〈노동조합 및 노동관계조정법〉이다. 현재는 이 법이 정한 '근로자'만이 노동조합을 만들어 단체교섭 및 단체협약을 체결할 수 있다. 이때 단체교섭 및 단체협약의 상대방은 '사용자(단체)'여야 하며, 근로조건에 관한 것이 아니면 쟁의행위를 하기 어렵다. 이런 법적 제한은 정규직을 중심으로 한 전통적인 노사관계, 즉 정규직으로 일하는 노동자들이 자신을 고용한 기업을 상대로 교섭을 하는 관계를 전제로 한다. 불안정, 비정규직 노동에서는 기존 법을 적용할 때 한계가 생길 수밖에 없다. 일을 하는 사람이라면 누구나 노동조합에 가입할 수 있어야 하고, 진짜 사장을 상대로 단체협약을 맺을 수 있어야 한다. 근로조건 외에도 노사 간에 교섭이 필요한 모든 사항에 대해 쟁의행위를 할 수 있어야 한다.

둘째, 노동조합도 바뀌어야 한다. 지금의 노동조합은 기업별노조가 대부분이다. 즉 같은 기업에 속한 노동자들이 기업 안에 노동조합을 만드는 것이다. 1980년 집권한 전두환 정권은 〈노동조합법〉을 새로 제정하면서 기업별로 노동조합을 만들 수 있도록 했다. 기업별노조 체계 속에서 노동조합은 대기업 중심으로 조직되었고, 임금 향상, 복리후생 확대 등 개별 기업 내 노동조건 향상에 집중했다. 그러나 외국의 경우 산업별노조가 노동조합의 가장 전형적인 모델이다. 같은 산업 안의 노동자라면 소속 기업이 달라도 누구나 같은 노동조합에 가입해서 개별 기업이 아닌 사용자단체를 상대로 교섭을 하는 것이다. 서구 사회는 기업별노조를 노동조합으로 인정하지 않는다. 우리도 1987년 6월 민주화 선언, 7~8월 노동자 대투쟁을 거치면서 〈노동조합법〉이 개정되어 기업별노조 강제 규정이 삭제되고 산업별노조가 속속 등장했지만 30년이 되어가는 지금까지도 기업별노조가 주축이다. 그러면 비정규직 노동자, 중소기업·영세사업장 노동자는 노동조합을 만들 수 없다. 다행히 새로운 시도가 이어지고 있다. 직종·회사를 불문하고 누구나 가입할 수 있는 일반노조, 여기에 더해 온라인으로 가입·활동하는 온라인노조가 대표적이다.

최종적으로 바뀌어야 하는 것은 노동조합을 적대하는 인식이다. 우리는 대부분 노동자들인데도 노동조합이라면 무슨 불편을 일으키는 조직이라고 여기는 사람들이 있다. 회사는 노조가 만들어지면 무슨 큰 손해라도 입는 것처럼 화들짝 놀라며 노조를 없애기 위해 꾀를 부린다. 동양시멘트가 조합원들을 내쫓고 손배·가압류를 걸었던 것처럼. 정부는 앞장서서 노동조합을 반국가세력, 불순세력으로 몰아가고 무력화하려 한다. '파업 = 손실'이라는 전제에서, 대통령이 나서서 전년보다 파업이 줄었다고 자랑스럽게 떠들어댄다. 그러나 국제노동기구의 이상헌 고용정책국장은 "노조 천국이라 불리는 노르웨이에서 진행한 방대한 연구에 따르면, 노조 조직률이 10퍼센트 늘어나면 기업 생산성도 1퍼센트 남짓 증가하고 여기에 단체협약이 추가되면 기업 생산성은 무려 13.5퍼센트 상승한다."라고 말한다(《같이 가면 길이 된다》, 생각의힘, 2023, 91쪽).

내가 겪어온 과거가 내려준 결론이 간단하지만 강력하듯, 내가 앞으로도 살아갈 미래에 대한 바람도 단순하지만 간절하다. 노동하는 사람이 존중받는 세상, 비정규직이라고 차별받지 않는 세상, 일하다 죽음에 내몰리지 않는 세상, 헌법에 있는 권리를 누구나 누리는 세상, 그런 세상이 오기를 바란다.

추천의 글

(추천인 가나다순)

노동법에는 인간에 대한 탐구와 배려가 담겨 있고, 노동법의 특별한 사명은 인간이 사물처럼 취급되는 것을 막는 것입니다. 노동법은 노동자를 살림으로써 사회 구성원 전체의 존엄을 지키는 법입니다. 노동법이 탄생할 때도 그랬고, 지금도 그러하며, 미래에도 그래야 합니다. 자신의 노동을 제공하고 그 대가로 지급받는 급여 이외에는 생존수단이 없는 노동자가 존재하는 한 노동법의 역할은 유지될 수밖에 없습니다. 법전 속의 활자에 머물러 있던 노동법은 노동자가 법정에서 이를 주장할 때 비로소 현실의 법이 됩니다. 그 과정에서 노동 변호사의 역할이 중요합니다. 이 책에서 우리는 노동자들과 노동 변호사가 노동법을 현실의 법으로 만들어가는 과정을 함께 경험할 수 있습니다. 아픔과 고통과 분노와 희망과 행복을 함께하면서. 노동 존중 사회를 향하여 가는 길에서 이 책을 통해 에너지를 충전하시기를 바랍니다.

김선수 사법연수원 전임교수, 전 대법관

모두들, 안녕하신가요?

　　동생을 보낸 이후로는, 누군가가 별 뜻 없이 "안녕하냐"라고 물어만 보아도, 사실대로 얘기해야 하나, 아니면 형식적으로 답을 해야 하나, 늘 고민이 되는 삶을 살고 있습니다.

제 삶은 윤지영 변호사님을 만나기 전과 후로 바뀌었습니다. 저는 이 세상은 결코 아름답지 않다, '정의' '진심' 같은 단어는 사전에만 있는 것이다, 단언하며 살아왔습니다. 하지만, '빛과 소금'이라고 표현하는 것이 적절한(혹은 그것으로 모자란) 윤지영 변호사님을 만나고 변호사님이 저와 제 동생의 마음을 비추어주셨습니다. 소송에서 이기는 것만이 가장 큰 목적은 아니었습니다. 소송 도중에는, 아 이대로 끝나더라도 나의 마음과 동생의 마음에 억울함이 남아 있지 않겠구나 생각할 정도로 정말 많이 애써주셨고 힘이 되어주셨습니다.

그럼에도 불구하고, 이 모든 일이 있기 전에, 언니인 내가 조금만 더 동생에게 신경 썼더라면, 그날 그 통화에서 "당장 만나자! 내가 너를 데리러 갈게!" 한마디만 했더라면, 아니 그전에 동생에게 더 단단해지라고 다그치지 말고 마음을 따뜻하게 감싸줬더라면, 그러면 이 모든 것이 원래대로 돌아갈 수 있을까? 더 나아졌을까? 그랬더라면 소금 같은 이 사람들의 마음에 눈물이 덜했을 텐데 하는 자책은 아직도 지울 수가 없습니다. 오직 동생의 억울함을 풀어주고 싶다는 마음 하나로 많은 사람들에게 연락하고, 내가 알지 못하는 사실관계를 묻고 또 물으며 오히려 그들의 마음을 힘들게만 한 것 같아서, 제 마음은 다시 돌아올 수 없게 까맣게 타버렸습니다. 마치 슬로모션 같았던, 1분 1초의 시간의 흐름을 온몸으로 느끼던 그때, 법원의 차갑고도 무미건조한 공기와, 마치 영화의 한 장면 같았던 그 모든 순간이 아직도 생생하게 남아 있습니다. 저는 진심으로 온 마음을 다해서 다시는, 정말 다시는 이런 일이 생기지 않았으면 좋겠습니다. 인간이 세상에 태어나서 누군가를 괴롭힌다는 것은, 뭐라고 표현해야 할지를 모를 정도로, 절대 해서는 안 될 행위입니다. 주변 사람들을 돌아보고 의미 있는 삶을 살기를 바랍니다.

"감사합니다"라는 말을 백번이고 천번이고 되뇌어도 마음이 다 표현되지 않습니다. 윤지영 변호사님, 동생을 위해 애써주신 많은 분들, 부디 건강하시고 비극적인 그 어떤 일도 일어나지 않는 보통의 삶을 살아가시길 기원합니다.

김세희(가명) 골프장 캐디의 직장 내 괴롭힘 사건(8화) 피해자의 언니

세상은 현실을 분석하는 날카로운 지성과 불의에 맞서는 뜨거운 용기로 바뀌지 않는다. 다른 세계를 열어내기 위해 우리는 복잡하고 지난한 관계를, 치졸하고 실망스러운 시간을 견뎌야만 한다. 인간됨의 누추함을 인정하면서도 나아가길 포기하지 않아야 한다. 그런데 경제적 성공이 진리이고 능력주의가 상식이 된 이 시대에 그것은 어떻게 가능한가. 그 길을 과연 누가 걸을 것인가.

이득은 한없이 위로 올라가고 고통은 끝없이 아래로 내려가는 이 위계의 시대에, 윤지영은 자신의 몸을 가장 낮은 곳에 두고서 상처투성이인 삶을 묵묵히 살아낸다. 마치 그게 본디 진리이고 상식인 마냥.

아름다운 책이다.

김승섭 서울대 보건대학원 교수, 《타인의 고통에 응답하는 공부》 저자

그가 인권운동사랑방에서 자원활동을 마칠 때 변호사가 되어서 다시 오겠다고 했다. 그는 약속을 지켰고, 수임료도 받지 않는 노동인권 변호사가 되었다. 어려운 사건 얘기를 들으면 "안 할 수가 없어서" 맡아 놓고 "밥을 먹을 때도, 걸을 때도, 자려고 누웠을 때도 사건에서 헤어나지 못했다."

승소 가능성이 낮은 어려운 노동 사건들을 맡아서 법정에서 싸운 변호사의 기록이다. 법정에서 울면서 변호하고, 판결 뒤에는 의뢰인들과 함께 환호한다. 그러면서도 변호사가 아니라 "노조와 노동자들이 주인공이 될 수 있기를 바랐고 그래서 옆에서 최선을 다했을 뿐"이라고 말한다.

열한 편의 사건들은 무겁고 진지하지만, 이야기가 재밌다. 윤지영 변호사가 이렇게 사건을 재미있게 풀어낼 줄 아는 작가인 줄 몰랐다.

박래군 인권운동가, '손잡고' 대표

평범했던 우리 집은 트럭 운전수인 아버지가 당한 임금체불 때문에 무너졌다. 사십 대에 첫 직장 생활을 시작한 어머니는 직장 내 괴롭힘에 시달렸다. 대학을 그만둔 나는 최저시급을 받으며 방송작가로 일했다. 해산물 뷔페에서 전공과는 상관도 없는 고강도 노동을 하던 동생도 있다. 그래서 아프게 읽었다. 남 일이 아니라 내 일이어서. 내가 아는 모든 삶의 구석구석에서 태연히 일어나는 사건들이어서. 그래서 뒤늦게 깨닫는다. 당신이 필요했구나. 내가 맞닥뜨렸던 태연한 악당들과 싸울 때. 이제라도 이 글들을 읽게 되어 다행이다. 당신의, 당신이 연대했던 모든 당신들의 치열함에 위로받는다.

박서련 소설가,《체공녀 강주룡》《폐월; 초선전》저자

돈 버는 법, 성공하는 법, 마음 다스리는 법이 노동자의 눈물을 닦아줄 수 있을까? 대개는 그렇지 못하다. 여기 15년 차 노동인권 변호사의 법정투쟁기를 보다보면 쓸모 있는 해법이 나온다. 우리에겐 부당함에 맞서 '아니오'를 말하는 법, 도움을 요청하는 법, 느낌을 믿는 법이 필요하다. 저자가 온 힘을 다해 변론하고 온 힘을 모아 기록해둔 사례가 보물 같다. 자기계발서에도 나오지 않는 '나를 지키는 법'이 들어 있다. 이기는 사람들이 아니라 싸우는 사람들 이야기가 나와 당신의 안녕을 지켜줄 것이다. 노동으로 굴러가는 세상, 존엄한 노동이 가능한 사회를 내가 만들겠다는 용기를 북돋우는 책이다.

은유《해방의 밤》저자

노동인권 변호사와 용기 있는 피해자들의 법정투쟁. 마치 속도감 있는 드라마를 본 기분이 들었다. 그리고 이내 부끄러움이 밀려왔다. 한때 비정규직 노동자였던 나 역시 어느 순간 안전지대에 있다며 무뎌지진 않았던가. 뉴스에서 전하던 이야기들을 얼마나 깊이 들여다보았나. 가까운 곳에 존재하는 차별에 익숙해진 건 아니었나.

왜 어떤 노동자들은 열악한 상황에서 일할까. 선택의 여지가 없기 때문이다. 왜 어떤 노동자들은 과격한 투쟁을 하는가. 그러지 않으면 아무도 목소리를 들어주지 않기 때문이다. 교묘한 고용 구조를, 착취 구조를 바꾸지 않는 이상 부당한 상황은 반복될 수밖에 없다. 윤지영 변호사와 노동자들이 손을 잡고 만들어낸 의미 있는 걸음들이 그래서 고맙다.

우리 곁의 다양한 노동자들의 보이지 않는 이면을 상상하고 질문할 수 있게 돕는 이 책이, 모든 노동자에겐 차별받지 않고 존재를 부정당하지 않을 권리가 있다는 당연한 사실을 다시 한번 일깨워주는 이책이 학교와 직장에서, 사회에서 널리 읽히길 바란다.

임현주 MBC 아나운서, 작가

한국 사회에서는 성장이란 두 글자가 한 번도 부정되지 않는 절대 상수다. 성장이란 가면을 쓴 재벌의 요구에 정부와 국회는 헌법 정신 따위 문제 삼지 않는다. 헌법에는 노동하는 사람들 모두 존엄한 노동자로 살아가야 한다는 보편적 권리가 담겨 있지만, 현실은 노동자들의 단결을 더 어렵게 하고, 근로기준법을 지키지 않고 고용할 수 있는 편법이 판치고 있다. 노동이 존중될 수 없는 노동법이 지배하고 있다.

윤지영 변호사는 담백한 사실관계를 바탕으로 한국 사회 근본 질서의 야만성을 고발하고 있다. 내 집, 내 직장, 내 지역 어디에서라도 벌어지고 있는 온갖 이름의 비정규직 아픔을 한국 사회가 해결할 최우선 과제라는 법정투쟁을 하고 있다. 1화부터 11화까지 누구라도 쉽게 이해할 수 있는 글이다. 책을 펼치고 커피 두어 잔 마실 즈음이면 마지막 장까지 술술 넘어간다. 법과 현실 사이 고뇌한 판사의 판결 앞에

"이 시대의 죗값의 척도가 돈뿐이라는 게 통탄스럽다"는 작가의 독백 안에 무엇이 담겨 있는지를 언젠가 물어보고 싶다.

　노동자를 개인사업자로 둔갑시키는 신공이 모든 업종으로 확대되고 있다. 이 근로기준법 밖 1천만 당사자들의 하루하루는 헌법에 명시된 권리조차 빼앗긴 비상계엄 속에 살아가고 있다. 전태일 열사는 근로기준법을 준수하라 분신했지만, 반세기가 지나 선진국 타령을 하는 마당에 근로기준법 밖에 놓인 2등 국민에 의해 이 나라가 지탱된다면 이것이야말로 국가가 주도한 대국민 사기극일 것이다. 모든 노동자에게 근로기준법과 4대 보험이 보장되는 상식보다 더 시급한 시대정신이 있을까?

　윤지영 변호사가 버티고 견디며 집요하게 끌고 간 법정투쟁 속살들을 많은 당사자가 만나길 기대한다. 맞아, 그래 한번 해보자! 더 많은 당사자가 용기를 내는 안내서가 되길 바란다. 이 책을 읽고 나니 노동 존중 사회는 재벌·국회·정부가 선의로 해주는 것이 아니라, 세상을 바꾸기 위해 저항과 연대로 만들어낸 정치적 힘의 크기에 달려 있다는 생각이 들었다.

한상균 전 민주노총 위원장